KB068736

CLIMATE
FINANCE

기후금융론

노희진 지음

박영사

머리말

　최근 전 세계적인 기상 이변으로 선진국과 개발도상국을 막론하고 엄청난 재산과 인명 피해가 발생하는 것을 목격하고 있습니다. 또한 대기오염의 일종이라 할 수 있는 미세먼지의 농도가 심해져서 생활의 큰 불편을 초래하고 건강에도 많은 문제를 유발하고 있습니다. 문제는 이러한 현상이 앞으로 더욱 심해질 것이라는 데 있습니다. 지구촌이 합심하여 이 문제를 슬기롭게 잘 대처하지 못하면, 문제 해결을 위한 비용이 엄청나게 증가할 뿐만 아니라 해결할 수 있는 기회 자체를 잃어버릴 수도 있습니다.

　지구온난화현상에 의한 기후변화는 인류 미래의 불확실성을 증폭시키고 있습니다. 지구 온도의 상승, 해수면의 상승, 예기치 않은 강력한 태풍의 발생 등과 같은 기후변화 현상은 향후 지구촌의 지속가능성을 위협하고 있습니다.

　지구온난화를 유발하는 대기 중 온실가스가 산업혁명 이래 화석 연료(석탄, 석유, 가스)의 연소, 산림 파괴 등 인간의 여러 활동에 기인하여 크게 증가하였으며, 이 증가 속도는 최근 크게 빨라지고 있습니다.

　특히, 기후변화이슈는 개발도상국의 경제발전과도 밀접한 관련이 있습니다. 선진국은 산업화를 이루기 위해, 화석연료를 많이 사용하여 과거에 많은 온실가스를 배출한 바 있습니다. 개발도상국도 산업화를 통한 경제발전을 이루기 위해서 고효율·저비용의 에너지가 필요한데, 온난화현상의 심화로 이러한 고효율·저비용의 에너지를 사용하는 데 많은 제약요인을 가지게 되어 경제발전에 어려움을 겪고 있습니다.

　이러한 이유로 기후변화는 선진국과 개발도상국 간에 갈등 관계를 유발하고 있습니다. 기후변화 문제에 적극 대처하기 위하여 국제사회는 1988년 UN총회 결의에 따라 세계기상기구(WMO)와 국제연합 환경계획(UNEP)에 "기후변화에 관한 정부간 협의체(IPCC)"를 설치하였고, 1992년 6월 유엔환경개발회의(UNCED)에서 UN기후변화협약(UNFCCC)을 채택한 바 있습니다. UN기후변화협약은 지구온난화 방지를 위하여 모든 당사국이 참여하되, 온실가스 배출의 역사적 책임이 있는 선진국은 차별화된 책임을 부과하는 것을 기본 원칙으로 정하고 있습니다.

대부분의 개도국은 천연자원에 의존적인 경제 구조를 지니고 있으며, 빈곤타 파를 위한 산업화 추구과정에서 불가피하게 온실가스를 배출할 수밖에 없는 입장 에 있습니다.

기후변화 문제를 해결하기 위해, 개도국은 선진국의 자금 및 기술지원을 요청 하고 있습니다. 이러한 차원에서 다양한 기후변화 관련 국제기금이 설정되어 운 영 중에 있습니다만, 규모나 내용적인 측면에서, 개도국의 필요(needs)를 만족시 키면서 온실가스 배출을 감축시키는 데는 한계가 있었습니다.

기후변화 문제를 해결하기 위하여는 선진국과 개발도상국이 모두 힘을 합쳐 적극적인 노력을 해 나가야 합니다. 그런데, 문제는 기후변화 문제의 심각성과 대 처의 필요성에는 모두 공감하는데 행동에 옮기기 위한 비용 부담을 어떻게 할 것 인가는 어렵다는 데 있습니다.

기후변화에 대처하기 위하여 에너지 효율화 사업, 대체 에너지 사업, 탄소 포 집 사업, 관련 기술 개발 사업, 기후변화 적응 사업 등 해야 할 일들이 많습니 다. 이러한 사업에는 엄청난 자금이 필요합니다. 세계경제포럼(WEF)의 Green Investment Report 2013에 의하면 전 세계적으로 매년 온실가스 감축 사업에 5조 7천억 달러가 필요하다고 합니다. 엄청난 자금이 필요하기 때문에 금융의 역할이 중요하게 됩니다.

기후변화 관련 금융지원을 위해 공적인 금융과 민간금융 모두 필요합니다. 공 적인 금융은 필요성이 있으면 지원이 가능합니다만, 민간금융은 위험대비 적절한 수익이 없으면 지원하기 어렵습니다.

그런데 대부분의 기후변화 사업은 위험이 크고 장기간 지원이 필요한 사업들 입니다. 이러한 분야에 대해서 민간금융이 지원을 결정하기는 어려울 것입니다. 민간금융 없이 공적금융만으로는 지원 규모가 턱없이 부족합니다. 어떻게 민간금 융을 설계해야 할까요?

두 가지 방안이 있습니다. 하나는 민간금융에 매력적인 기후변화 사업을 개발 하도록 노력하는 일입니다. 이를 위하여 프로젝트 개발 전문회사의 역할이 필요 합니다. 또 다른 방안은 민간금융에게 위험을 경감해 주고 수익을 향상해 주도록 공적금융과 민간금융이 협업을 하는 것입니다. 한국의 인천 송도에 사무국이 위치한 녹색기후기금(GCF)가 향후 이러한 역할을 주도적으로 해 나갈 것입니다.

민간금융의 측면에서는 기후변화 관련 사업이 향후 금융영역의 블루오션이 될 가능성이 많습니다. 해외에서는 기후파생상품과 같은 새로운 금융상품이 개발되고 민간금융과 공적금융이 협업을 하는 다양한 모델들이 개발되고 있습니다. 향후 한국금융기관들도 기후변화 영역을 금융의 블루오션으로 발전시키려는 노력이 필요할 것입니다.

본서는 저자가 박영사에서 발간하는 네 번째 책입니다. 이전에 발간한 「펀드경영론」, 「녹색금융론」, 「헤지펀드의 이론과 실제」에서 논의한 많은 내용들이 「기후금융론」에 적용됩니다. 기후변화에 따른 난제를 해결하기 위한 금융시스템의 설계를 위해 이러한 내용들이 도움이 되리라 생각합니다.

본서가 기후변화를 대처하는 데 있어 보다 원활히 자금을 공급하고 한국 금융의 블루오션을 개척하는 데 조금의 보탬이라도 되길 기원하면서, 본서의 출판을 맡아 주신 박영사에 감사를 드립니다.

2014년 3월
노희진

추천사

김명자 | 카이스트 과학기술정책대학원 초빙특훈교수, 전(前) 환경부 장관

　기후변화가 시시때때로 지구촌을 강타하는 가운데, 무성하던 기후체제 (Climate Regime) 논의조차 동력을 잃고 있습니다. 선진국과 개도국 사이의 '공통 (common)의 그러나 차별화된(differentiated)' 대응은 역사적 책임과 경제 침체의 덫에 걸려, 교토 체제 이후의 기후체제 합의는 내내 제자리 걸음입니다. 그 한편 으로 국가마다 기후변화에 따르는 에너지, 수자원, 식량 위기를 극복하기 위한 이 런저런 노력을 기울이고 있습니다.

　기후위기(Climate Crisis) 극복의 핵심 축은 재원 확보에 의해 시장에서 혁신이 이루어지는 것입니다. 그러나 국제적, 국내적으로 그 기반이 되어야 할 금융 부문 이 활성화되지 못하고 있습니다. '기후금융'이라는 금융 산업의 거대담론은 공적 부문이나 민간 부문이 따로따로 접근해서 이룰 만큼 만만치가 않습니다. 정부가 리더십과 인센티브로 이들을 연계하여 시너지를 창출해야 할 것입니다.

　더욱이 녹색기후기금(GCF) 사무국을 유치한 국가로서 그 운영의 불확실성 을 해소하고 유치 효과를 극대화하기 위해서도 '기후금융'에 대한 철저한 준비가 필요하다고 봅니다. 이 중요한 시점에서 노희진 박사의 이 책은 '기후금융'을 블 루오션으로 만들 수 있는 시스템 설계의 비전과 실천전략을 제시하고 있습니다. 이것이야말로 '창조경제'(Creative Economy)의 모델로 만들어야 할 메뉴가 아닐 까요.

김정훈 | 국회 정무위원장

　본 서적은 자본시장연구원의 노희진 박사가 우리나라와 세계금융의 현재와 미 래를 진단하고 나아갈 길을 제시하기 위해 박영사에서 발간하는 네 번째 책자입 니다. 이번 집필에서는 저자가 이전에 발간한 세 권의 책자인 「펀드경영론」, 「녹 색금융론」 그리고 「헤지펀드의 이론과 실제」에서 깊이 있게 논의했던 많은 내용들 을 현재 전 세계가 직면하고 있고 또한 반드시 해결해야만 하는 기후변화문제에

적용하여 풀이하고 있습니다.

저자는 과도한 화석연료의 사용을 통해 이미 산업화를 이룬 선진국들의 기준과 서둘러 산업화로 나아가기 위해 많은 화석연료를 사용할 수밖에 없는 개도국의 현실 사이의 괴리를 지적하면서 그 대안으로서의 기후금융을 역설하고 있습니다. 한 가지 대단한 것은 단지 기후금융의 필요성을 설명하는 것에만 국한되지 않고 현재 운영되고 있는 해외기후금융의 동향과 시사점을 파악하고 긴박한 세계 각국의 움직임 속에서 우리나라 금융이 향후 나가야할 방향을 제시해 주고 있다는 것입니다.

기후금융의 현재를 정확히 바라보고 이를 우리나라 금융산업의 새로운 무대로 만들어야 한다는 저자의 의견에 공감을 표하며 앞으로 우리 금융산업을 창조적으로 이끌어 갈 많은 인재들이 꼭 한번 참고할만한 책이라 생각합니다.

박재완 │ 성균관대학교 교수, 전(前) 기재부 장관

2013년 9월 발간된 '기후변화에 관한 정부간 패널(IPCC) 보고서'는 "지구 온난화는 人災일 가능성이 매우 크다(95%, extremely likely)"고 기술했습니다. 이는 1990년 보고서의 "人災라고 결론 내리기 이르다", 2001년 보고서의 "人災 가능성 66%(likely)", 2007년 보고서의 "90%(very likely)"에 비해 훨씬 견고한 결론입니다. 2007년까지 우리는 벌써 지구 1.5개가 겨우 감당할 온실가스 수준을 배출했습니다. 이런 상태가 계속된다면(moderate business as usual), 2050년에는 2개의 지구가 필요한 상태에 이르게 된다는 암울한 전망까지 나와 있습니다.

기후변화는 경제적 손실뿐만 아니라 우리 삶의 질에도 큰 영향을 미칩니다. 2100년까지 지구촌 총소득의 5~20%, 한국의 경우 무려 2,800조원에 상당하는 손실을 예상하는 학자도 있습니다. 이러한 변화에 대응하여 2008년부터 우리가 주도한 녹색성장 의제는 선진국과 개발도상국 모두의 큰 호응을 받은 바 있고, 그 결과 한국은 녹색기후기금(GCF)까지 유치할 수 있었습니다. 녹색성장은 개발과 보전의 조화 외에도, 녹색기술의 개발·확산을 통하여 갈수록 떨어지는 잠재성장률을 끌어올려 녹색의 좋은 일자리를 창출하는 촉매가 될 수 있습니다.

그러나 각국 정부의 공적 지원만으로는 막대한 기후변화 대응 재원을 마련하는 데에 한계가 있습니다. 시장도 활발하게 참여하도록 유도해야 하고, 특히 민간

금융의 역할을 키워야 합니다. 이 점에 착안하여 저자는 기후변화에 대응하기 위해 민간금융의 역할을 활성화하는 다양한 방안을 치열하게 고민하고 있습니다. 금융, 환경, 에너지, 창조경제에 관심이 있는 분들의 일독을 권합니다.

박종수 | 금융투자협회 회장

몇 년전 한 TV방송에서 '북극의 눈물'이라는 프로그램이 방영된 적이 있습니다. 지구온난화로 인해 빙하가 녹으면서 북극곰의 서식지가 잠식되어가는 모습이 그려졌습니다. 향후 기후변화로 인한 영향은 정확히 예측하기 어렵지만 슬기롭게 대처하지 않으면 인류에 큰 재앙으로 다가 올 수 있다는 생각이 듭니다.

기후변화의 원인이 되는 온실가스 감축을 위한 노력은 1997년 교토 의정서가 채택된 이후 계속 추진되고 있으나, 세계 각국의 이해관계에 의해 그 진척은 더딘 편입니다. 선진국, 개발도상국 할 것 없이 적극적인 대처가 요망되지만 문제는 매년 수조 달러로 추산되는 막대한 비용이 소요된다는 점입니다. 이러한 자금조달을 위해 금융의 역할, 특히 자본시장의 역할이 중요합니다. 2015년 국내에도 도입 예정인 온실가스배출권 거래제도의 관련사업이나 날씨파생상품 등의 분야는 우리 금융투자업계가 적극적 관심을 가져야 합니다.

이러한 시점에서 저자는 이 책을 통하여 기후금융의 국제동향은 물론 구체적인 발전방안까지 제시하고 있습니다. 저자는 그동안 「녹색금융론」, 「헤지펀드의 이론과 실제」 등의 다수의 저서 및 논문을 통하여 우리 자본시장의 선구자적 안내 역할을 해 왔습니다. 이 책도 기후금융이라는 아직 미개척 분야를 소개함으로써 우리 금융투자업계의 기후금융에 대한 비즈니스를 준비하는 데 좋은 안내서가 될 것이라 생각합니다.

박현주 | 미래에셋 금융그룹 회장

최근 몇 년전부터 지구촌이 기상이변으로 홍역을 치르고 있습니다. 허리케인, 이상 한파 등 기상이변이 재산과 인명에 커다란 재앙이 될 수 있음을 우리는 목격하고 있습니다. 이제 기후변화는 단순한 기상의 변화가 아니라 우리 삶의 근간을 흔들고 있습니다. 기후변화는 선진국과 개발도상국을 막론하고 함께 풀어가야 할 과제이지만, 서로 입장 차이로 인해 커다란 진전을 이루지 못하고 있습니다.

기후변화로 인한 위기는 사회적으로 많은 비용과 노력을 요구합니다. 이러한 문제를 정부차원에서만 해결하기는 어렵고 민간금융과 함께 기후변화 해결책을 찾아볼 수 있습니다. 정부 입장에서는 비용을 줄이고, 투자자 입장에서는 새로운 블루오션을 개척하는 일이 될 것입니다. 저자의 통찰력이 기후금융이라는 새로운 패러다임에 대한 훌륭한 길잡이 역할을 할 것입니다.

안병훈 │ 카이스트 전(前) 부총장

금융기관들은 향후 기후변화 및 탄소 시장이 새로운 기회의 장이 될 것을 인식하고, 특히 국제무대에서의 관련 프로젝트 개발능력 배양을 제때 못하면, 영원히 뒤처지거나 얹혀 지낼 수밖에 없음을 알아야 합니다. 본 저서는 이러한 중요한 기회의 창을 보여 주는 중요한 마중물의 역할을 한다고 하겠습니다.

양수길 │ KDI국제정책대학원 초빙교수, 전(前) 대통령직속녹색성장위원회 위원장

박근혜 대통령께서 기후변화기금(GCF)의 사무국 출범식에서 우리나라가 "소극적인 기후변화 피해방지를 뛰어넘어 기후변화를 새로운 성장동력 창출의 기회로 적극 활용하는 혁신적 경제발전 모델을 제시해 나갈 것"임을 천명한 바 있습니다. 기후변화행동을 주 내용으로 하는 녹색성장전략은 국제적으로도 OECD, 세계은행, GGGI 등 국제기구를 통해 하나의 대세로 자리 잡기 시작했습니다. 특히 UNFCCC 당사국들이 '저탄소발전전략'을 공론화하고 그 대책을 협의, 협상하면서 수립하고 있습니다.

각종 기후변화대책이 행동으로 옮겨지고 효과를 보려면 궁극적으로 금융이 조달되어야 합니다. 기후금융에 대한 막대한 신규 수요가 창출되고 있으나 기후변화행동의 특성상 기존의 금융시스템으로는 이를 충족시켜줄 수 없습니다. 새로운 기후금융서비스와 기후금융기관 및 각종 지원서비스에 대한 수요가 점증하고 있습니다. 여기에 창조경제를 위한 넓고 깊은 블루오션이 있습니다. 국내적으로 이른바 녹색금융에서 여러 기회와 도전이 금융전문가와 금융기관들을 부르고 있습니다. 개발도상국들의 기후변화행동을 지원하기 위한 국제기후금융이 GCF의 출범을 계기로 걸음마를 시작했습니다. GCF 사무국이 우리나라의 인천 송도에 자리를 잡게된 만큼 기후금융은 한국의 금융산업에게 특별한 기회와 도전을 제기

합니다. GCF를 '레버리지'해 국내 녹색금융과 녹색기업들의 도약을 도모할 수 있습니다. 우리나라의 독보적인 녹색금융전문가인 노희진 박사가 이번에 출간하는 「기후금융론」은 녹색금융 내지 기후금융에 관심 있는 학생들은 물론 금융인과 정책당국자들에게 매우 유용한 가이드가 될 것으로 기대합니다. 너무나 시의적절한 출판이라고 생각됩니다.

최경수 │ 한국거래소 이사장

중국발 미세먼지가 우리들의 생활 불편뿐 아니라 건강마저 위협하고 있습니다. 환경문제 해결은 이제 더 미룰 수 없는 발등에 떨어진 불이 되었습니다. 환경문제 중 가장 큰 글로벌 이슈는 지구온난화를 유발하는 온실가스 문제일 것입니다.

세계 각국은 온실가스 배출을 줄이기 위한 방안으로, 정부가 공해 업체에 탄소배출권이라는 재산권을 할당하고 이를 시장에서 자유롭게 거래하는 제도를 만들었습니다. 이에 따라 이미 유럽에서는 탄소배출권이 활발히 거래되고 있으며, 미국과 중국에서도 지역별로 이 제도가 시행 중입니다.

우리나라에도 탄소배출권 거래시장이 2015년 1월부터 열립니다. 정부가 관련 업체에 배출권을 할당하고, 한국거래소는 이를 투명하고 간편하게 거래할 수 있도록 배출권시장을 만듭니다. 앞으로 이 제도가 자리 잡히게 되면 우리나라도 다양한 기후파생상품을 시장에 올려 환경 문제를 해결하는 길이 열리게 될 것입니다. 그러나 새로운 제도는 아직 우리에게 너무나 생소합니다. 이러한 시점에 노희진 박사의 「기후금융론」은 환경문제를 둘러싼 새로운 금융기법과 시장을 이해하는 데 많은 도움을 줄 것입니다.

최 광 │ 국민연금공단 이사장, 전(前) 보건복지부 장관

최근 선진국을 중심으로 기후변화에 관한 국가차원의 R&D 로드맵이 경쟁적으로 수립되고 있으며, 개발도상국 기후변화 시장을 선점하기 위해 치열한 경쟁이 전개되고 있습니다. 우리나라도 기후금융 분야의 세계은행이라 할 수 있는 GCF(Green Climate Fund) 사무국을 유치하는 등 경쟁의 주도권을 잡기 위해 노력하고 있습니다.

이 중요한 시점에 노희진 박사가 심혈을 기울여서 집필한 이 책은 기후금융을

한국금융의 블루오션으로 제시하고 있습니다. 기후변화에 대처하기 위해 필요한 엄청난 자금을 어떻게 조달할 것인가 하는 문제를 두고 전문적인 내용을 명료하게 기술한 이 책을 통해 독자 모두가 새로운 혜안을 얻을 것으로 확신합니다.

한동우 | 신한금융지주 회장

금융의 존재 의미는 무엇일까요?

글로벌 금융위기 이후 금융에 대한 부정적 인식이 확산되기도 했지만, 본래 금융은 개개인의 목표 달성을 지원하고, 기업 활동을 촉진하며, 나아가 우리 사회의 다양한 문제를 해결하는 데 도움을 줄 수 있다는 점에서 그 존재의 의미가 있다고 생각합니다.

인류가 직면한 여러 가지 도전 중에서도 기후 변화는 가장 중요하고 시급한 문제입니다. 그리고, 이 문제를 해결하는 데 있어서 금융의 역할은 매우 중요합니다.

노희진 박사의 「기후금융론」은 기후 변화 문제를 해결하기 위한 자금 조성의 방법은 물론, 이 자금이 적재적소에 배분되어 가장 효율적으로 사용될 수 있는 시스템을 구축하기 위한 구체적인 방법론을 다루고 있습니다.

금융의 힘을 믿으며, 금융의 힘은 반드시 세상을 이롭게 하는 방향으로 사용되어야 한다고 생각하는 금융인으로서 노희진 박사의 의미 있는 연구에 뜨거운 응원의 박수를 보냅니다.

(가나다순입니다. 직책은 추천사 접수일자 기준입니다.)

차례

Climate Finance

Climate Finance

【 표 】

【 그림 】

제1장

기후변화 대응의
시급성과 대응 방향

Climate Finance

지구온난화를 유발하는 대기 중 온실가스(Greenhouse Gases: GHGs)가 산업혁명 이래 화석 연료(석탄, 석유, 가스)의 연소, 산림 파괴 등 인간의 여러 활동에 기인하여 크게 증가하였으며, GHGs 농도의 상승 속도는 최근 2만 년 동안 전례가 없는 것으로 나타나고 있다. 온실가스로 인한 지구온난화와 해수면의 상승은 지구촌의 장기 존속 가능성을 위협하고 있다. 이러한 지구환경 변화는 남극지대 기온상승, 빙하감소, 홍수, 가뭄 등 이상기후 현상에 의한 자연 환경적 변화뿐만 아니라 사회경제적으로도 영향을 미칠 것으로 예상되고 있으며, 이러한 문제를 해결하기 위한 다양한 노력이 요구되는 시점이다.

인간 활동에 따른 대기 중 온실 가스 농도의 증가로 인해 기후변화가 발생해 왔다. 이러한 기후변화는 '현재 진행형'인 문제로 자연 생태계와 인간·사회·경제 활동에 큰 영향을 미칠 것으로 예측되면서 인류 전체가 대응해야 할 중요한 과제의 하나가 되고 있다.

IPCC는 1990년 이래 매 5~6년 간격으로 기후변화 평가보고서를 발간하고 있으며, 2007년 채택한 4차 평가보고서에 이어 2014년 5차 평가보고서를 채택할 예정이다. 2013년 9월 스웨덴 스톡홀름에서 공개된 IPCC 제5차 평가보고서는 약 6년간에 걸쳐 130여 개국에서 약 2,500명의 과학자가 참여하였으며, 기후변화의 원인, 기후변화 전망 등의 내용을 포함하고 있다. IPCC는 제4차 평가보고서에 사용된 온실가스 배출량 시나리오(Special Report on Emission Scenario) 대신, 제5차 평가보고서를 위해 새로운 온실가스 시나리오인 대표농도경로(Representative Concentration Pathways: RCP)를 도입하였으며, 기후변화에 대한 인류의 책임을 최소 90%로 규정했던 4차보고서보다 기후변화에 대한 인류 책임을 95%로 상향조정하였다. 즉, 현재 지구온난화는 논란의 여지가 없을 정도로 명백하며, 기후변화는 대기 중의 CO_2 농도가 주요 원인으로 CO_2 농도는 2011년 391ppm으로 산업화(1750년) 이후 인간 활동에 의해 40% 증가하였다.

지구온난화로 인한 지구 평균기온은 지난 133년간(1880~2012년) 약 0.85℃(0.65~1.06℃) 상승하였으며, 평균 강수량의 변화는 뚜렷하지는 않으나, 1901년 이후 북반구 중위도 육지에서 강수량이 증가했다. 또한 지구의 평균 해수면은 110년간(1901~2010년) 19cm(17~21cm) 상승하였으며, 지구의 빙상과 빙하의 양은 줄고 있다. 지난 34년(1979~2012년) 동안 북극 해빙은 연평균 면적이 10년에 3.5~4.1%의 비율로 줄어들었을 가능성이 높고, 남극 해빙은 1.2~1.8%의 비율로 증가했을 가능성이 매우 높다고 보고서에서 밝히고 있다.

또한 지역적으로 예외가 있지만, 지구 대부분 지역에서 온난화된 기후로 인해 건조 지역과 습윤 지역의 계절 강수량 차이가 커지고, 우기와 건기 간의 기온의 차이도 더 벌어질 것이다. 고위도와 적도 태평양의 경우 강수량이 증가할 가능성이 매우 높은 것으로 보고하고 있다. 즉, 장기적인 온난화의 주요 촉진요인은 CO_2의 총 배출량이며, 온난화와 CO_2 배출량은 상호비례관계로 향후 온실가스 배출량에 따라 온난화 정도를 예측하고 있다.

전세계적으로 현재 추세로 저감없이 온실가스를 배출한다면(RCP 8.5), 금세기 말(2081~2100년)의 지구 평균기온은 3.7℃, 해수면은 63cm 상승할 것으로 전망

표 1-1 1986~2005년 대비 시나리오별 미래기후 전망

시나리오	기온(℃)		해수면(cm)	
	2046~2065년	2081~2100년	2046~2065년	2081~2100년
RCP 2.6: 온실가스 배출을 당장 적극적으로 감축하는 경우	1.0 (0.4~1.6)	1.0 (0.3~1.7)	24 (17~32)	40 (26~54)
RCP 4.5: 온실가스 저감 정책이 상당히 실현되는 경우	1.4 (0.9~2.0)	1.8 (1.1~2.6)	26 (19~33)	47 (32~62)
RCP 6.0: 온실가스 저감 정책이 어느 정도 실현되는 경우	1.3 (0.8~1.8)	2.2 (1.4~3.1)	25 (18~32)	47 (33~62)
RCP 8.5: 현재 추세(저감 없이)로 온실가스가 배출되는 경우	2.0 (1.4~2.6)	3.7 (2.6~4.8)	29 (22~37)	62 (45~81)

자료: IPCC(2013)

하고 있으며, 온실가스 저감 정책이 상당히 실현되는 경우(RCP 4.5), 금세기말 지구 평균기온은 1.8℃, 해수면은 47cm 상승한다고 전망하고 있다.

이러한 기후변화는 전세계적으로 삶의 기본 요소인 물, 식량, 생산, 건강, 토지와 환경의 이용 등 다양한 부문에 위협 요소로 작용하고, 경제활동, 인간의 생활 및 환경에 대한 영향을 미치므로 경제적 손실을 야기할 것으로 예측된다.

Stern(2006)에서는 지구 평균온도 상승이 초래할 수 있는 다양한 경제·사회적 비용을 보고하고 있다. 기후변화에 대하여 아무 조치도 취하지 않는다면 매년 전세계 국내총생산(Gross Domestic Product: GDP)의 5% 이상의 비용이 소요되며, 200년 안에 세계 경제규모가 5~20% 축소될 가능성이 있는 것으로 경고하고 있다. 반면 온실가스 감축에 들어가는 비용은 GDP의 1% 수준으로 기후변화에 관한 강력한 조기 감축 활동의 편익이 비용을 초과할 것이라고 강조하고 있다.

우리나라에서도 기상청 주도로 2012년 최근 30년간 남한과 북한의 관측 자료 및 새로운 기후변화 시나리오를 바탕으로 21세기 한반도의 미래 기후변화를 전망한 바 있다.[1] 이에 따르면 온실가스 배출추세를 현재 수준으로 유지할 경우(RCP 8.5), 21세기 후반(2071~2100년) 한반도 기온은 현재(1981~2010년)보다 5.7℃ 상승하며, 21세기 후반기 평양의 연평균 기온이 현재 서귀포의 기온과 유사한 수준으로 상승하고, 강원도 산간 등 일부 산간지역을 제외한 남한 대부분의 지역과 황해도 연안까지 아열대 기후지대가 될 것으로 분석되고 있다. 한편, 전세계가 온실가스 감축을 위한 노력을 상당히 할 경우(RCP 4.5), 한반도 기온상승을 3℃ 수준으로 방어할 수 있어 기온상승 속도는 절반으로 떨어질 것으로 예상되고 있다.

연평균 일최고 기온과 연평균 일최저 기온 또한 RCP 4.5와 RCP 8.5 시나리오 모두에서 뚜렷한 상승 경향을 보이며, 한반도의 연평균 강수량은 시나리오 모두에서 공통적으로 21세기 중반기 이후 자연적인 변동을 넘어 뚜렷한 증가 경향을 보일 것으로 예측된다. RCP 4.5 시나리오에서는 현재 연평균 강수량 대비 21세기 후반기에는 16.0% 증가할 것으로 전망되며, RCP 8.5 시나리오에서는 현재 연평균 강수량 대비 21세기 후반기에는 17.6% 증가할 것으로 전망되고 있다. 폭염과 열대야 등 기후관련 극한지수는 기후변화에 따라 더 극적으로 증가할 것으로 전

---

1 기상청(2012).

표 1-2 1986~2005년 대비 21세기말 우리나라 기후변화 전망

구분		현재 기후값 (1986~2005년)	21세기 중반기 (2046~2065년)		21세기 후반기 (2081~2100년)	
			RCP 4.5	RCP 8.5	RCP 4.5	RCP 8.5
평균 기온 (℃)	한반도	11.3	+2.4	+3.4	+3.0	+5.7
	동아시아	–	+1.9	–	+2.4	–
	전지구	–	+1.4	+2.0	+1.8	+3.7
일최고기온(℃)		16.8	18.9	19.9	19.4	22.2
일최저기온(℃)		6.3	8.6	9.7	9.3	12.0
강수량(mm)		1144.5	+10.5%	+15.5%	+16%	+17.6%
폭염일수(일)		7.3	11.1	15.2	13.1	30.2
열대야일수(일)		2.6	9.0	16.6	13.6	37.2
호우일수(일)		2.2	2.6	2.8	2.7	2.8

자료: 기상청(2012)

망되는데, 폭염일수는 현재 한반도 전체평균 7.3일에서 온실가스 고배출시 21세기 후반에 30.2일로 한 달가량 발생할 것으로 전망되며, 남한보다 북한의 기온상승·폭염·열대야·호우 증가가 더 클 것으로 분석되고 있다.

　　이러한 기후 변화로 인한 국내 경제적 영향에 대한 분석에 따르면 2100년 4℃ 이상의 기온 상승시 우리나라의 경제적 피해는 2100년에 GDP의 약 3% 수준으로 2100년까지 누적 피해비용 총 2,800조원으로 추정되고 있다. 또한 No action 시나리오하 국내 적응정책 추진시 누적 소요비용 약 300조원인 반면, 2100년까지 누적 피해비용은 2,800조원에서 2,000조원으로 약 800조원 이상 감소하는 효과를 지니므로, 결국 우리나라 단독의 적응정책은 500조원 순편익을 창출할 수 있는 것으로 보고하고 있다. 더불어 전세계가 2℃ 안정화를 위한 적극적 감축시 우리나라의 2100년 누적 피해비용은 총 580조원으로 감소하고 있는 것으로 보고하고 있다.[2]

　　기후변화로 인한 대응 비용을 산정하는 연구에서 강조되고 있는 점은 기후변

---

2 한국환경정책평가연구원(2012).

화 완화 및 적응 비용이 상당히 높으며, 기후변화 대응을 위한 조치를 조기에 실시할수록 비용이 감소한다는 점이다.

WEF(2013)는 지구온도 상승 폭을 2100년까지 산업화 대비 2℃ 이내로 억제하기 위하여 2020년까지 연간 총 5조 7,000억달러의 투자가 필요한 것으로 추산하고 있다. 5조달러는 수자원, 농업, 통신, 교통, 빌딩, 산업 부문 등에 대한 투자비용으로 추산하고 있으며, 7,000억달러는 청정에너지 인프라 구축, 저탄소 교통, 에너지 효율성 개선 등 녹색화를 위해 추가적으로 소요되는 비용이라고 밝히고 있다.

Stern(2006)에서는 기후변화의 영향이 전세계적으로 균등하게 미치는 것이 아니라, 저소득국 또는 개발도상국에 빠른 속도로, 보다 많은 영향을 미칠 것이라고 강조하고 있다. 특히 개도국은 대개 지리적 불리성으로 선진국보다 평균적으로 온도가 높고, 강우량 변동이 심한 지역에 위치하고 있으며, 온난화가 가속화될 경우 기후에 민감한 농업에 의존하는 경제 구조와 불충분한 보건과 낮은 수준의 공공서비스, 저소득과 취약성으로 인하여 적응이 더욱 어려운 상태에 놓인다고 주장한다.

World Bank(2010)에서는 개도국의 기후변화 적응 비용을 다양한 부문과 지역

표 1-3 2010~2050년 지역별 연간 기후변화 적응 비용

(단위: 10억달러)

구분	국가대기연구센터 시나리오	연방과학산업연구원 시나리오
동아시아 및 태평양	21.7	17.9
유럽 및 중앙아시아	11.2	6.9
라틴아메리카 및 카리브	18.7	14.8
중동 및 북아프리카	2.4	2.5
남아시아	12.4	15.0
사하라 이남 및 아프리카	15.1	14.1
총 합	81.5	71.2

주 : 2005년 가격 기준으로, 기후변화에 따른 지역 내 긍정적·부정적 영향을 모두 정량화하여 합산한 수치임

자료: World Bank(2010)

별로 산출하고 있는데, 2010~2050년 기간 중 동아시아 및 태평양 지역의 연간 기후변화 적응 비용이 가장 높고, 중동 및 북아프리카의 적응 비용이 가장 낮은 것으로 보고하고 있다. 지역별로 기후변화 적응 비용은 동아시아 및 태평양의 경우 기반시설, 해안지대 보호, 사하라 이남 및 아프리카 지역은 물 공급 및 홍수조절 문제, 라틴아메리카 및 카리브 지역은 물공급 및 홍수조절 그리고 해안지대 보호 부문이 높은 것으로 추정된다.

표 1-4 개도국 연간 기후변화 대응비용 추정액

(단위: 10억달러)

비용종류	추정기관	2010~2020년	2030년
완화비용	맥킨지		175
	Pacific Northwest National Laboratory		139
완화를 위한 투자비용	International Institute for Applied Systems Analysis	63~165	264
	International Energy Agency Energy Technology Perspective	565	
	맥킨지	300	563
	Potsdam Institute for Climate Impact Research		384
적응비용	World Bank	9~41	
	Stern Review	4~37	
	UNDP	83~105	
	Oxfam	〉50	
	UNFCCC		28~67
	Project Catalyst		15~37
	World Bank(EACC)		75~100

주 : 2005년 가격 기준
자료: World Bank(2010)

OECD(2009)는 산업화 이전 대비 2~2.5℃ 상승시 온난화 비용은 아프리카의 경우 GDP 대비 −8.9~−0.8%, 동아시아 및 동남아시아의 경우 −8.7~0.8%, 중앙아시아의 경우 −4.2~−2.0%, OECD(Organization for Economic Cooperation and Development) 유럽의 경우 −2.8~0.1%, 북아메리카의 경우 −1.8~0.9% 수준인 것으로 추정하고 있다. 즉, 개도국의 경우 온난화에 따른 경제적 피해 규모가 선진국에 비하여 크며, 개도국의 경제적 취약성과 산업 구조를 고려시 경제적 비용으로 인한 타격이 더욱 심각할 것으로 예상된다.

세계은행 등 다수의 기관은 개도국의 중장기 발전가능성, 인구 및 GDP 성장 전망을 적용하여 기후변화 대응 비용을 추산하고 있으며, 〈표 1-4〉는 2030년까지 개도국이 온실가스 농도를 450ppm에서 안정화시키는 데 소요되는 연간 완화 비용과 이와 관련된 자금 조달 규모 및 적응 비용을 정리하고 있다. 450ppm 수준 안정화를 목표로 한 경우, 개도국의 완화 비용은 2030년까지 연간 1,400억~1,800억달러가 소요되며, 이와 관련된 투자비용 등의 자금은 연간 2,640억~5,650억달러가 필요할 것으로 추산된다. 또한 적응 비용의 경우 World Bank 자료에 따르면 2030년까지 중장기적으로 150억~1,000억달러가 소요될 것으로 추정하고 있다.

그러나 개도국의 적응과 완화 부문에 대한 자금 지원은 필요 수준에 비하여 매우 낮은 것으로 나타나고 있다. World Bank(2010)는 각종 펀드와 CDM 사업을 통해 2012년까지 완화 부문에 370억달러가 유입되어, 개도국에 연간 80억달러 미만이 지원되고 있으며, 적응 부문에 대한 자금은 연간 10억달러 미만이 투입되는 것으로 추산하고 있다. 즉, 연평균 개도국의 적응과 완화 부문을 위한 공적·민간 재원은 약 90억달러만이 조달되고 있으므로 필요 금액과 조달 금액 간 차이가 매우 큰 것으로 보고하고 있다.

또한 기후변화 대응방법 중 완화보다 적응에 대한 수요가 더 높음에도 불구하고 국제사회가 추정하는 기후변화 대응 비용이 규모 면에서 완화에 집중되어 있는 등 지원 규모, 대상 및 책임분담 측면에서 선진국과 개도국 사이에 간극이 존재하고 있는 실정이다. 기후변화 대응을 위해 2009~2010년 선진국에서 개도국으로 투입된 공적·민간 재원은 연평균 1,200억달러에 불과한 실정이며, 이 중 투자·기부를 포함한 민간재원이 724억달러(60%)로 가장 비중이 크며, 공적개발원조(Official Development Assistance: ODA) · 수출신용 등을 포함한 공적자금은 407억달러(34%), 그 밖에 민 · 관 협력이 53억달러(4%) 수준이다.[3]

한편 기상이변과 대체에너지 필요성 증대에 따라 기후 · 에너지 산업의 중요성이 부각되면서 새로운 기술을 기반으로 기후 및 에너지산업의 규모가 증대하고 있다. 기후변화에 관한 정부간 협의체(Intergovernmental Panel for Climate Change: IPCC)는 2050년까지 세계 에너지 공급량 중 태양, 풍력 등 재생에너지에 의한 공급량이 최대 77%까지 확대될 것으로 전망하는 등 기후변화 대응에 핵심적인 역할을 강조하고 있다.[4] 2008년 세계 1차 에너지 공급에서 바이오매스, 수력, 풍력, 태양, 지열, 바다 등 6가지 재생에너지가 차지한 비율은 12.9%에 달하며, 전력공급에서 재생가능에너지의 비중은 19%(수력 16%, 나머지 3%), 수송연료로는 바이오연료가 2%가량 차지하고 있다.

또한 난방연료의 경우 전통 바이오매스, 현대식 바이오매스, 태양열과 지열 등의 재생에너지 차지 비중이 27%에 달한다고 보고하고 있다. 2009년에는 세계 금융위기의 여파에도 불구하고 전년도 대비 풍력은 32%, 수력 3%, 태양광 53%, 지열 4%, 태양열 온수공급 및 난방은 21% 증가하였으며, 수송연료에서 바이오연료가 차지하는 비중 역시 2009년 3%로 늘어났다. 즉, 재생가능에너지의 성장 속도가 높은 추세로, IPCC(2011)는 재생에너지가 기후변화 대응의 핵심적인 역할을 할 것으로 전망하고 있다. 이러한 재생에너지 확대에 필요한 투자비용은 2020년까지 1조 3,600억~5조 1,000억달러로 추산되며, 2012~2030년까지 1조 4,900억~7조 1,800억달러에 이를 것으로 전망하고 있다.

이와 더불어 다양한 신재생에너지 기술 산업에 대한 투자가 증가하고 있다. 블룸버그(Bloomberg)는 신재생에너지 산업에 대한 투자가 증가하고 있는 것으로 보고하고 있는데, 2004년 400억달러에서 2011년 2,790억달러로 약 8배 이상 증가하였다가, 2012년에는 2,440억달러로 다소 감소한 투자가 이루어졌다.[5]

지구온난화에 따른 기후변화에 대처하기 위하여 국제사회는 1988년 UN총회 결의에 따라 세계기상기구(World Meteorological Organization: WMO)와 국제

---

3 OECD(2012).

4 IPCC(2011).

5 Bloomberg New Energy Finance(2013).

연합환경계획(United Nations Environment Programme: UNEP)에 IPCC를 설치하였고,[6] 1992년 6월 유엔환경개발회의(United Nations Conference on Environment and Development: UNCED)에서 UN기후변화협약(United Nations Framework Convention on Climate Change: UNFCCC)을 채택하고 있다. UNFCCC는 지구온난화 방지를 위하여 모든 당사국이 참여하되, 온실가스 배출의 역사적 책임이 있는 선진국은 차별화된 책임을 기본 원칙으로 정하고, 온실가스 배출 감축을 통하여 기후변화 현상을 완화(mitigation)하는 데 중점을 두었다.

2014년 완료 예정인 IPCC 5차 보고서는 국가별 협상에 중요한 자료를 제시할 것이다. 이번 5차 보고서 핵심은 2℃ 안정화를 위한 글로벌 탄소예산을 제시했다는 것이다.[7] 누적 이산화탄소 배출량과 지구온도 변화는 거의 일대일의 상관관계가 있다는 것으로 과학자들은 밝히고 있다. 5차 보고서에 의하면, 지구온도 2℃ 안정화 목표를 달성하려면 온실가스 배출의 상한선은 총 1조 톤이 된다.[8] 여기에서 Non-CO_2를 빼버리면 탄소배출 누적 상한선은 7,900억톤으로 하락하게 된다. 그리고 이미 산업혁명 때부터 지금까지 배출해 온 5,150억톤을 빼면 향후 배출 가능 총량이 2,750억톤이 된다.

그래서 2℃ 안정화를 위한다면 앞으로 배출할 수 있는 이산화탄소는 2,750억톤이 된다는 것이다. 이 2℃ 중에서 이미 0.8℃는 상승하였고 현재 배출로 인하여 0.4℃ 추가 상승이 예상되고 있다. 예상된다는 것은 지금 이 순간 배출을 0으로 줄여도 과거 배출되어 이미 대기 중에 쌓여있는 비축량 때문에 온도가 올라갈 수밖에 없다는 뜻이다. 그러면 1.2℃는 이미 확정된 부분이므로 사실 2,750억톤이라는 것은 앞으로 올라갈 수 있는 지구온도를 0.8℃로 제한하는 역할을 하는 숫자인 셈이다.

그런데 2,750억톤이라는 것은 현재 우리가 가지고 있는 화석 에너지 자원의

---

6 IPCC는 1988년 WMO와 UNEP가 공동으로 기후변화 문제에 대처하고자 설립된 기구로 현재 세계 195개국이 IPCC 회원국으로 활동하고 있다. IPCC에서 발간되는 평가보고서는 각국 과학자들이 참가하여 기후변화 추세 및 원인규명, 기후변화에 따른 생태학적, 사회경제적 영향 평가 및 그에 대한 대응전략을 분석하고 있으며, 이는 기후변화에 대한 피해 최소화 및 UN기후변화협약(UNFCCC) 정부간 협상의 근거자료로 활용되고 있다.
7 환경복지포럼 제8차회의 자료 참고.
8 확률적으로는 66%에 이르는 것으로 추정된다.

5~7%를 사용하면 배출이 되는 양이다. 여기에서 화석에너지 자원이라는 것은 현재의 기술을 활용해서 쓸 수 있는 석탄, 석유, 천연가스와 같은 자원을 말한다.

시나리오별로 탄소예산(carbon budget)이 어떻게 변하는지도 보고 되었다. 예를 들어서 RCP(Representative Concentration Pathways) 8.5라는 것은 지금과 같은 트렌드가 앞으로 계속된다고 했을 때 지구온도가 평균 3.7℃ 올라갈 것으로 보고 있는데 그때 탄소예산은 1조 6,850억톤이 될 것으로 계산된다. 탄소예산은 물리적인 탄소 순환(carbon cycle)을 검토했을 때 이런 숫자가 나온다는 것이다.

향후 개별 국가의 추가 배출량을 할당하기 위해, 과거 배출량을 추계하여 기반으로 삼을 가능성이 크다. 산업혁명 때부터 지금까지 국가별 누적배출량으로 1850년~2010년 누적배출량 중 각국이 그동안에 얼마나 배출했는지 집계한 데이터가 있다. 물론 1850년 이전에도 산업화 과정에서 인간에 의한 탄소배출은 있었지만 그것을 추가한다 해도 양이 너무 적기 때문에 각국의 기여도에는 큰 변화가 없다. 기여도는 미국, 유럽연합, 중국, 러시아 순이며, 한국의 비중은 0.6%이다.

흥미로운 것은 주요 배출국 17개국을 다 합치면 총기여도가 80.7%가 된다는 것이다. 즉 다배출 국가 중심의 논의가 필요하다.

한국의 0.6%는 주요배출국인 17개국 중에서 하위에 속하는 수준이다. 누적배출 기여도 대비 인구점유율은 중요한 지표가 될 수 있다. 대규모 온실가스배출국 17개국 중에서 동 비율이 1미만인 나라가 한국, 터키, 중국, 인도, 나이지리아이다.

요약하면, 온실가스 누적배출(1850~2010) 총량 중 한국의 비중은 약 0.6%이고, 주요 배출국 17개국의 총기여도는 80.7%이며, 이 중 한국은 15위를 차지하고 있다. 누적 배출기여도/인구점유율 기준으로는 한국은 13위를 차지하고 있다.

앞으로 기후협상에서 얼마만큼 배출량 축소(emission reduction)에 기여해야 하는가를 논의할 때 다양한 측면이 고려될 것이다. 형평성 측면에서 여러 가지를 고려할 수 있겠지만 그 중 인구점유율로 보았을 때 한국은 여유가 있는 것으로 보인다. 그래서 다른 것을 다 배제하고 인구 지표의 형평성을 놓고 보았을 때 0.6%보다는 조금 상향된 탄소배출량을 우리가 주장해도 무방할 것이다.

또한 최근 기후변화에 취약한 개도국의 적응(adaptation)에 대한 논의가 부각되고 있다. 대부분의 개도국은 천연자원에 의존한 경제 구조를 지니고 있으며, 빈곤타파를 위한 개발 및 경제성장을 추구하는 과정에서 불가피하게 온실가스를 배출할 수밖에 없다. 반면 기후변화에 대처하기 위한 물적·기술적 자원이 부족하기 때문에 효과적인 환경 보전을 위한 다양한 활동에 참여하기 어려운 경제구조를 지니고 있다. 이에 대하여 개도국은 선진국의 재정 및 기술지원의 필요성을 제기하고 있으며, 국제기금 및 개별 국가가 다양한 기금을 설정하여 기후관련 프로젝트를 지원하고 있다.

이러한 차원에서 최근 코펜하겐 당사국총회(Conference of Parties: COP)와 칸쿤 COP를 거쳐 녹색기후기금(Green Climate Fund: GCF)의 설립이 결정되었으며, 2012년 10월 GCF의 사무국의 위치는 인천 송도로 결정되었다. UNFCCC 주도하에 COP와 GCF 이사회를 통하여 GCF는 2020년까지 연간 1,000억달러의 재원을 조성하며 개도국 온실가스 감축과 기후변화 적응 사업을 지원하고, 기후변화 관련 프로젝트에 무상원조, 양허성 차관 및 다양한 금융수단을 활용할 수 있도록 역할, 구조, 사업모델 등에 관한 다양한 논의가 진행되고 있다. 그러나 선진국의 재정 지원과 관련된 재원 및 운용 방식 등에 대해서는 선진국과 개도국의 대립이 지속되고 있으며, 이에 대한 조율이 필요한 상황이다.

향후 온실가스 감축 및 기후변화 적응을 위해 GCF의 역할이 중요하다. GCF는 COP의 지침을 받도록 되어 있다. COP가 GCF에 대해서 모든 정책의 결정, 프로그램 우선순위(Program Priorities), 그리고 적합성기준(Eligibility Criteria)을 정하도록 되어 있다. 이것을 정해서 지침을 GCF에 내리면 GCF는 그에 맞게 액션을 취하도록 되어 있다. 그리고 GCF 이사회는 펀딩하는 주체로서 모든 책임을 갖도록 되어 있다. GCF 이사회는 돈을 모아야 되는 임무를 가지고 있고, 돈을 어떻게 쓰느냐 하는 결정은 COP의 정책에 의해서 하도록 되어 있다. GCF는 COP의 재정 메커니즘이다. GCF 사무국은 일상적 운영(operation) 역할을 맡는데 개도국 지원 시 중요한 역할을 하게 될 것이다.

기후정책의 핵심은 여러 가지 과학문서를 검토해 보았을 때 저확률/고피해 예상리스크에 대한 대응이다. 평균이 올라가는 것에 대응하자는 것이 아니라 평균이 올라가면 확률도의 꼬리부분이 늘어나기 때문에 그것에 대한 피해가 사실 실제적으로 지역경제에 큰 영향을 미친다. 기후과학을 부정하는 그룹이나 기후변화의 두려움을 강조하는 그룹 모두 기후문제의 오도를 초래할 수 있다. 잘 알려진

스턴보고서도 확률적으로 낮은 고피해 현상을 강조하고 있는 것으로 알려져 있다. 기후정책이라는 것은 리스크 관리 정책이고 리스크 관리라는 것은 기후측면에서 볼 때 행동하는 것과 관망하는 것 둘을 균형 있게 취할 필요가 있다.

UNFCCC 외곽에서 상향식 기후행동의 확산이 진행되고 있다. 예를 들면, 국제항공운송, 자동차산업, 선박산업분야의 이산화탄소 규제 논의나 양자간기후대책, 온실가스 주요 배출국 중심의 논의, 에너지 분야 다자간 협의체 논의가 진행 중이다. 즉, 기후변화 문제를 다루기 위해서 양자, 다자, 전 지구적 회의 등 다양한 채널의 협상이 하향식 또는 상향식으로 진행중이거나 진행될 것이다.

이 분야에서는 UNFCCC에 상관없이 각국에서 이런저런 이유를 들어 이산화탄소 규제에 관한 논의가 나오기 때문에 해당 산업 차원에서 볼 때 다양한 국가에서 요구하는 규제에 다 맞추다가는 도저히 사업을 하기가 힘들다. 따라서 자체적으로 이산화탄소에 관한 규제를 해서 국가별 규제에 따른 불확실성을 최소화하자는 데 공감이 형성되고 있다.

또한 지역단위에서 자발적인 온실가스 감축행동이 상당히 많다. 중국은 세계의 공장이기 때문에 중국이 만든 물건은 예를 들어 미국 사람들이 쓰니까 중국이 내뿜는 이산화탄소는 중국을 위한 것이 아니라 중국이 수출하는 국가의 사람들을 위한 것이라는 주장을 한다. 현재는 production base인데, 이것을 consumption base로 바꿔봤을 때 국가별로 감축 필요량의 규모가 달라질 수 있다. 중국에는 이미 지금 두어 군데에 지역 탄소마켓이 형성되어 있는데 이것을 미국의 두 개 정도 있는 탄소시장과 연계하자는 논의가 시작된 것으로 알려져 있다.

궁극적으로 탄소 규제에 대한 합의는 불가피하게 될 것이다. 다만, 지구온난화 속도나 기후변화 강도에 관한 불확실성이 존재하며, 기후변화 피해 비용이나 적응 비용, 온실가스 감축 비용 등에 대한 추가적인 연구가 지속되어야 할 것이다. 또한 지역 단위의 기후변화 영향과 피해에 관한 과학적인 연구가 이루어질 때 구체적인 감축 행동에 대한 근거가 마련될 수 있을 것이다. 따라서 적정 감축에 대한 향후 정책적 고민들이 필요한 상황이다.

대응전략으로 경제발전 자체가 지구온난화를 초래하지 않도록 하고, 지금 고탄소 기술과 고탄소 인프라가 채택되어 앞으로 30년, 50년 고착화(lock-in)되는 현상을 저지할 필요가 있다. 석탄발전소를 지금 지으면 앞으로 40년은 CO_2를 배출하도록 되어 있다. 그래서 이런 탄소 집약적인 기술의 고착화를 방지하는 것이 필요하다.

기후정책이라는 것은 기후변화에 대한 리스크 관리라고 할 수 있다. 리스크 관리를 위해 완화, 적응, 기술 개발, 연구 등이 필요하다. 탄소의 사회적 비용이 불확실하지만, 탄소 저감을 위한 구체적 행동을 취할 수밖에 없다.

산업계를 포함해 많은 그룹이 기후변화액션의 코스트(cost)를 고려해서 투자한다. 세계 주요 석유가스 기업들은 이미 톤당 50~60달러 수준의 탄소가격을 가정한 후 신규 투자를 결정한다고 한다.

폴란드 바르샤바에서 개최된, COP 19 이후 한국 정부가 방향을 제시해야 할 시점이다. 기후변화 대응에 대해서 다른 시각이 있을 수도 있다. 어떤 구속력을 가진 새로운 기후체제가 확정이 되지 않은 상황에서 한국이 적극적으로 기후변화에 대응하는 강력한 의지를 보이고 필요한 정책을 갖고 간다고 하는 것이 필요하다는 시각과 좀 더 두고 보는 wait and see의 입장으로 가는 것이 낫다는 시각이 존재한다.

이미 한국이 전 세계에 대해서 공표한 사실은 2020년에 BAU 대비 −30%라는 점이고, UNFCCC에 문서로 들어가 있다. 또 문서로 들어가 있지는 않지만 그 정책을 공표할 때 BAU 대비 −30%라는 것이 2005년 실적 대비 −4%라는 것을 언급한 바 있다. 그래서 세계 각국의 전문가들은 2005년 대비 −4%가 한국이 자발적으로 감축하기로 확정한 수치라고 알려져 있는데, 그 수치를 지키기에는 많은 부담이 있는 것이 사실이다.

BAU 대비 2020년까지 30% 감축이라는 것은 BAU를 가변적으로 본다면 맞출 수도 있는 목표치이고, 2005년 대비 절대량 −4%라는 것은 지금 시점에서 달성하기 상당히 어려운 수치이다.

다른 나라의 입장을 살펴보고 우리의 입장을 정할 필요가 있다. 왜냐하면, 모든 다른 나라들이 다 목표를 달성하지 못한다면, 우리가 달성 못하는 것은 큰 흠결이 아니다. 하지만, 다른 나라가 모두 목표 달성하는데 우리만 달성하지 못하는 것은 큰 흠결이 될 수 있기 때문이다.

GCF의 모든 정책 결정은 이사회가 하고, 이사회는 COP의 지시를 받도록 되어 있다. COP의 규정을 보면 GCF가 COP의 재정메커니즘이라고 명시되어 있다.

이사회는 자금조달을 맡는다. 사무국은 실무(operation)를 담당한다고 되어 있다. 사무국 소재지가 어디가 되건 그 의미가 크지 않다고 말할 수도 있지만, 한국은 사무국의 위치가 한국에 있는 것을 잘 활용할 지혜를 모아야 한다. 한국은 온실가스 감축을 위해 다양한 프로그램을 진행하고 있다.

2009년 11월 17일 국무회의 의결에서 국가온실가스감축목표를 체계적으로 이행하고 관리하기 위해서 상설기관을 만들기로 하여 2010년 6월 15일에 온실가스종합정보센터가 설립되었다. 2009년에는 온실가스 국가감축목표를 대략적으로만 발표했고, 2011년에는 연도별, 부문·업종별로 세분화된 감축목표를 확정·발표했다.

감축목표를 이행하기 위해서 2012년부터 온실가스에너지목표관리제를 시행하고 있다. 즉 본격적인 온실가스 감축은 2012년부터 추진되었다고 할 수 있다. 현재 약 580개 업체에 대해서 매년 배출허용량을 할당하고 있다. 그 허용량에 의해서 감축이 이루어지고 온실가스에너지목표관리제 대상 업체들은 이미 2007년부터 매년 온실가스 배출을 얼마만큼 하고 있다는 것을 보고하도록 되어 있다. 관장기관을 경유해서 온실가스종합정보센터에 보고되고 있다. 그런데 보고하기 전에 검증심사원들이 검증을 마친 다음에 보고하게 되어 있다. 개략적으로 2012년 목표관리시행결과를 보면, 과반수의 업체들이 목표보다 초과 감축한 결과를 얻었다.

주로 감축을 많이 하는 곳들은 폐열회수나 중유를 천연가스로 대체하는 방안을 추진했고, 건물의 경우 친환경 건축 촉진을 위한 설계기준 강화 등이 마련되고, 건물 단위에서도 온실가스배출을 관리하고 있다. 백열전구 판매가 2014년부터 금지되고 LED 조명 등으로 대체되는데, 서울시도 지하철 전체 역사의 조명을 LED 조명으로 바꾸는 정책을 추진하고 있다.

기후변화 문제는 전 인류가 해결해야 할 과제인데, 해결을 위해서는 재원이 필요하다. 이러한 재원의 조성을 위해 공적금융뿐만 아니라 민간 금융의 역할이 절대적으로 필요하다. 본서를 통하여 기후변화를 대처하기 위한 금융(Climate Finance)에 관한 논의를 하고자 한다.

제2장

기후금융의 개념과 사업기회

Climate Finance

1 기후금융의 개념

가. 개념 정립

지구온난화로 인한 기후 변화와 이로 인한 지구의 장기 존속 가능성에 대한 논의가 진행되면서 유엔환경계획 금융이니셔티브(UNEP Finance Initiative: UNEP/FI)[1]에서는 환경보전을 위한 금융의 역할을 강조하고 있고, 선진국 금융기관의 적도원칙(Equator Principles) 채택 및 미국의 CERCLA(Comprehensive Environmental Response, Compensation, and Liability Act) 입법[2] 등 환경 금융의 중요성이 대두되고 있다. 또한 이와 더불어 녹색성장 지원을 위한 녹색금융(green finance), 환경개선을 위한 환경금융(environmental finance), 탄소 감축을 위한 탄소금융(carbon finance) 등 특정 목적을 위한 금융의 개념이 나타나고 있다.

최근에는 기후변화와 관련된 공적 및 민간금융을 통틀어 기후금융(Climate Finance)이라는 용어가 사용된다.

국내의 경우 녹색금융(green finance)은 녹색성장을 지원하는 금융으로 인식되고 있으나, 녹색성장 및 녹색금융에 대한 일반화된 기준이 없어, 개별금융기관은 녹색금융 지원 시 자의적 기준에 의하여 녹색금융을 제공하고 있는 실정이다.

이러한 측면에서 기후금융에 대한 구체적 개념을 정립하는 것이 필요하므로, 지속가능금융(sustainable finance), 환경금융, 녹색금융 및 탄소금융 등 환경적인

---

1 1990년대 이후 UNEP/FI 산하의 AMWG(Asset Management Working Group)의 연구등을 통하여 투자시 ESG 요소가 주가에 직·간접적으로 영향을 미친다는 연구 등이 진행되었다. 또한 UNEP/FI는 2000년대 초반부터 ESG이슈가 주가에 미치는 영향과 금융기관의 대응에 대한 연구를 진행하면서 투자시 ESG이슈를 고려하는 것이 바람직한 장기투자의 방향이며 수탁자책무(fiduciary duty)에 충실한 투자라는 점을 밝히고 있다.

2 CERCLA는 기업에 의해 토양오염이 발생했을 때 그 조사 및 정화작업은 미국 환경보호청이 담당하고, 오염의 책임소재가 분명해지기 전까지는 정화비용을 유류세 등으로 조성된 신탁기금(슈퍼펀드)에서 지출하며, 최종적인 정화비용 부담책임을 유해물질의 발생에 관여한 모든 잠재적 책임당사자에게 부과한다는 것이 법률의 핵심내용이다. 1990년 미국 법원이 대출기업이 일으킨 토양오염 정화비용에 대해 금융기관도 부담책임이 있다고 판결함에 따라 금융기관의 대부자 책임이 규정되었다.

측면을 강조하는 금융의 개념을 살펴보고자 한다.

지속가능금융(sustainable finance)은 ESG요소를 고려한 금융으로 지역개발을 위한 금융(community development finance)을 포함하는 포괄적인 금융이다. 환경금융, 녹색금융 및 탄소금융은 기후변화 완화, 신재생에너지 개발 등 환경문제 해결을 위한 금융지원에 초점을 맞추는 데 비하여, 지속가능금융은 금융지원 대상 범위나 성격이 보다 포괄적이다.

지속가능금융은 지속가능경영을 수행하는 기업에 대한 투자를 포함하고 있으므로, 금융 지원시 기업 경영의 지속가능성을 고려하게 되므로 이는 기업의 사회적 책임(Corporate Social Responsibility: CSR) 이행 여부가 중요하게 된다.

CSR은 ESG 요소를 균형있게 고려한 기업의 경영상 책무로 경영자가 주주에 대한 경제적 책임뿐만 아니라 사회적 책임도 진다는 논거에 기초하여 1990년대 후반부터 기업 경영전략의 일환으로 자리매김하고 있다. 즉, 기업이 장기적으로 존속하기 위해서는 주주에 대한 경제적 성과 제공뿐만 아니라 고객을 포함한 다양한 이해관계자에게 환경적 책임, 사회적 책임, 투명경영 등의 의무를 다하는 것이 필요하다.

자본시장에서 대표적 지속가능금융은 사회책임투자(Social Responsible Investment: SRI)이다. SRI는 투자시 장기적·안정적 투자 수익 창출을 위해서 재무성과 자체만을 평가하는 것이 아니라 기업의 이해관계자인 주주, 소비자, 종업원, 지역사회와 환경 등 다양한 ESG 요소를 고려하는 투자기법으로 정의된다. SRI 투자기법은 크게 ESG 요소를 고려하여 기업을 선별하는 사회적 선별 투자(screening), 기업의 사회적 책임과 환경문제에 대해 주주로서 대화를 요구하거나 의결권과 주주제안권을 행사하여 기업의 지속가능경영을 유도하는 주주행동주의(shareholder advocacy) 그리고 소수인종과 저소득층 등 주류 금융의 혜택에서 소외된 사람에게 혜택을 주기 위한 지역공동체 투자(community investment)의 형태로 분류된다.

SRI는 기본적으로 CSR을 잘 수행하는 기업에 투자하는 기법으로 투자 결정시 기업의 재무적 수익 이외에 ESG 요소 등 기업의 장기 존속 가능성에 영향을 미치는 위험 관련 요소를 동시에 고려하여 장기적인 관점에서 투자하는 방식으로 환경개선이 주요한 요소가 된다.[3] 즉, SRI는 CSR을 잘 수행하는 기업에 투자하여 투

---

3 노희진(2010a), 38면.

자자를 위한 수탁자의 책무를 다하는 투자로 CSR을 투자자 입장에서 본 관점이라고 할 수 있다.

초기의 SRI는 종교 단체를 중심으로 negative screening 방식을 통한 교회자금의 운용이라는 형식으로 출발하였으나, 1960년 후반 CSR의 확산, 베트남 전쟁에 대한 반전운동으로 전 세계적으로 군수산업 관련기업에 대한 투자 배제의 움직임으로 SRI가 주목을 받게 되었다. 1970년대 군수산업 관련기업을 투자부적격 대상으로 삼은 SRI 펀드가 등장하면서 SRI의 목적과 주체가 다양화되었다. 또한 1980년대 인종분리정책(apartheit)을 취하고 있던 남아프리카공화국에 대해 반대하는 차원에서 남아프리카공화국과 거래하는 기업을 투자대상에서 제외시키는 Calvert Fund 등이 등장하면서 SRI의 확산이 이루어졌다.

1990년대 후반부터는 SRI가 수익성과 공공성을 동시에 추구하는 방안에 대한 논의가 진행되면서, 기존 윤리적 또는 사회운동 차원의 투자 방법에서 수익성을 추구하는 투자 방법으로 자리잡게 되었다. 즉, SRI는 기존 '사회에 대한 책임에 근거한 투자'에서 사회적으로 지속 가능한 기업에 투자하여 더 많은 수익을 창출하는 투자 방식으로 변화되고 있다. UN은 2006년 금융기관이 투자의사결정시 ESG 요소를 고려하도록 하는 책임투자원칙(Principles for Responsible Investment: PRI)를 제정하였으며, 이는 사회적 책임보다는 수탁자의 책무(fiduciary duty)를 강조하여 의도적으로 SRI에서 S를 제외한 RI(Responsible Investment)로 용어를 표기하고 있다.[4]

환경금융(environmental finance)은 환경 파괴가 진행되는 것을 방지하기 위해 기업 경영에서 환경의 중요성을 강조하는 '환경 경영'이 대두되면서 논의되기 시작하였다. 환경금융은 공기, 수질, 토양 등 다양한 환경적 요소를 위험으로 고려한 금융 행위이다.

환경금융을 반영하는 대표적 법안으로는 미국의 CERCLA 법안을 들 수 있다. 동 법안은 환경오염에 대한 책임의 소재에 관한 법률로 구체적인 판례를 통하여 기업 파산 후 환경 정화가 필요한 경우 해당 비용을 대출금융회사에 부담시키는 대부자 책임을 부과하였다. 이로 인하여 금융기관은 대출시 투자 대상의 잠재적 환경리스크를 철저히 평가할 수밖에 없게 되었다. 즉, 환경 금융은 환경을 훼손하

---

4 노희진(2010a), 38면.

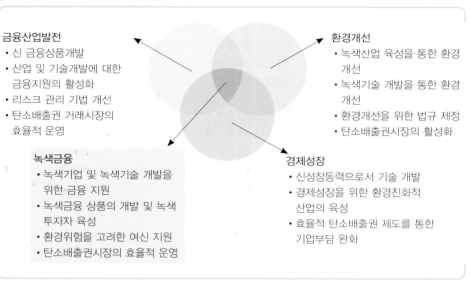

그림 2-1 녹색금융의 개념

금융산업발전
- 신 금융상품개발
- 산업 및 기술개발에 대한 금융지원의 활성화
- 리스크 관리 기법 개선
- 탄소배출권 거래시장의 효율적 운영

환경개선
- 녹색산업 육성을 통한 환경개선
- 녹색기술 개발을 통한 환경개선
- 환경개선을 위한 법규 제정
- 탄소배출권시장의 활성화

녹색금융
- 녹색기업 및 녹색기술 개발을 위한 금융 지원
- 녹색금융 상품의 개발 및 녹색투자자 육성
- 환경위험을 고려한 여신 지원
- 탄소배출권시장의 효율적 운영

경제성장
- 신성장동력으로서 기술 개발
- 경제성장을 위한 환경친화적 산업의 육성
- 효율적 탄소배출권 제도를 통한 기업부담 완화

자료: 노희진(2010a), 37면

는 프로젝트의 경우 자금 공급을 효과적으로 차단하고 자율적 심사·감시 메커니즘이 작동되는 금융이다.

환경금융이 환경적 요소를 주요하게 고려했던 것과 달리, 녹색금융은 금융산업 발전, 환경개선 및 경제성장을 동시에 추구하는 복합적인 목적을 지닌 미래지향적 금융 형태이다.

우리나라의 「저탄소녹색성장기본법」에서는 녹색금융이 녹색성장을 지원하는 금융으로 규정되어 있다. 즉, 녹색성장의 목적인 환경개선과 경제적 성장의 동시 달성을 추구하는 금융이라고 할 수 있다.

녹색성장을 지원하는 녹색금융과 환경 훼손을 방지하는 환경금융은 미묘한 차이가 있다. 녹색금융은 경제 전반의 자원 및 에너지 효율을 높이고 환경을 개선하는 상품과 서비스 생산에 자금을 제공하여 저탄소 녹색성장을 지원하는 형태이다. 따라서 녹색지수의 개발이나 녹색펀드의 조성 등을 통해 녹색기술을 개발하거나 환경 영향 평가에서 양호한 평가를 받은 기업에 투자할 수 있는 수단을 제공하는 금융이라고 할 수 있다.

표 2-1 녹색금융과 환경금융의 예시

분류	녹색성장을 지원하는 금융	환경훼손을 방지하는 금융
개념	• 경제 전반의 자원 및 에너지 효율 증대 및 환경 개선 상품과 서비스 생산에 자금을 제공하여 저탄소 녹색성장을 지원하는 금융 • 녹색성장에 대한 금융기관의 투자자로서의 역할 – 녹색성장 관련 기업에 대한 투자 및 투자 수단 제공을 통하여 금융기관의 수익가치 극대화	• 환경 파괴활동에 자금 공급을 효과적으로 차단하고 자율적 심사·감시 메커니즘을 창출하는 금융 • 상업적 대부자(commercial lender)로서의 역할 – 대출기업의 환경법규 위반 여부 조사 – 적절한 환경관리의 수행을 여신의 전제조건으로 하는 등 금융기관이 대출 관련 리스크를 최소화
예	• 녹색지수의 개발이나 녹색펀드의 조성 • 녹색기술을 개발하거나 환경 영향 평가에서 양호한 평가를 받은 기업에 투자할 수 있는 수단 제공 • 환경성과가 높은 기업에 대출우대	• 미국 CERCLA법안

　은행 대출[5]의 경우, 기본적으로 원금이 보장되어야 하는 예금으로 조성된 자금을 대출해야 하기 때문에 고위험이 내재하는 투자 대상에 자금을 지원하기 어려운 구조를 지니고 있다. 하지만 헤지펀드나 환경펀드와 같이 고위험·고수익 투자대상에 적합한 투자자가 존재하는 자본시장에서는 이러한 리스크-리턴 프로파일을 지닌 녹색기술이나 녹색프로젝트에 투자자금을 모으기가 상대적으로 용이하다.

　녹색금융은 녹색성장을 지원하는 금융이다. 녹색성장은 환경을 개선하면서 추진하는 경제성장이다. 환경은 공기, 물, 토양이라는 세 가지 요소로 구성되어 있다. 공기에 관련된 금융은 탄소금융(carbon finance)이고, 물에 관련된 금융이 물금융(water finance)이고 토양에 관련된 금융은 토양금융(soil finance)이다. 따라서 녹색금융에서 탄소금융을 제외하면, 물금융과 토양금융이 남게 된다. 탄소금융과 물금융은 이미 국제적으로 많은 논의가 진행되고 있지만,[6] 토양금융은 새로운 개

---

5 일반여신의 경우에 준하여 위험을 평가하고 일정한 세제 혜택이 주어진다면 은행을 통한 자금공급도 가능하다. 또한 보증기관을 이용하여 위험을 전이시키는 방법도 사용될 수 있다.
6 Asian Development Bank는 Water Financing Program 2006-2010을 시작하면서, 물을 핵심 투자 분야

념이다.

탄소금융(carbon finance)은 탄소 저감을 위한 금융으로 온실가스 감축을 위한 탄소배출권과 관련된 사업 및 투자 행위가 주요한 대상이다. 온실가스 감축은 환경 개선을 위한 주요 요소이므로, 탄소금융은 탄소분야에 특화된 환경금융이라고 할 수 있다.

우리나라의 경우, 탄소금융은 녹색금융의 한 부분이라고 할 수 있다. 우리나라는 법제상으로 「저탄소녹색성장기본법」(이하 "녹색성장기본법")에 근거하여 「온실가스 배출권의 할당 및 거래에 관한 법률」(이하 "배출권거래법")이 제정되었다. 따라서 탄소배출권거래제도의 목적도 녹색성장기본법의 목적과 부합되어야 할 것이다. 녹색성장기본법에서는 녹색성장을 지향하고 있으므로 이에 근거한 탄소배출권 제도도 녹색성장을 지향하도록 설계되어야 하고 이를 지원하는 탄소금융도 녹색성장을 지원하게 되어 우리나라의 경우에 있어 탄소금융이 녹색금융의 한 부분이 될 것이다.

이렇게 개념을 구분하는 이유는 환경의 외부효과 때문에 금융을 통한 정책적 지원이 필요한데, 정책당국이나 금융권에서 용어가 명확히 정립되어 있지 못하여 생기는 문제가 상당하기 때문이다. 예를 들어, 녹색금융의 규모를 산정하는 데도 개별 금융기관의 녹색금융에 대한 기준 자체가 통일 되어 있지 않아, 개별 금융기관이 자의적으로 녹색금융의 규모를 제출하고 단순 합산하여 이를 녹색금융의 전체 규모로 인식하고 있다.

World Bank는 온실가스 감축 또는 감축이 예상되는 프로젝트에 제공되는 금융을 탄소금융으로 정의하고 있다. 온실가스를 감축할 수 있는 프로젝트는 설비의 개보수 등을 통한 일시적 감축현상이 나타나는 사업이 아닌 에너지이용 합리화를 통한 온실가스 감축사업, 신재생에너지를 개발하는 사업 등 온실가스 배출 감축사업을 의미하므로 이와 관련된 재무적 위험과 기회를 파악하는 것이 무엇보

로 정한 바 있는데, 동 프로그램은 ① 약 2억 명에 대하여 안전히 음용할 물과 하수시설의 지속가능한 제공, ② 4천만명의 생계에 영향을 미치는 보다 더 생산적이고 효율적인 관개와 배수 서비스, ③ 농촌과 도시 지역의 약 1억 명에 대하여 영향을 미치는 홍수 위험의 감소와 중요 기반시설의 파괴 방지, ④ 강 오염감소와 향상된 강 에코시스템을 포함하는 25개 강 유역에 대한 종합적 물 자원 경영(Integrated Water Resources Management) 도입, ⑤ 물 분야 개혁과 능력 개발을 통한 물 지배구조의 개선을 목표로 하고 있다.

다 중요하다. 그러므로 탄소금융은 좁은 의미로는 온실가스 배출권과 관련되어 발생할 수 있는 재무적 위험과 기회를 포착하는 금융행위이며, 넓은 의미로는 온실가스 감축과 관련된 다양한 재무적 위험과 기회를 이용한 금융행위로 온실가스 감축을 위한 사업에 자금을 지원해주는 금융이다.

여기서 이러한 금융의 지원이 단순히 온실가스 감축만을 추구하느냐 또는 금융 지원에 대한 적절한 보상을 추구하느냐에 논란이 있을 수 있다. 공적금융(public finance)은 재무적 보상 없이도 지원이 가능하지만, 민간금융(private finance)은 적절한 재무적 보상없이 지원이 어려울 것이다.

우리나라의 경우는 녹색성장기본법에 근거하여 배출권거래제도가 탄생하였으므로 탄소금융은 온실가스 감축에 초점을 맞추며, 동시에 온실가스 감축을 위한 사업 영역으로부터 경제 성장을 추구하는 금융행위로 볼 수 있다. 또한 금융이 지속가능하려면 수익성을 추구해야 할 것이므로, 탄소금융은 녹색성장을 추구하는 녹색금융의 한 부분으로 간주할 수 있다.

기후금융은 기후변화를 완화하기 위한 탄소감축프로젝트와 기후 변화에 적응하는 적응프로젝트에 지원하는 금융이라 할 수 있다. 즉, 탄소금융과 녹색금융을 포괄하고, 더하여 기후변화로 인한 대재해채권(Catastrophe Bond: CAT Bond), 날씨 파생상품, 기후변화에 적응하기 위한 사회기반시설의 구축에 지원하는 금융을 포괄한다고 할 수 있다.

상기의 논의사항을 고려하면, 다음 표와 그림에서와 같이 지속가능금융, 환경금융, 녹색금융, 기후금융 및 탄소금융의 관계를 나타낼 수 있다.

표 2-2 **녹색금융과 연관된 금융의 개념**

구분	개념
탄소금융	탄소저감을 위해 지원되는 금융
기후금융	기후변화 대응을 위해 지원되는 금융
녹색금융	녹색성장을 위해 지원되는 금융(넓은 의미로 탄소금융과 기후금융을 포괄하기도 함)
환경금융	환경개선을 위해 지원되는 금융
지속가능금융	지속가능성 제고를 위해 지원되는 금융

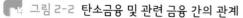 그림 2-2 탄소금융 및 관련 금융 간의 관계

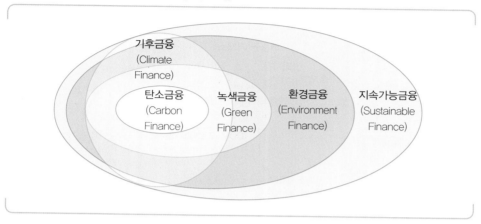

기후금융
(Climate Finance)

탄소금융
(Carbon Finance)

녹색금융
(Green Finance)

환경금융
(Environment Finance)

지속가능금융
(Sustainable Finance)

나. 탄소배출권 거래 및 시장메커니즘

기후금융의 핵심적 분야는 탄소금융이다. 왜냐하면 탄소가 기후변화의 주요 요소이고 이를 줄이는 금융이 탄소금융이기 때문이다.

탄소금융은 탄소를 줄이는 사업이나 기업에 지원하는 금융인데, 탄소시장에서의 금융활동은 탄소금융의 주요한 한 부분이 된다. 일반적으로 탄소시장은 온실가스의 배출에 대한 권한인 탄소배출권에 대한 소유권을 상품화하여 장외시장 또는 거래소를 통해 거래하는 시장으로,[7] 비용 대비 가장 효율적으로 경제주체 간 시장원리에 따라 탄소배출 감축의 유인을 제공하기 위하여 도입되었다. 배출권거래 제도는 오염물질의 배출 권한을 물건처럼 사고 팔 수 있는 제도라 할 수 있다. 즉 어떤 지역이나 산업분야에 배출할 수 있는 오염물질의 총량이 정해져 있을 경우에 그 총량을 넘지 않는 범위 내에서 자유로이 배출권을 거래할 수 있는 것을 의미한다. 이를테면, 한 단위의 배출권은 일정량의 오염물질 배출에 대한 승인을 의미하며, 배출업소는 배출권을 보유량 이하로 배출량을 줄이거나 다른 업체로부터 부족한 양에 해당하는 배출권을 구입할 수 있고, 배출량을 초과하는 양의 배출

---

7 교토의정서에서는 지구온난화 현상을 유발하는 저감대상인 온실가스를 이산화탄소(CO_2), 메탄(CH_4), 아산화질소(N_2O), 과불화탄소(PFCs), 수소불화탄소(HFCs), 육불화황(SF_6) 등 6종류로 규정하고 있으나, 온실가스의 대부분이 이산화탄소의 형태로 배출되고 있으므로, 탄소시장이라 불리고 있다.

그림 2-3 탄소시장 운영 메커니즘

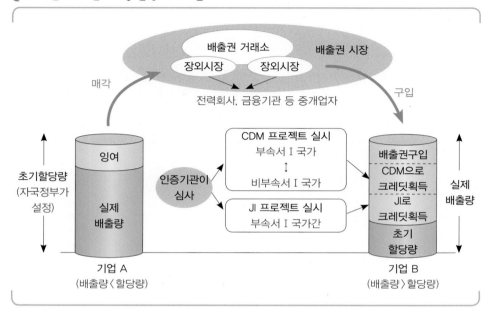

자료: 도건우·이지훈·신창목(2009)

권을 보유하는 업체는 잉여배출권을 판매할 수 있는 것이다.[8]

탄소시장은 국가와 기업 혹은 시설에 할당된 배출량 중 일부를 거래하는 할당량 시장(allowance market)과 온실가스 저감사업을 개발하고 사업에서 발생하는 배출권을 거래하는 개념인 프로젝트 거래시장(project market)으로 구분된다.

할당량 시장은 총량제한배출권거래제(cap-and-trade) 방식으로 운영되며, 사전에 국가, 기업 및 시설에 배출한도를 할당하고, 시장가격에 따라 할당된 배출권이 거래될 수 있도록 유통시장을 개설하도록 허용하고 있다. 교토의정서에 명시된 온실가스 감축의무 당사국의 배출목표치 총량(cap)에 의해 해당국의 배출권이 산정되면, 각국의 국가배출권 배정위원회(National Allocation Plans: NAP)에 의해 민간부문의 각 배출원별로 배출허용량(allowance)이 할당되며, 배출권 할당량보다 초과 배출한 기업이 배출권 할당량보다 적게 배출한 기업으로부터 배출권을 구입하는 방식으로 총량을 맞추도록 되어 있다. 교토의정서상 온실가스 저감의무

---

8 김용건(2002), 56면.

그림 2-4 **총량제한배출권거래제(cap-and-trade) 절차**

가 없는 자발적 시장의 경우 일반적으로 참여자들이 총량을 결정하게 된다.

프로젝트 시장은 기업이 온실가스 저감사업에 투자시 온실가스 배출을 상쇄 (offset)하는 거래방식으로 베이스라인을 초과하여 저감시 배출권이 발생·거래하는 베이스라인 크레딧(baseline and credit) 거래제이다. 프로젝트 거래시장은 개발도상국 및 저개발국이 단독으로 또는 부속서 I국가의 기술 및 금융지원을 받아 온실가스 저감사업을 추진하여 성공시 저감된 배출량에 해당되는 CER(Certified Emissions Reduction), ERU(Emission Reduction Unit) 등의 배출권이 발생되고,[9] 부

---

9 국제 배출권 시장에서 거래되는 배출권의 종류는 크게 할당배출권(AAU 또는 EUA), ERU, CER, RMU 등 4가지가 있다. AAU(Assigned Allowance Unit)는 1990년 온실가스 배출량을 기준으로 결정된 감축 목표에 따라 교토의정서의 감축의무국에게 1차 공약기간 중 허용된 총 배출량으로 교토의정서 당사국인 선진국의 각 기업들이 국가에서 허용받은 배출할당량 중에서 할당량보다 적게 배출하는 경우 그 차액을 다른 기업과 거래하게 된다. EU ETS에서는 이를 EUA(European Union Allowance)로 거래한다. ERU(Emission Reduction Unit)는 선진국 간 JI 사업을 통해 감축분을 인정하여 발생하는 배출권이며, CER(Certified Emissions Reduction)은 선진국 기업들이 개발도상국에서 CDM 사업 시행을 통해 발생한 배출권이다. RMU(Removal Unit)는 신규 조림과 재조림사업, 산림 전용, 산림경영사업을 통해 감축분이 발생할 때 인정되는 배출권으로, 의무부담국 간의 상쇄를 통해 AAU 형태로 거래할 수 있다.

〈교토메커니즘 체계에서의 배출권 종류〉

거래단위	메커니즘	1차 이행기간 중 활용 한도	이월(banking) 한도
AAU(Assigned Amount Unit)	부속서 I국가에 대한 교토의정서 하의 할당량으로 CO_2 톤으로 표시됨	한도없음	한도없음
ERU(Emission Reduction Unit)	교토의정서 6조에 정의되어있는 JI 사업을 통해 발생되는 온실가스 저감분의 단위이며 CO_2 톤으로 표시됨	한도없음	구매국 할당량의 2.5%
CER(Certified Emissions Reduction)	CDM 사업으로부터 발생한 CO_2 저감분의 단위이며, CO_2 톤으로 표시됨	흡수원 사업에 따른 CER의 경우 구매국 할당량의 1%	구매국 할당량의 2.5%
RMU(Removal Unit)	부속서 I국가의 흡수원 감축량에 대해 발행되는 배출권	산림경영에 대한 RMU의 경우 국가별로 한도 설정	이월 불가능

🔲 **그림 2-5** 베이스라인 크레딧(baseline-and-credit) 거래제 절차

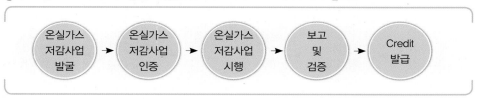

속서 I 국가가 청정개발체제(Clean Development Mechanism: CDM) 공동이행체제(Joint Implementation: JI) 등의 메커니즘을 통해 국내 저감활동과 배출권 구매를 병행하여 탄소저감 목표를 달성한다.[10]

CDM은 부속서 I국가가 비부속서 I국가에 투자하여 온실가스를 저감하거나 비부속서 I국가가 자발적으로 저감한 온실가스를 부속서 I국가에 판매하면 저감량을 해당 부속서 I국가의 실적으로 인정하는 반면, JI는 부속서 I국가가 다른 부속서 I국가에 투자하여 저감한 온실가스의 일정량을 자국의 실적으로 인정해주는 체계이다. 이러한 프로젝트 시장에 참여하는 국가는 부속서 I국가로부터 기술이전이나 금융지원의 혜택을 누리며 온실가스를 저감할 수 있으며, 부속서 I국가는 자국 내 한계에 있는 저감활동에 비하여 상대적으로 효율적이며 수익을 낼 수 있는 국외 저감사업에 참여하여 저감의무를 달성할 수 있는 기회를 가질 수 있으므로 쌍방 간에 참여 유인이 발생한다.

---

10 교토의정서상 협약 당사국을 부속서 I(Annex I) 국가, 부속서 2(Annex II)국가 및 비부속서 I(Non-Annex I)국가로 구분하여 각기 다른 의무를 부담하도록 규정하고 있다. 부속서 I국가는 협약 채택 당시 OECD 24개국 및 EU와 동구권 국가 등 35개국이었으나 제3차 당사국총회에서 5개국(크로아티아, 슬로바키아, 슬로베니아, 리히텐슈타인 및 모나코)이 추가로 가입하여 현재 40개국이다. 부속서 I국가는 온실가스 배출량을 1990년 수준으로 감축하기 위하여 노력하도록 규정하였다. 부속서 II국가는 부속서 I국가에서 동구권 국가가 제외된 국가군으로 개도국에 재정지원 및 기술이전을 해줄 의무를 갖게 되었다. 통상 부속서 I국가를 의무감축국으로 칭하며, 비부속서 I국가의 경우 비의무감축국으로 칭한다.

2 기후금융의 사업기회 및 위험 요인

가. 기후금융의 사업 기회

기후금융의 사업기회는 다양하다. 기후금융의 핵심인 탄소시장을 살펴본다.

탄소시장에는 정부기관, 탄소배출 의무 감축이 있는 기업 또는 전력회사나 철강회사와 같은 탄소집약적 산업에 속하는 기업, 탄소 감축의무를 지니지 않지만 탄소배출권에 대한 수요가 있는 기업 또는 탄소배출권을 활용하고자 하는 기업 등 탄소배출권 거래의 실질적 수요자와 투자·리스크 헤지·재정거래 등을 목적으로 하는 금융기관 등의 기관투자자, 새로운 고수익 상품에 대한 관심을 가진 투자자 등 다양한 시장참가자가 존재한다.

또한 업무 영역 측면에서 크게 개인 금융, 기업 금융, 투자은행, 부가서비스 부문 등에서 다양한 금융상품과 서비스를 제공할 수 있다. 개인금융은 배출권 및 에너지 관련 사업 기회를 기존 금융상품과 연계하여 개인을 대상으로 판매하는 서비스에 해당된다. 동 부문에서는 에너지 효율을 높이는 목적으로 환경친화적 주택을 구입하거나 건축할 경우 개인에게 금리 혜택을 제공해주는 그린 모기지 (green mortgage), 온실가스 감축 관련 사업 시행기업에 대출하기 위한 목적으로 예금을 수신하고 고객에게 수수료 면제 등의 혜택을 부여하거나 일정 이자를 환경 관련 단체에 기부하는 예금상품, 신용카드와 연계하여 친환경적인 활동에 대한 혜택이나 포인트 지급하는 그린 카드, 하이브리드 자동차에 대한 보험료 할인 보험상품 또는 운행거리에 기반하여 보험료 산정하는 자동차 보험, 기후온난화에 따른 환경재해 보장 상품과 같은 환경적인 특징을 기반으로 보험 프리미엄을 차별화하는 그린 보험(green insurance) 등이 개발될 수 있다.

기업금융 및 투자은행 부문에서 금융기관은 대출이나 지분 참여 형태로 CDM 사업 및 온실가스감축 사업에 대하여 자금을 지원하는 기능을 수행할 수 있다. 관련 사업 수행 과정에서 기업은 신용한도가 부족할 수 있으므로 신용 보증이나 신용 보강업무를 지원하고, 배출권 구입 또는 판매를 원하는 기업을 대상으로 컨설팅 서비스를 제공하고, 배출권 중개 서비스 등을 제공할 수 있다. 또한 자금 지원을 위한 탄소배출권, CDM 사업 및 관련 기업 등 탄소시장과 직간접적으로 연계된 대상에 투자하는 벤처캐피탈(venture capital)이나 PE(Private Equity)를 조성하여 투자자로 참여하거나 일반투자자를 대상으로 공모형 펀드, 상장지수펀드(Exchange Traded Fund: ETF)상품을 출시할 수 있다. 특히, 향후 GCF와 공동으로 개발도상국의 기후변화 대응 프로젝트를 지원하기 위한 금융의 역할이 중요해질 것이다.

또한 탄소배출권 등 탄소배출 감축과 관련된 대상을 기초자산으로 하는 구조화상품을 판매할 수 있다. 구조화상품은 기초자산의 가치 변동에 따라 투자자의 수익이 결정되는 구조를 지니므로 탄소배출권 또는 CDM 사업 등에 기초한 구조화상품 발행회사는 구조화상품의 판매 수수료 이외 탄소배출권 또는 CDM 사업 등을 금융상품 구조에 잘 활용할 경우 추가적인 수익을 창출할 수 있다.

CDM 사업 추진에서 발생할 수 있는 신용리스크, 고유 리스크, 기타 리스크 등 다양한 사업 리스크를 부보하는 목적으로 보험상품을 개발할 수 있다. 이는 관련 사업 투자자에게 리스크를 회피할 수 있는 수단을 제공하여 투자자의 참여를 촉진할 수 있다.

탄소배출권 관련 보험은 크게 인도 관련 보험과 가격 관련 보험으로 구분될 수 있다. 이 중 가격 관련 보험은 다른 파생상품으로 대체될 수 있으므로 실질적으로 보험 영역에서는 인도 관련 보험 상품이 주를 이룰 것이며, 해당 상품은 일반적으로 거래단위가 크기 때문에 초기 단계에서는 정책적 차원에서 보험 상품이 개발되어야 할 것이다.

배출권거래 상품의 경우 탄소배출권 관련 지수(index) 개발 및 지수와 관련된 파생상품, 탄소배출권 거래 관련 신탁상품, 탄소배출권 중개·매매, 기업 등 고객 배출권의 보관·관리, 탄소펀드 관리 사무, 탄소배출권 청산업무로서 거래상대방 리스크 보증, 청산결제 서비스 등을 제공할 수 있다.

탄소배출권 사업 체계상 금융기관별로 은행이나 금융투자회사는 탄소배출권의 발행시장과 유통시장과 관련된 금융상품 및 서비스를 제공할 수 있으며, 보험회사는 발행시장과 관련된 다양한 리스크를 보증하는 역할을 수행할 수 있다.

CDM 사업과 같이 탄소배출권을 직접 생성하는 발행시장에서는 CDM 사업의

표 2-3 **업무별 기후금융 사업 영역**

부 문	사업 기회 및 금융상품
개인금융	• 에너지 효율 개선 대출 • 그린 모기지 • 그린 빌딩론 • 그린 카드 • 그린 보험
기업금융	• 에너지 효율화, 대체에너지 개발등의 사업화 자금 제공 • 배출권 관련 사업/기업 대출 상품 • 배출권 관련 기업 컨설팅 • 배출권 관련 보험 서비스
투자은행	• 배출권 펀드/그린펀드/탄소펀드 • 배출권 관련 기업과 저탄소기업 IPO 추진 • 배출권 Equity 금융 • 배출권 구조화상품 • 날씨파생상품 개발 및 투자 • 배출권 관련 지수 개발 • 기후 대응 프로젝트에 대한 프로젝트 파이낸스
부가서비스 부문	• 배출권 중개서비스 • 리스크 관리 • 결제 및 신탁 서비스 • CDM 프로젝트 개발

개발 및 지분 참여, 대출 및 탄소펀드 형태를 통한 자금 공급 서비스를 제공하고, 탄소배출권 구입을 원하는 배출권 수요자에 대한 자문 컨설팅, 사업성 검토과정에서 투자자금 회수 전반에 걸친 각종 리스크를 이용한 보험 서비스 또는 신용 보증 서비스를 제공할 수 있다.

탄소배출권 중개과정에서 금융기관은 CDM 사업에 대한 투자를 통해 탄소배출권을 획득하여 이를 탄소배출권 거래소의 매매를 통해 수익을 얻을 수 있다. 또한 탄소펀드 조성과정에서 확보한 탄소배출권을 매매하거나 탄소배출권 등 탄소배출 감축과 관련된 대상을 기초자산으로 하는 선물, 옵션 등 파생관련 구조화상품을 만들어 공급할 수 있다. 특히 중소기업과 같이 소량의 탄소배출권을 보유하

그림 2-6 탄소배출권 관련 사업 영역

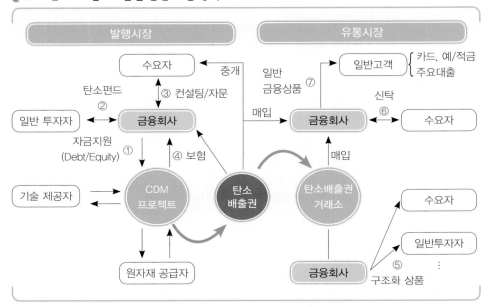

자료: 정희수(2011)

는 기업을 대상으로 탄소배출권 신탁업무를 제공할 수 있으며, 이 과정에서 탄소배출권의 보관·사무수탁·처분 관련 서비스 또는 결제 대금 지급 서비스를 동시에 제공하며 수수료를 수취할 수 있다.

　이러한 탄소배출로부터 발생하는 사업기회에 더하여, 개발도상국의 기후변화와 적응을 위한 다양한 프로젝트 개발과 지원을 위한 새로운 금융영역의 개척이 필요하다. 이러한 프로젝트는 전통적인 금융이 갖는 risk-return 프로파일의 방식으로는 접근하기 어려운 측면도 있다. 하지만, 그 규모는 엄청나다. WEF(2013)의 발표에 의하면 매년 5조 7천억달러 규모의 자금이 기후변화를 대응하는 프로젝트에 필요하다고 추산된다. 개발도상국의 대체에너지 발전소 건설을 포함한 탄소배출을 줄이는 다양한 프로젝트에 상당한 자금이 투자될 것이다. 즉 건설, 에너지, 환경, 금융에 복합적으로 융합된 새로운 금융 자원 시스템의 구축이 필요하다.

　이러한 금융자원은 공적금융과 민간금융의 복합적 형태의 금융지원으로 이루어질 가능성이 많다. 왜냐하면 민간금융이 단독으로 지원하기에는 risk-return 프로파일이 적합하지 않은 경우, 공적 금융이 보완적 역할을 해줄 수 있기 때문이다. 이러한 새로운 형태의 금융이 기후금융의 주류를 이룰 것이다.

나. 기후금융의 위험 요인

기후금융의 위험요인은 다양하다.

기후금융을 통해 새로운 사업기회를 발굴할 수 있는 반면, 또한 새로운 위험요인도 존재한다. 금융의 위험은 금융대상인 실물로부터 발생하는 위험과 금융 자체에 내재하는 위험으로 나누어 볼 수 있다. 기후금융의 위험은 주로 금융대상인 실물로부터 발생하는데, 이 위험은 물리적 위험(physical risk), 규제 위험(regulation risk), 평판 위험(reputational risk), 경쟁 위험(competition risk)으로 나누어 볼 수 있다.

물리적 위험(physical risk)은 가뭄, 홍수, 태풍, 해수면 상승 등 기후변화에 따라 직접적으로 발생하는 위험이다. 온실가스 배출 상승과 이로 인한 기후 변화가 가져오는 질병의 지리적 범위 증가, 빈번한 폭염, 폭풍의 빈도 증가, 홍수, 산불, 가뭄과 같은 물리적 현상의 영향으로 경제적 손실은 다양한 범위에서 발생하며, 직접적으로 농업, 어업, 임업, 수자원사업, 부동산업 및 보험업과 같은 산업에 영향을 준다. 특히, 탄소 규제산업으로 볼 수 있는 전력, 석유 및 가스 생산자에게 부정적인 영향을 미칠 수 있다.

영국보험협회(Association of British Insurer: ABI)는 2009년 영국 기상청 등의 최근 데이터와 자체 기상예측 모델을 바탕으로 기온 상승으로 인한 자국의 사회적 비용과 보험산업계의 부담비용을 산출한 바 있다.[11] 기후변화에 따른 기온상승으로 예상되는 대표적인 피해는 '홍수'와 '가뭄'으로, 대기온도가 2℃ 상승할 때 4,700만파운드의 연평균 추가적인 손실이 발생하여 연간 손실액은 총 6억파운드에 달하며, 온도 상승에 따라 연간 손실액의 추가발생분이 할증적으로 증가하는 것으로 분석되고 있다.

이러한 비용은 궁극적으로 소비자에게 이전되어 보험료 인상으로 이어진다. 대기온도 2℃ 상승시 연간 추가적 손실발생액은 4,700만파운드 증가와 16%의 보험료 인상이 발생하며, 4℃ 상승시 8,000만파운드의 손실과 27%의 보험료 인상

---

11 ABI(2009).

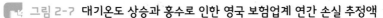
그림 2-7 대기온도 상승과 홍수로 인한 영국 보험업계 연간 손실 추정액

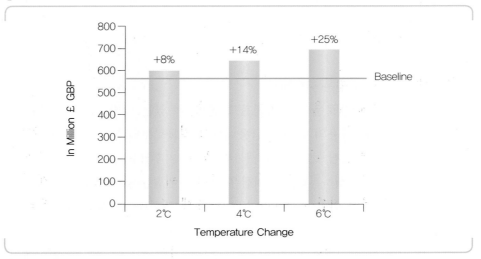

자료: ABI(2009)

이 각각 예상된다. 또한 대기온도가 6℃ 상승하면 1억 3,800만파운드의 손실과 47%의 보험료 인상이 예상된다고 추정하고 있다.

영국의 보험업계는 홍수에 따른 재해방지를 위해 1파운드의 예산을 투입할 경우 홍수 복구 금액이 8파운드 절약되는 것으로 추정하고 있다. 지구온난화에 대한 영국 보험 산업계의 실질적 대처 수준이 전반적으로 상당히 취약한 수준으로 보험업계 스스로의 적극적 대응과 정부의 지속적인 지원이 필요하다고 주장하고 있다. 특히, 정부의 홍수·가뭄 방지를 위한 예산이 삭감되지 않아야 관련 보험상품이 지속적으로 공급될 수 있다고 주장하여 초기 단계에서의 정부의 지원의 필요성을 제언하고 있다.

규제 위험(regulatory risk)은 정부 혹은 국제적 기후변화 규제를 준수하는 데서 발생하는 위험으로 개별 금융기관과 관련 기업의 경영정책, 경쟁력 및 수익성 등에 영향을 미칠 수 있다. 온실가스가 기후변화에 미치는 영향에 대한 논의가 이루어지고 세계 각국이 온실가스 배출 축소에 대한 공감대를 형성하면서, 1997년 12월 교토에서 개최된 제3차 기후변화 당사국 총회에서 38개국은 온실가스 감축 목표를 설정한 교토의정서를 채택하였고, 2001년 11월 제7차 당사국 총회에서 교토의정서 이행방안이 타결되어 선진국들은 2008~2012년 온실가스 배출량을 1990

Climate Finance

1 기후금융 관련 국제 협약

가. 기후변화협약

　지구온난화에 따른 기후변화에 적극 대처하기 위하여 국제사회는 1988년 UN 총회 결의에 따라 세계기상기구(World Meteorological Organization)와 UNEP에 기후변화에 관한 정부간 패널(Inter-Governmental Panel on Climate Change: IPCC)을 설치하였다. IPCC는 1860년대~1990년대 사이 대기온도가 0.3℃~0.6℃ 상승하고, 해수면은 10~25cm 높아진 것으로 인식하였고, 이러한 변화는 1900년 산업화 이후 급격히 진행된 것으로 평가하고 있다. 또한 IPCC는 현재 추세로 온실가스 증가시 2100년 지구 평균 온도는 1990년 대비 1.4~5.8℃ 상승하고 해수면은 9~88cm 올라갈 것으로 예측하고 있다.[1] 이러한 지구 환경의 변화는 해안가 침수, 식량 및 수자원 공급 등 생태계의 변화와 사회경제적 부문에 심각한 영향을 미칠 것으로 판단하였고, 이에 따라 1992년 6월 유엔환경개발회의(United Nations Conference on Environment and Development)에서 UNFCCC를 채택하였다. UNFCCC는 인류의 활동에 의해 발생되는 위험하고 인위적인 영향이 기후변화에 영향을 미치지 않도록 대기 중 온실가스의 농도를 안정화시키는 것을 궁극적인 목적으로 하며, 기후변화의 예측·방지를 위한 예방적 조치의 시행, 모든 국가의 지속가능한 성장의 보장 등을 기본원칙으로 한다.

　이 협약에서는 차별화된 공동부담 원칙에 따라 가입 당사국을 선진국 중심의 부속서 I(Annex I)국가, 부속서 II(Annex II)국가와 비부속서 국가(Non-Annex I)로 구분하여 각기 다른 의무를 부담하기로 결정하였으며, 선진국은 과거 산업 발전단계에서 온실가스를 배출한 역사적 책임이 있으므로 선도적 역할을 수행하도록 하고, 개발도상국에는 현재의 개발 상황에 대한 특수 사정을 배려하되 공동의 차별화된 책임과 능력에 입각한 의무를 부담함에 따라 부속서 I국가들은 온실가스의 인위적 배출량을 1990년 수준으로 되돌리는 것을 목표로 하고 있다.

---

1 IPCC(2001).

표 3-1 기후변화협약 조문 내용

조문	주요 내용
전문	• 지구온난화에 대한 선진국의 역사적 책임 규정 • 개도국의 지속가능한 성장 보장
제1조 (정의)	• 주요 용어 정의
제2조 (목적)	• 대기 중 온실가스 농도 안정화를 목적으로 규정
제3조 (원칙)	• 선진국의 역사적 책임에 따른 선도적 역할, 개도국의 특별한 사정 존중, 모든 국가의 예방적 조치 시행 필요성, 지속가능한 성장 보장 등을 원칙으로 규정
제4조 (의무)	• 모든 당사국의 의무: 온실가스배출 통계현황 보고, 온실가스저감을 위한 정책 및 조치시행, 온실가스 흡수원 보호 및 확대, 연구 및 관측, 공공인식 제고, 국가보고서 제출 • Annex I 국가 의무: 2000년까지 1990년 수준으로 온실가스 배출량을 안정화하도록 노력 • Annex II 국가의무: 개도국에 대한 재정·기술지원 제공 • Annex I, II 국가 명단 개정: 1998년까지 관련 당사국 동의로 명단개정을 위한 자료 검토 • 자발적 의무부담: 어느 국가든 자발적으로 Annex I 국가로 편입 가능
제5조 (연구 및 관측)	• 개도국의 연구 및 관측 능력 배양 지원
제6조 (교육, 훈련, 공공인식 제고)	• 개별 국가, 지역차원에서 프로그램개발 및 정보교환 확대
제7조 (당사국 총회)	• 당사국총회의 주요 역할, 개최방식 규정: 최고의사결정기구, 특별한 결정이 없는 경우 매년 개최
제8조 (사무국)	• 사무국의 역할 규정: 회의 운영관련 서비스 제공
제9조 (과학기술 자문기구)	• 과학기술자문기구 역할 규정: 기후변화 및 그 영향에 대한 과학적 지식에 대한 평가 기술이전 및 개발의 개발의 효율적 방안 수립 과학, 기술, 방법론적 질의에 응답
제10조 (이행 자문기구)	• 이행자문기구 역할 규정: 국가보고서내용 검토 협약이행 지원
제11조 (재정체계)	• 재정체계 운영에 관한 규정

표 3-1 기후변화협약 조문 내용(계속)

조문	주요 내용

제12조
(국가보고서)
	• 개도국: 온실가스배출현황, 정책 및 조치 현황 보고 협약발효 후 3년
	  이내 또는 재정 지원이 충분히 이루어진 후 1차 보고서 제출
	• Annex I 국가: 정책 및 조치의 상세한 내용 및 효과분석 보고 협약 발
	  효 후 6개월 이내 1차 보고서 제출

제14조 (분쟁해결)	• 분쟁 해결절차 규정
제15조 (협약개정)	• 개정안은 6개월전 사무국을 통해 당사국들에게 통보 • 합의를 통해 결정이 도출되도록 노력, 실패시 3/4 다수결
제16조 (부속서 제정 및 개정)	• 제안 및 개정안은 6개월전 사무국을 통해 당사국에게 통보 • 합의를 통해 결정이 도출되도록 노력, 실패시 3/4 다수결
제17조 (의정서)	• 의정서안은 6개월전 사무국을 통해 당사국들에게 통보
제18조 (투표권)	• 당사국은 하나의 투표권을 가짐 • 지역경제통합기구는 의정서에 가입한 회원국 수 만큼의 투표수를 가짐
제19조 (수탁자)	• UN 사무총장이 수탁자
제20조 (서명)	• 1992.6.20~1993.6.19일간 뉴욕 유엔본부에서 서명
제21조 (잠정절차)	• 1차 당사국총회전까지 잠정적인 사무국 운영 • 지구환경기금(GEF), 유엔환경계획(UNEP), 국제개발 은행(IBRD)을 잠정 적인 재정체계로 인정
제22조 (비준, 승인)	• 서명기간 종료 후 비준, 승인 절차 개시
제23조 (발효)	• 50개국 비준서 기탁 후 90일 후 발효
제24조 (유보)	• 유보 없음
제25조 (탈퇴)	• 발효 3년후 당사국은 서면통지를 통해 탈퇴 • 수탁자가 가입 탈퇴 통보를 받은 후 1년 경과 후 탈퇴 효력 발생
제26조 (정본)	• 아랍어, 중국어, 영어, 프랑스어, 러시아어, 스페인어 의정서 원본은 동등

자료: http://co2.kemco.or.kr

1992년 기후변화협약이 채택된 이후 1997년 교토에서 열린 제3차 기후변화협약 당사국 총회에서는 교토의정서가 채택되었으나, 교토의정서는 미국의 비준 거부 등의 이유로 2005년에서야 공식 발표되었다. 교토의정서는 기후변화협약 부속서 1국가 중 터키와 벨라루스를 제외한 38개국들이 온실가스 6종의 배출량을 이 산화탄소 기준 환산시 제1차 의무이행기간(2008년~2012년) 중 1990년 대비 국가 평균 5.2%를 감축하는 것을 합의하는 내용을 담고 있다. 그리고 약속 달성을 위 하여 자국에서 실시하는 조치와 별도로 국제적인 협조를 실시하는 제3종류의 유 연화 조치(flexible mechanism)를 도입하고, 1990년을 기준년도로 하고 2008년~ 2012년의 5년간을 제1차 이행기간으로 정하여 부속서 I국가 중 38개국에 구체 적인 감축의무를 부여하되, 국가별 경제상황 및 산업활동을 고려하여 차등을 두 었다.

교토의정서는 부속서 I국가에 대한 온실가스 배출량에 대한 수치 목표의 틀을 제시하고, 경제 원리에 입각한 교토메커니즘을 만들고, 온실가스 배출을 전지구 적인 비용으로 인식했다는 점에 그 의미가 있다.

이후 지구 온난화문제의 주원인으로 인식되는 온실가스를 저감하기 위한 국제 사회의 협력과 경쟁이 증가되고 있으며, 지속적으로 매년 기후변화회의가 진행되 고 있다. 2009년 12월 코펜하겐에서 개최된 기후변화 정상회의는 2012년 종료 예 정인 교토 협약의 뒤를 잇는 후속 협약을 마련하여 선진국과 개도국이 모두 참여 하는 새로운 글로벌 기후변화 질서를 만들어 내기 위한 목적으로 개최되었으나, 선진국 · 개도국간 책임공방으로 단일 감축목표의 설정이 지연되고, 자국의 경제 적 부담에 대한 우려로 인해 협약의 법적 구속력의 확보가 지연되었다.

그러나 전세계 123개국 정상들은 국제적 기후변화 대응 노력의 강화 방안을 담은 '코펜하겐 협약문'에서는 기온 상승을 2℃ 이내로 제한하기 위한 과감한 탄 소감축, 선진국은 교토의정서보다 강화된 목표제출 및 이행 약속, 개도국은 자발 적 감축계획 제출 및 이행결과에 대한 보고와 검증 수용, 선진국은 개도국 기후변 화 대응 지원을 위한 기금 조성,[2] 개도국의 산림파괴 방지를 위한 선진국의 자금 지원 메커니즘 수립 등의 내용을 담고 있다.

개도국과 선진국 간 의견 불일치로 '실질적이고 검증가능한 의무 부과'와 '각 국의 구속력 있는 배출량 목표치 설정'을 위한 공식적 합의가 이루어지지 못함에

---

2 기금 조성 규모에 대하여 논란이 있으나, 합의문에 대하여 2010~2012년은 연간 100억달러, 2013년~ 2020년 사이에는 2020년까지 연간 1,000억달러를 조성하고, 그 이후에는 매년 1,000억달러를 조성할 계획이다.

따라 2009년까지 마치기로 한 협의를 2010년 말까지 1년 연장하는 것으로 결정되었다.

코펜하겐총회에서 채택된 '코펜하겐 협정(Copenhagen Accord)'은 교토의정서상 부속서 국가에는 2020년까지 중기 온실가스 감축목표를 명시할 의무를, 비부속서 국가에는 2020년까지의 온실가스 감축계획을 제출할 의무를 각각 부과함에 따라 우리나라는 의무적 감축체제가 아닌 자율적 감축체제의 적용을 받게 되었고, 이에 따라 우리나라는 2020년까지 배출전망치(Business As Usual: BAU) 기준 30% 감축 목표를 UN에 제출한 바 있다.[3] 중국, 미국 등 다른 나라들도 〈표 3-2〉와 같은 목표를 UN에 제출하였다.

2010년 16차 칸쿤 기후변화회의(COP 16)에서는 교토의정서 1차~2차 공약기간 간에 공백이 없도록 하며, 선진국과 개도국 모두 저탄소 발전전략을 마련하고, 개도국의 기후변화 지원을 위해 선진국의 녹색기후기금(Green Climate Fund) 마련에 합의하였다. 칸쿤 합의문(Cancun Agreements)은 정치적 합의수준에 머물렀던 코펜하겐 합의문과 달리 유엔체제로 공식 채택되었다. 그러나 실질적으로 국가별 구체적인 기금조달 방안은 합의문에 담지 못하였고 교토체제의 2차 공약기간(Post-교토체제) 설정 및 의무 감축국 목표설정 등 근본적인 이슈에 대해서는 합의하지 못하였다.

2011년 17차 더반 기후변화회의(COP17)에서는 2012년 만료 예정인 교토의정서가 연장됨에 따라 기후변화체제를 지속하며, 선진국과 개도국 모두가 참여하는 새로운 기후변화체제를 마련하는 것에 합의한 더반 플랫폼(Durban Platform)을 채택하여 2020년부터 모든 국가들이 참여하는 새로운 기후체제를 출범시키기로 합의하였다. 그러나 실질적인 감축을 위해 필요한 의무 감축국 목표설정, 감축기간

3 BAU(Business As Usual)는 기존 온실가스 감축정책을 계속 유지할 경우 미래 온실가스 배출량 추이로 2020년 온실가스 BAU 대비 30%를 감축하는 것을 2005년 온실가스 배출량(594백만톤) 대비 절대기준으로 환산시 4% 감소시키는 것에 해당한다. 이는 EU에서 요구하는 개도국 최대 감축수준으로 녹색성장위원회는 ① 그린빌딩(단열강화, LED 보급 등) 등 단기적으로는 비용이 발생하나, 장기간에 걸쳐 에너지 절약 이익이 큰 감축수단을 주로 적용하고, 국가에너지기본계획에 의해 확정된 신재생에너지 및 원전 확대정책을 실시하며, ② 변압기·냉매 등에 있는 지구 온난화 지수가 높은 불소계 가스를 제거하고, 하이브리드자동차, 바이오연료 등을 보급하고, ③ 전기차·연료전지차 등 차세대 그린카, 최첨단 고효율제품, 이산화탄소 포집 및 저장기술을 적극 도입하는 등 감축비용이 높은 수단을 도입할 경우 달성가능하다고 밝히고 있다.

표 3-2 **코펜하겐 합의에 따른 각국의 온실가스 감축 목표**

국가	감축 비율	기준년	감축 방식	1990년 대비	전 세계 배출비중	일인당 배출량(톤)
호주	5~25%	2000	실질	(−3.89%~−24.1%)	1.30%	27.4
브라질	36.1~38.9%	N/A	BAU 대비	(+6.4~1.7%)	6.60%	15.3
캐나다	17%	2005	실질	0.25%	1.86%	24.9
중국	40~45%	N/A	탄소 집약도	N/A	16.64%	5.5
크로아티아	5%	1990	실질	−5%	0.07%	6.9
유럽연합	20%/30%	1990	실질	(−20%/−30%)	11.69%	10.3
아이슬랜드	30%	1990	실질	−30%	0.01%	11.0
인도	20%~25%	2005	탄소 집약도	N/A	4.32%	1.7
인도네시아	26%	N/A	BAU 대비	+22%	4.73%	9.3
이스라엘	20%	N/A	BAU 대비	+91.60%	0.19%	11.8
일본	25%	1990	실질	−25%	3.14%	10.6
멕시코	30%	N/A	BAU 대비	+19.8%	1.58%	6.6
뉴질랜드	10~20%	1990	실질	−10~20%	0.18%	19.1
노르웨이	30~40%	1990	실질	−30~40%	0.12%	11.2
러시아	15~25%	1990	실질	−15~25%	4.64%	14.0
싱가포르	7~11%	N/A	BAU 대비	+124~+115%	0.11%	11.3
남아프리카	34%	N/A	BAU 대비	+48.2%	0.98%	9.0
한국	30%	N/A	BAU 대비	+63.90%	1.30%	11.8
스위스	20%/30%	1990	실질	(−20%/−30%)	0.12%	7.2
미국	17%	2005	실질	−3.67%	15.78%	23.1

자료: http://www.usclimatenetwork.org/policy/copenhagen-accord-commitments

및 방법, 녹색기후기금 분담률 및 지원방안 등의 사항들과 구체적인 이행방안은
합의가 이루어지지 않은 상태이며, 다배출량 국가의 감축의무 그룹 미참여, 일부
국가의 의무국 지위 반납으로 인한 향후 해결해야 할 과제가 여전히 쌓여있는 실

표 3-3 기후변화회의 진행과정

구분	연월	개최지	주요 내용
지구 서미트	1992.06	리오데자네이루	기후변화협약 채택
	1994.03		기후변화협약 발효
COP1	1995.03	베를린	2000년 이후 선진국 온실가스 감축 의무 강화를 위한 협상 시작 결의(Berlin Mandate)
COP2	1996.07	제네바	Berlin Mandate 진전상황 보고
COP3	1997.12	교토	교토의정서 채택 및 개도국 감축의무 추후 논의
COP4	1998.11	부에노스아이레스	쟁점 사항의 COP6에서의 합의 채택
COP5	1999.10	본	쟁점 합의 실패 및 COP6 일정 합의
COP6	2000.11	헤이그	교토의정서 구체적 운영방안 협상 타결 실패
	2001.03		미국의 교토의정서 비준 거부
COP6.5	2001.07	본	교토의정서 이행 골격 합의
COP7	2001.10	마라케시	교토메커니즘 등 교토의정서 상세 룰 결정
	2002.08	요하네스버그	지구서미트로부터의 10년 평가
COP8	2002.10	뉴델리	선진국의 개후변화 대응 조치 이행과 개도국의 지속가능 발전 촉진
COP9	2003.12	밀라노	CDM 흡수원 관련 합의
	2004.11		러시아 비준
COP10	2004.12	부에노스아이레스	개도국의 적응정책에 대한 5개년 행동계획 책정 합의
	2005.02		교토의정서 발효
COP11	2005.11	몬트리올	포스트 교토 감축의무 본격적 검토
COP12	2006.11	나이로비	포스트 교토 체제 논의, 결론 도출 실패
COP13	2007.12	발리	발리로드맵(선진국은 수치화된 목표없이 상당히 감축, 개도국은 측정가능하고 검증가능한 방법으로 감축 촉진)
COP14	2008.12	포즈난	발리로드맵 재확인 및 포스트 교토 논의
COP15	2009.12	코펜하겐	교토의정서 이후 세계기후변화 대응 논의
COP16	2010.11	칸쿤	선진국 감축 목표와 녹색기후기금(Green Climate Fund) 조성에 합의하였으나, 구체적 목표 및 이행 방향 미정
COP17	2011.12	더반	2020년 이후 선진국과 개도국 모두가 참여하는 새로운 기후변화체제 출범 합의

정이다.

2012년 10월 20일 개최된 GCF 2차 이사회에서 한국이 녹색기후기금(GCF) 사무국을 유치하게 되었다. GCF는 첫째, 기후금융의 주요 글로벌 펀드로서 역할하게 되는데, 개도국에 적절한 금융자원을 공급하고, 공공·민간, 국제·국가 수준의 기후금융을 촉진하게 된다. 둘째, GCF는 완화(mitigation)와 적응(adaptation)의 초기 펀딩시 윈도우 역할을 담당하게 되는데, GCF가 민간부문의 감축과 적응활동에 직간접적으로 금융을 지원할 수 있도록 하는 PSF(Private Sector Facility)를 설치하게 된다. 셋째, 기타 GCF 운영에 관한 사항을 담당하게 된다.

특히, GCF에 설립되는 PSF는 국가, 지역, 국제적 차원에서 민간부문의 감축과 적응활동에 직·간접적으로 금융지원의 중추적 역할을 담당하며, PSF의 운영은 국가 주도의 방향과 일치하도록 한다. PSF는 개도국의 민간부문의 참여, 특히 중소기업과 지방 금융기관 등 지역기관들의 참여를 촉진하며, 민간부문이 소규모 도서 개발도상국(small island developing states) 또는 최빈국(least developed countries)에 참여하는 것을 가능하도록 하는 활동을 지원하는 역할을 담당하게 된다. 그러나 PSF의 활동과 운영과 관련되어 〈표 3-4〉와 같은 다양한 이슈들이 GCF 이사회에서 논의될 계획이다.

표 3-4 PSF 활동 및 운영과 관련된 이슈

구분	내용
활동 관련 이슈	• PSF 자금(직접, 간접, 혹은 혼합형) 공급을 위한 모델 • 활동 및 파트너의 범위 • Financial Inputs • 국가의 오너십 확인 및 국가별 계획과정과의 연계성 구축 메커니즘 • 다른 기금활동과의 연계성
운영 관련 이슈	• 지배구조 • 금융수단과 조건 • 펀딩 승인 절차와 기준 • 결과측정 • 정보공개 • 이해상충

나. 탄소정보공개프로젝트(CDP)

탄소정보공개프로젝트(Carbon Disclosure Project: CDP)는 전 세계 연기금 투자기관을 포함한 금융·투자기관들을 대신하여 세계 주요 상장회사들로부터 기후변화의 주요인인 탄소배출과 관련하여 정확한 정보와 관련 이슈에 대한 장단기적인 관점에서의 기업의 경영전략을 요구, 수집하여 이를 토대로 연구분석을 수행하는 글로벌 프로젝트이다.

CDP의 목표는 전세계 금융기관 및 기관투자자들이 기후변화 관련 투자리스크 또는 투자기회를 명확히 측정할 수 있도록 정확한 기업정보를 제공하여 관련 투자리스크를 포트폴리오에 보다 체계적으로 반영할 수 있도록 돕고, 전 세계 주요 상장기업들의 경영진에게 금융업계와 주주들이 기후변화가 미치는 기업 미래가치의 향방에 높은 관심을 가지고 있다는 사실을 명확히 주지시키고자 하는 것으로 2003년부터 매년 기후변화와 관련된 투자 위험과 기회, 가능성 및 사업에 대

표 3-5 CDP 참여기관 수 및 운용자산규모 추이

프로젝트	참여기관 수(개)	운용자산규모(조달러)
CDP 2003	35	4.5
CDP 2004	95	10
CDP 2005	155	21
CDP 2006	225	31
CDP 2007	315	41
CDP 2008	385	57
CDP 2009	475	55
CDP 2010	534	64
CDP 2011	557	70
CDP 2012	655	78

주 : 각 연도 2월 1일 기준
자료: www.cdproject.net

 그림 3-1 CDP 참여 기관 현황

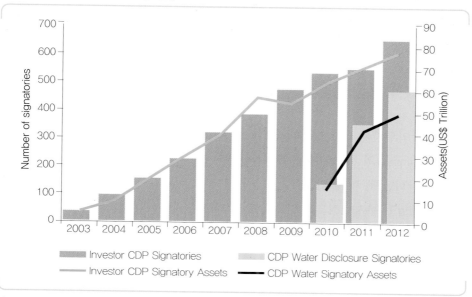

자료: www.cdproject.net

한 평가에 관한 심도 있는 분석 리포트 시리즈를 발간하며, 현재 전 세계적으로 기업의 기후변화 전략과 온실가스 배출관련 정보에 관해 가장 많은 정보를 보유하고 있다. 매년 2월 1일자로 금융·투자기관들이 공동 서명한 동일한 내용의 기후변화 및 탄소관련 질문서가 런던 CDP 본부로부터 전 세계에 발송되고, 각 기업의 환경부서 및 관련부서들이 이를 받아 답변서를 작성하고, 이 답변을 받아 공동 연구분석을 수행한 뒤 CDP 보고서를 작성하며, 본 정보는 기관투자자, 기업, 정부정책 입안자들 및 자문, 공공 부문 조직, 정부, 학계 등을 포함한 다양한 주체들에 의해 사용된다.

2012년 CDP에는 655개 기관투자자가 CDP가 제공하는 정보를 고려하여 투자에 이용하고 있으며, 총 참여 기관투자자의 운용자산규모는 78조달러에 달하는 것으로 보고되고 있다.

CDP에 이어 2010년부터 시작된 CDP의 물정보공개프로젝트(Water Disclosure Project)는 기관 투자자에게 물 부족 등 물 관련 이슈와 관련 기업들이 직면해 있는 위험과 기회, 물 사용량 등 물 회계, 물 관리 등에 대한 양질의 정보를 제공함으로써 이 이슈들을 투자 포트폴리오에 반영하고자 하는 금융기관의 글로벌 이니셔티브를 진행하고 있으며, 2012년 470개 기관투자자가 서명을 하고, 운용자산 규모는 50조달러에 육박하는 것으로 조사되고 있다.

다. UN 책임투자원칙(UN PRI)

UN 책임투자원칙(Principles for Responsible Investment: PRI)은 UNEP/FI와 Global Compact의 주도하에 2005년 4월부터 2006년 1월에 걸쳐 금융기관, 정부기관, 시민사회단체, 학계 전문가 등 70여 명으로 이루어진 다양한 이해관계자 그룹에 의해 개발된 투자원칙으로 6개 원칙, 35개 세부 실천방안으로 구성되어 있다.

동 원칙은 투자의사결정시 ESG 이슈 반영, 투자대상기업의 ESG 이슈 정보 공개 요구, PRI의 충실한 이행을 주요 내용으로 하고 있다. 구체적으로 기관투자자로서 금융기관은 투자자들의 자산에 대하여 장기적 관점에서 최상의 수익을 이끌어낼 책임을 지닌다는 수탁자 책임(fiduciary responsibilities)을 강조하고 있다. 이러한 관점에서 ESG 이슈들이 투자수익률에 영향을 미친다고 인식함에 따라 금융기관은 ① 투자의사결정시 ESG 이슈를 적극적으로 반영하며, ② 투자철학 및 운용원칙에 ESG 이슈를 통합하는 적극적인 투자자가 되며, ③ 투자대상에게 ESG 이슈들의 정보공개를 요구하며, ④ 금융산업의 PRI 준수와 이행을 위해 노력하며, ⑤ PRI 이행에 있어서 그 효과를 증진시킬 수 있도록 상호 협력하며, ⑥ PRI 이행에 대한 세부활동과 진행사항 등을 보고하도록 한다. 이를 위한 33개 세부 실천프로그램은 금융기관들로 하여금 SRI 방침을 만들도록 요구하고 있으며, 투자대상기업에 대한 지속적인 대화와 모니터링, 적극적인 의결권행사(engagement), 자산운용과 관련된 제안요청서(request for proposal) 조건 반영, 투자프로세스의 개선, 사회책임투자와 관련된 모든 활동들에 대한 정보공개·보고를 요구하고 있다.[4]

UNEP Finance Initiative에 따르면 2008년 4월 기준 362개 기관이 UN PRI에 가입하고 운용자산규모는 14조 7,780억달러에서 2012년 5월 기준 1,071개 기

---

4 노희진(2010a), 52~53면.

표 3-6 PRI 서명기관 수 및 운용자산규모 추이

구분	서명기관 수(개)	운용자산규모(조달러)
2008.4	362	14.8
2009.5	538	18.1
2010.7	784	22.0
2011.7	920	30.0
2012.5	1,071	32.0

자료: PRI Annual Report 각 연도

관이 가입을 하고, 운용자산규모는 32조달러에 육박하여 서명기관과 운용자산 규모가 증가한 것을 알 수 있다. 2012년 5월 기준 서명기관은 투자운용사 640개 (60%), 자산 보유자 254개(24%), 서비스 제공자 177개(16%)로 구성되어 있다. UNEP Finance Initiative(2011)에 따르면 서명기관 중 자산 보유자의 94%, 투자 운용사의 93%가 책임투자(Responsible Investment: RI) 정책을 보유하고 있으며, 서명기관의 50% 이상이 개발도상국의 상장 주식 투자시 광범위하게 RI 과정을 통해 투자하고 있는 것으로 보고하고 있다. 또한 투자운용사의 직원 중 53%, 자산 보유사 직원 중 33%가 ESG 성과에 대하여 보상을 받고 있는 것으로 보고되고 있다. 장기적으로 PRI 서명 금융기관이 지속적으로 증가하고 있으며, 향후 SRI가 주류 투자기법으로 자리매김할 가능성이 증가하고 있다.

라. 적도원칙

적도원칙(Equator Principle)은 2003년 6월 미국 워싱턴에서 국제금융공사 (International Finance Corporation)와 10개 금융기관 대표가 모여 세계은행 그룹에서 수립한 환경 및 사회적 정책기준에 따라 프로젝트 금융을 공여하기로 하는 금융기관들의 자발적인 행동원칙이다.

이는 환경 및 사회문제를 야기할 수 있는 일정 규모 이상의 프로젝트에는 돈을 빌려주지 않겠다는 것을 주된 내용으로 하는 행동원칙으로, 시행 3년 만에 그

🔲 그림 3-2 적도원칙의 평가 구조

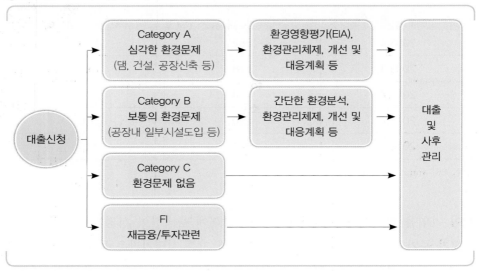

자료: 김기종(2007), 125면

동안의 비판을 받아들여 대폭 수정되었다. 즉 종래 적도원칙은 5,000만달러가 넘는 개도국에서의 대형 프로젝트에 한하여 적용되었기 때문에 나머지 프로젝트는 환경을 해쳐도 된다는 면죄부를 줄 수 있으며, 참가 은행들이 적도원칙을 일관성 있게 적용하지 않아도 제재할 방도가 없다는 비판을 수용한 것이다.

이에 따라 개정된 적도원칙은 대상사업의 규모를 1,000만달러로 크게 낮추고 개도국·선진국의 구분 없이 대상사업을 불문하고 적용하기로 하였으며, 적도원칙에 제출된 프로젝트는 환경영향의 범위와 형태에 따라 환경 검토(environmental screening)를 거쳐서 3가지 범주 중의 하나로 구분된다. 범주의 구분은 잠재적 환경 및 사회 영향, 사업의 특성 및 규모, 프로젝트의 형태, 위치, 민감성 등에 따라 상이하게 된다.

범주 A(Category A)의 경우 환경적으로 민감한(sensitive) 사항으로 물리적인 측면에서 설비시설 또는 사업장보다 광범위한 지역에 영향을 미치므로 프로젝트 자체의 유해여부를 검토하며, 범주 B(Category B)의 경우 중상수준의 환경영향(less adverse)을 줄 수 있는 경우로 물리적인 측면에서 사업장 중심의(site-specific) 환경 부하를 일으킬 수 있는 사업이 해당된다. 범주 C(Category C)의 경우 환경부하가 작거나 거의 없는 경우이며 더 이상 환경영향 평가가 필요하지 않은 영역으로 분류된다.

금융회사가 프로젝트 금융자문 시 동 원칙을 적용하되, 기존 시설을 개량하거나 증설하는 경우에도 환경 및 사회에 미치는 영향이 크면 적도원칙을 적용하게 되고, 경제협력개발기구(Organization for Economic Cooperation and Development: OECD) 회원국 중 세계은행 기준 상위소득국과 같이 이미 엄격한 환경 기준을 시행하고 있는 나라에 대해서는 동 원칙의 적용을 간소화할 수 있으나, 참가 은행은 매년 그 이행상황을 연차보고서에 밝히도록 하고 있다. 2012년 6월말 기준 ASN Bank NV, Banco Bradesco, Bank of America, Barclays plc, BNP Paribas, Citigroup Inc., Credit Suisse Group, HSBC Group, ING Group, KfW IPEX - Bank, Societe Generale 등 77개 금융기관이 이에 참여하고 있다.

2 탄소금융시장 동향

탄소시장이란 기본적으로 온실가스 배출권을 거래하는 시장을 의미하며, 일반적으로 할당량 거래시장(allowances market)과 프로젝트 거래시장(project-based market)으로 구분된다. 할당량 거래시장은 온실가스 배출 허용량이 할당된 국가나 기업이 할당량 대비 잉여분과 부족분을 거래하는 시장으로 EU ETS(EU Emissions Trading Scheme)가 대표적이다.

전 세계 탄소시장 거래규모는 2011년 1,760억달러 규모로 2004년 5억달러 대비 350배 이상 증가하였고, 연성장률 128%로 지속적인 성장세를 보이고 있다. 그러나 2012년 이후 탄소배출권 시장과 탄소시장에 대한 불확실성으로 2008년부터 성장 속도가 둔화되고 있다.

탄소시장의 성장은 2005년 EU ETS의 개설을 통한 허용량시장의 확대가 중요한 요인으로 작용하고 있는데, EU ETS를 포함한 허용량시장을 통한 거래 규모는 2005년 80억달러(전체 탄소시장 대비 73.1%)에서 2011년 1,489억달러(전체 탄소시장 대비 84.6%)로 증가하였다. 또한 허용량시장의 대부분은 EU ETS를 통하여 거

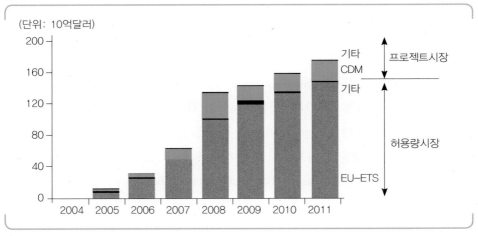

그림 3-3 전 세계 탄소시장 거래 규모

자료: The City UK(2012)

래되고 있으며, 2005년 EU ETS 거래규모는 79억달러(전체 탄소시장 대비 72.5%)에서 2011년 1,478억달러(전체 탄소시장 대비 84.0%)로 증가하였다.

반면 프로젝트 시장은 2004년 5억달러에서 2011년 271억달러로 약 54배 증가하였으며, 대부분 CDM의 거래에 기인하고 있다. CDM 거래 규모는 2004년 5억달러(전체 탄소시장 대비 88.3%)에서 2011년 253억달러(전체 탄소시장 대비 14.4%)로 증가하였다.

가. 허용량시장 동향

1) EU ETS

허용량시장은 총량제한배출권거래제(cap-and-trade) 내에서 배출권을 거래하는 시장으로 전체 탄소시장 중 80%가 넘는 탄소배출권이 거래되고 있다. 2003년 세계 최초의 탄소배출권거래소로 설립된 시카고 기후거래소(Chicago Climate Exchange: CCX)가 에너지 선물 거래기업인 Inter-Continental Exchange(ICE)에 매각됨에 따라 2011년 이후 허용량시장은 EU ETS가 주도적으로 이끌어가고 있다.

EU ETS는 거래량과 거래대금 측면에서 대표적인 탄소시장으로, EUA(European

Union Allowance) 거래대금은 2005년 79억달러에서 2008년 1,005억달러로 12.7배 증가하였으나, 그 이후 성장세는 감소하여 2011년 1,478억달러가 거래되고 있

표 3-7 **허용량시장 거래량 및 거래대금 규모 추이**

(단위: CO_2 백만톤)

	EU ETS	NSW	CCX	RGGI	AAUs	계	전체탄소시장 대비 비중
2004						16	12.7%
2005	321	6	1			329	45.9%
2006	1,104	20	10			1,134	65.0%
2007	2,060	25	23			2,108	70.6%
2008	2,956	31	69	48	48	3,152	66.9%
2009	5,504	33	41	809	136	6,523	84.2%
2010	6,789	38	63	210	62	7,162	81.6%
2011	7,853	61	0	120	47	8,081	78.6%

(단위: 백만달러)

	EU ETS	NSW	CCX	RGGI	AAUs	계	전체탄소시장 대비 비중
2005	7,908	59	3			7,970	73.1%
2006	24,436	225	38			24,699	79.1%
2007	49,065	224	72			49,361	78.3%
2008	100,526	183	309	198	276	101,492	75.1%
2009	118,474	117	54	2,179	2,003	122,827	85.4%
2010	113,598	250	2	458	626	134,934	84.8%
2011	147,848	466	0	249	318	148,881	84.6%

자료: World Bank(2012)

다. 또한 EU ETS를 통하여 거래되는 탄소량은 2005년 3억 2,100만톤에서 지속적으로 증가하여 2011년 78억 5,300만톤이 거래되어, 거래량 기준으로 6년 동안 24.5배 증가하였다.

EU ETS 외 호주 뉴사우스웨일즈 온실가스감축시장(New South Wales Green Gas Reduction Scheme: NSW), 미국 북동부 지역온실가스시장(Regional Greenhouse Gas Initiative: RGGI) 및 뉴질랜드는 총량제한배출권거래제를 운영하여 할당배출권이 거래되고 있다. NSW의 경우 호주의 청정에너지 법안(Clean Energy Bill)의 발표 및 시행으로 인하여 2단계의 탄소가격제가 시행되는 등 국가 단위의 배출권거래제도 도입을 가시화함에 따라 2011년 탄소배출권 거래가 활성화되고 있다. 반면, 미국 RGGI의 경우 연방 정부차원의 기후법안 시행이 불확실해짐에 따라 RGGI를 통한 배출권거래규모도 감소하였다.

EU ETS에서는 탄소배출권 거래의 대부분은 선물과 옵션형태로 거래되는데, 특히 ECX 선물과 옵션의 거래 비중이 지속적으로 확대되고 있다. 2005년 총거래량의 75%(9400만톤)였던 ECX 선물과 옵션 비중은 2010년 91%(52억톤)로 증가하였고, 2011년 1분기 기준 총 거래량의 96%(19억 9500만톤)가 동 형태로 거래되고 있다.

반면 EUA 현물의 경우 기업들이 비용없이 취득한 배출허용량(allowance)을 거래하면서 2007년 이후 거래량이 증가하고 있다. 현물거래는 2007년 3,100만톤이 거래되었으나, 2008년 2억 5,600백만톤, 2009년 11억 9,700만톤으로 증가하였고, 2010년 3억 2,900백만톤으로 급락한 이후 2011년 1분기 1,800만톤만이 현물시장을 통해 거래되고 있다. 특히, EUA 현물거래는 주로 파리의 BlueNext 거래소에서 중점적으로 이루어지고 있다. 즉, 선물의 경우 ECX가 주요 거래소이고, 현물은 BlueNext가 주요 거래소라고 할 수 있다.

탄소시장은 감축의무 준수 대상 기업을 중심으로 유틸리티, 시멘트, 철강, 미네랄 석유정제, 펄프 제지 등과 같은 직접 배출업체와 브로커, 투기거래자, 헤지펀드, 투자은행과 같은 금융참여자가 있으며, 거래소 시장 또는 OTC 시장에서의 거래에 따라 계약 형태와 인수도 조건에 따라 상품의 종류가 다양하다.

탄소배출권거래소의 거래상품은 현물의 경우 EUA(EU emission Allowance), CER 및 CFI(Carbon Financial Instrument)이며, 파생상품은 현물을 기초상품으로

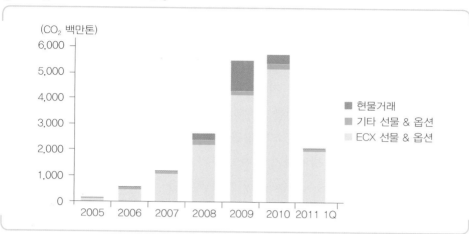

📊 그림 3-4 **EU ETS 거래 유형**

자료: The City UK(2011)

📋 표 3-8 **탄소배출권 주요 거래소 및 거래상품**

거래소	현물	파생상품
ECX (European Climate Exchange, 영국)	—	EUAs 선물 · 옵션 CERs 선물 · 옵션
Nord Pool ASA (노르웨이)	EUAs	EUAs 선도거래 CERs 선도거래 EUAs · CERs 스왑
BlueNext (프랑스)	EUAs CERs	EUAs · CERs 선물
EEX AG (European Energy Exchange AG, 독일)	EUAs	EUAs 선물 · 옵션 CERs 선물
CCX (Chicago Climate Exchange, 미국)	CFI	—
CCFE (Chicago Climate Futures Exchange, 미국)	—	CFI 선물 · 옵션

주 : ECX는 2009. 3. 13. EUAs/CERs Daily Futures Contracts를 상장
자료: 노희진(2010b)

한 선물·옵션 등으로 그 범위가 다양하다.

EU ETS와 같은 탄소배출권 거래시장에서는 기존의 거래소 시장과 다른 유형의 사기 문제가 발생할 수 있다. 2009~2010년에 부가가치세(Value Added Tax)와 관련된 사기거래(carousel fraud)에서는 거래자들이 다른 국가 시장에서 면세 상품이나 할당을 수입하고, 각 국가 정부에 지불하지 않은 부가가치세를 상품가격에 포함시켜 국내 구매자들에게 이를 판매하는 방식으로 부가가치세를 탈세하였다. 최소 11개국에서 50억유로의 탄소거래 관련 세금이 탈세된 것으로 추정하고 있으며,[5] EC는 이러한 사기를 방지하기 위하여 부가가치세 규제를 강화했다.

그러나 많은 국가의 등록소(registry)에서 이월을 방치하고 있으며, 할당량이 등록소 계정에 포함되면 거래 계정을 신설하는 신청자를 확인하기 어려우며,[6] EU 국가들 간 규제가 일관적이지 않아 감독이 어려운 실정이다.

해킹(hacking)을 통한 도난은 등록소 관련 컴퓨터 시스템을 해킹하여 배출권을 주로 선물 시장에서 파는 형태로 이루어지고 있다. 2011년 유럽연합의 온실가스 배출권거래 시스템인 EU ETS의 체코 등록소가 해킹되어 Blackstone Global Ventures의 47만 5천톤 등 130만 톤 규모의 배출권 도난 사건이 일어났다.[7] 이로 인하여 EU ETS에 연결된 30개국의 배출권 등록소 운영이 중단되었으며 ECX, Bluenext 등 유럽지역의 배출권거래소 거래가 전면 중단되었다. 배출권 일련번호(serial number)를 근거로 도난당한 배출권의 행방을 추적한 결과, 일부 배출권은 독일과 에스토니아의 등록소에서 발견되었는데 이로 인하여 등록소 담당자가 배출권을 이전할 때마다 인증을 받는 등 국가 등록소에 대한 보안 강화에 대한 대책 마련의 필요성이 제기되었다.

피싱(phishing)은 허위 등록소 신설과 관련되는데, 허위 등록소 웹사이트를 통해 사용자들이 접속하여 탄소거래 등록소에 아이디 코드를 도용하는 방식으로 이루어지고 있다. 이러한 피싱은 뉴질랜드, 노르웨이, 호주, 독일, 벨기에, 덴마크,

---

5 Tamra Gilbertson(2011) 및 World Bank(2012).

6 예를 들어, 덴마크 등록소에는 약 2년 동안 사기 기업과 신설 신청자 이름이 잘못 기록되었고, 2011년 덴마크 시스템에서는 계정 소유자의 명단 90%가 삭제된 사건이 있었다.

7 체코의 국가공인등록소(registry)를 운영하는 OTE(Operátor trhu s elektřinou)에 폭발물 위협신고가 접수되어 관련 직원들이 대피한 상황에서 해커들이 침입하여, 등록소에 접속하여 불법적으로 배출권을 이전하였으며 체코는 50만 톤의 배출권을 도난당하였다.

그리스, 이탈리아, 네덜란드, 스페인 등 전 세계에서 발생하고 있으며, EU는 인 터넷 안전 가이드라인을 수정한 바 있다.

더불어 재활용과 관련된 추가적 사기거래의 일종으로 이미 사용된 크레딧을 다른 시장에 파는 사례들이 있다. 2007년 화학기업 로디아(Rhodia)와 시멘트기업 라파즈(Lafarge)는 자발적 기업 목표를 충족시키기 위해서 CDM의 크레딧을 사용 한 이후 동 크레딧을 다른 곳에 매도하였다.

EU ETS를 둘러싼 이러한 문제에도 불구하고, EU ETS에 대한 시장의 평가는 우호적인 것으로 조사되고 있다. Point Carbon의 연간 조사에 따르면, EU ETS가 점차 성숙된 시장(mature market)이 되어간다는 의견이 지속적으로 증가하고 있 으며, EU ETS가 EU 내 탄소감축을 위한 가장 효율적 수단이라는 의견에 동의하 는 비중도 높은 추세에 있다. 더불어 감축 체계의 효율성과 시장의 성숙도에 대하 여 EU ETS가 CDM에 비하여 보다 호의적인 평가를 받는 것을 알 수 있다.

EU ETS가 배출업자의 배출준수전략(compliance strategy)에 영향을 주어 내부 적 탄소 감축(internal abatement)의 효과를 나타내는지에 대하여, 2011년 기준 배 출업자의 약 59%가 그 효과성을 긍정적으로 평가하고 있으며, 그 비율은 2007년 이후 지속적으로 증가하고 있다.

2005~2007년 시행된 EU ETS의 Phase I은 탄소배출권거래제도의 가격 결정

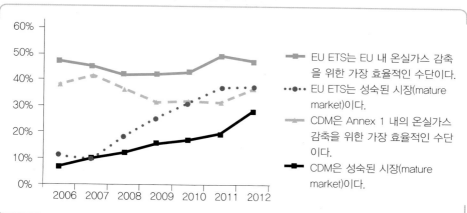

그림 3-5 EU ETS와 CDM 시장에 대한 평가

EU ETS는 EU 내 온실가스 감축을 위한 가장 효율적인 수단이다.

EU ETS는 성숙된 시장(mature market)이다.

CDM은 Annex 1 내의 온실가스 감축을 위한 가장 효율적인 수단이다.

CDM은 성숙된 시장(mature market)이다.

자료: Point Carbon(2012)

🔳 그림 3-6 **기업 배출준수전략(compliance strategy)을 통한 내부 감축(internal abatement)
에 미치는 EU ETS의 영향력**

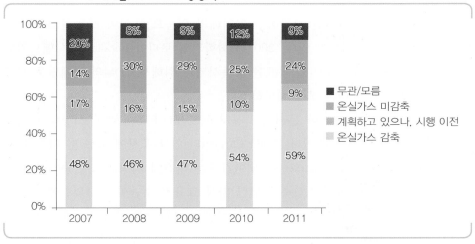

자료: Point Carbon(2012)

에 대한 이해와 효율적 배출권의 분배 등에서 초기 목표를 달성한 측면이 있으나,
실제로 초과 할당과 전력회사의 이익 확대라는 문제점이 있었던 것으로 평가되고
있다.

27개 EU 국가들과 노르웨이, 아이슬란드, 리히텐슈타인 등 30개국에 위치한
11,000개의 발전소, 공장과 정제소가 고정배출원의 대부분으로, EU 이산화탄소
배출량의 절반 가량을 배출하고 있다. Phase I에서는 관련 기업들의 로비로 동 산
업에 초과할당이 이루어졌는데, 2006년 4월 공개된 1차 배출 데이터는 EU 내의
실제 배출 수준보다 4% 이상 초과 할당된 것으로 보고하고 있으며, Phase I 종료
시 배출기업들이 이전 배출량보다 1억 3천만톤의 이산화탄소를 과잉 배출한 것으
로 조사되고 있다. 탄소배출권의 초과 할당으로 인하여 탄소배출권 가격은 최대
30유로에서 2006년 4월에 10유로로 떨어지고, 2007년에는 1유로 이하로 하락하
였다.

더불어 전체 에너지 가격 상승이 소비자들에게 전가되는 에너지 가격 시스템
으로 인하여 전력회사의 막대한 이익을 창출한 것으로 보고하고 있다. 영국 의회
환경감시위원회의 조사에 따르면 최소 1년간 전력회사는 5억파운드 이상의 초과
이익을 창출한 것으로 보고하고 있다. Phase I 중 영국 발전소의 경우 배출권의

무상할당으로 20억파운드 이상의 추가적 소득을 거둔 바 있으며, 회원국들이 석탄발전소와 같이 온실가스 다배출산업에 배출권의 무상할당이 많아서 사실상 오염산업에 보조금을 지급하는 것과 같은 왜곡현상을 야기한 것으로 파악하고 있다. 현재 수준의 무상할당비율로는 ETS 신규 진입자에 대하여 온실가스 배출 감축 유인이 매우 적은 것으로 보고 있으며, 이에 따라 청정에너지 부문보다는 석탄과 같은 오염기술 부문에 신규투자가 집중되는 경향이 발생한다는 문제가 지적되고 있다.

Phase II는 경기 침체와 더불어 배출권 초과 공급 또는 초과 할당이라는 문제가 더욱 심화되었다. Point Carbon(2012)은 Phase I과 Phase II에서 전력회사의 이익이 최소 230억유로에서 최대 710억유로(영국 전력회사의 경우 최소 60억유로에서 최대 150억유로) 사이라고 추정하고 있으며, 초과 할당에도 불구하고 잉여 배출권의 예치가 불가능한 구조로 인하여 탄소배출권 가격이 붕괴하지 않았다고 주장하고 있다.

그러나 EU ETS Phase III에서는 잉여 배출권을 계속적으로 보유할 수 있는 예치(banking)가 가능하므로, 초과 할당 문제가 개선되지 않는다면 향후에도 이러한 문제가 누적적으로 발생할 수 있다고 주장한다.

Point Carbon(2012)은 2011년 탄소배출권 전반에 대한 조사를 통하여 전산업에서 기업의 29%가 배출권 잉여를 보고하고 있는 것으로 밝히고 있다. 배출권 잉여를 보고하는 기업 비중은 2008년 15% 수준에 불과하였으나, 2010년 28%로 급속히 증가하였다. 가장 높은 비중을 나타낸 부문은 제조업 분야에서 펄프와 종이 생산기업, 시멘트, 석회 및 유리 생산 기업과 에너지 다소비 기업에 집중되어 있다. 펄프와 제지 생산 기업의 82%, 시멘트, 석회 및 유리 생산 기업의 53%가 탄소배출권 잉여를 보고하고 있다. 반면, 석유 및 가스 추출 기업과 전력회사의 경우 각각 20%가 탄소배출권 잉여를 보고하여 상대적으로 배출권 초과 공급 비중이 낮은 것으로 보고되고 있다.

EU ETS는 EU 27개 회원국과 비회원국 3개국[8]에 대하여 Phase I(2005~2007년)을 시범 운영한 후, 약 12,000여 개 사업장을 대상으로 Phase II(2008~2012년)를 시행하고 있다. EU ETS Phase I과 Phase II에 대하여 경기 변동이나 경제성장

---

8 2008년 1월 노르웨이, 리히텐슈타인, 아이슬란드가 추가로 참여하였다.

그림 3-7 EU ETS의 배출권 초과 공급 현황

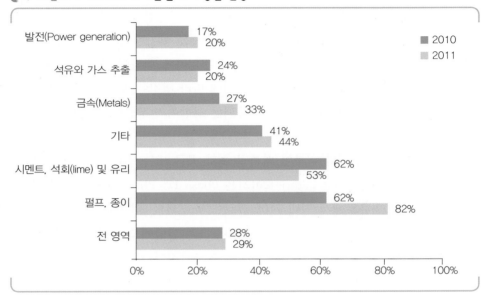

주 : EU ETS의 Phase II에서 EUA 초과 할당량으로 보고한 기업 비중
자료: World Bank(2012)

단계와 무관하게 일률적 배출 상한을 정하며,[9] 개별 국가의 동태적 변화와 관련된 요소인 인구증가율, 경제성장률, 산업 구조 및 기술 변화 등을 고려하지 않으며, 업종별 차별화에 대한 논거 부족 등의 문제가 제기된 바 있으므로 이러한 문제를 보완하여 2013년～2020년 Phase III를 시행할 예정이다.

　EU ETS Phase III이 시작되는 2013년 이후부터는 국가할당계획(National Allocation Plan: NAP)[10]이 전면 폐지되고 EU 차원의 단일 할당치만 설정하게 되며, 2020년까지 ETS 해당 시설물에 대한 배출권 총량을 2005년 대비 21%까지 감축하는 것을 목표로 하고 있으며, Phase III의 감축목표량은 2020년까지 1990년 온실가스 배출량의 20% 수준, 2050년까지 1990년 배출량의 50%이며, 매년 1.74%씩

9　Phase I은 1990년 대비 온실가스 8% 감축 목표로 배출 상한을 정하였으며, Phase II는 총량 기준으로 Phase I 대비 9.4% 감축한 2,083Mt CO2를 배출권 총할당량으로 정하였다.

10　현재 EU ETS 참가국은 총 30개국으로 참가국은 NAP를 통해 업종별·사업장별 할당량을 포함한 총 배출 할당량을 유럽집행위원회에 신청하게 되고, 유럽집행위원회는 제출된 NAP를 평가하고 최종 승인하게 된다.

배출총량을 삭감할(EU Directive 2009/29/EC Annex I) 계획이다.

EU ETS는 3기에 걸쳐 대상 온실가스, 대상 범위, 감축목표량을 단계적으로 확대하고 있다. 대상 온실가스의 경우, Phase I에서 이산화탄소(CO_2)로 한정했으나, Phase II 이후 아산화질소(N_2O) 등으로 범위를 확대해 가고 있으며,[11] 대상 산업범위는 Phase I의 Annex I에서 지정된 9개 분야(발전설비, 석유정제, 제강 및 제련, 선박 및 철강, 시멘트, 유리 및 광섬유, 세라믹 제품, 펄프 및 제지, 기타)에서 Phase III에서는 화학, 알루미늄, 암모니아, 질산 등의 산업으로 확대할 예정이다. 배출권 할당방식 역시 무상배분(grandfathering)에서 경매(auctioning) 방식으로 변화시켜 원활한 시장 거래를 도모할 계획으로 발전 부문(지역난방, 고효율 열병합발전 시설은 제외)은 2013년 경매비중을 30%에서 2020년 100%로 증가시킬 예정이며, 일반 제조업은 2013년 무상할당 80%에서 2020년 30%로 감소시킬 계획으로 2027년까지 전량을 유상할당으로 전환할 계획이다.

EU ETS는 온실가스 감축을 위하여 기업에 배출권을 할당하고, 초과 배출을 하게 되면 초과량을 상쇄하기 위해 시장에서 배출권을 구입하도록 한다. 동 제도의 원활한 작동을 위하여 배출권의 시장가격보다 높은 벌금을 부과하도록 하고 있다.

유럽 경제부문 연구기관인 Open Europe에서는 2007년 8월 EU ETS에 관한 보고서를 발간하여 EU ETS의 Phase I(2005~2007년간)의 성과를 평가하였다.[12] EU ETS의 Phase I은 배출권의 할당량 과다로 인하여 탄소배출권의 가격이 톤당 33유로까지 상승하였으나 현재 톤당 20센트 이하로 하락하여 탄소배출권의 가격 발견 기능이 제대로 작동하고 있지 않은 것으로 평가하고 있으며, 이는 EU ETS가 온실가스 감축에 큰 기여를 하지 못했음을 의미한다고 밝혔다.

또한 EU ETS 내에 감축 목표를 엄격하게 설정한 영국과 같은 국가와 그렇지 않은 국가 간 부의 이전효과(wealth transfer mechanism)가 나타나는 것으로 보고하고 있다. 즉, 엄격한 감축 목표를 설정한 국가에서 느슨한 감축 목표를 세운 나라에 보조금을 지급하는 결과를 야기한 것으로 평가되는데, EU 전체적으로 배출량보다 할당량이 약 6% 초과한 것으로 나타나고 있으나 영국의 경우 연간 22백만톤의 배

11 단, 이산화탄소 이외 가스의 ETS 참여여부는 회원국의 선택사항이다.
12 Open Europe(2007).

출권을 구입해야 하고, 프랑스와 독일의 경우 각각 28백만톤, 23백만톤의 배출권을 판매하는 형태가 발생하였다. 특히, 2005~2006년 1년간 실제 온실가스 배출현황을 보면 영국의 경우 3.6%가 증가하였고, EU 전체로는 0.8% 증가하였다.

할당량을 경매(auction) 대신 무상으로 할당함으로써 완전한 경쟁시장으로 작동하지 않았으며, 대기업과 중소기업 간의 로비력의 차이에 따라 할당량 산정이 왜곡되는 경향을 보였는데, 중소기업에 비하여 대기업에 초과할당이 이루어진 경향이 있는 것으로 파악하고 있다.

Phase II(2008~2012년)의 경우 Phase I보다 배출권 할당 비중이 낮아져 배출권의 희소성(scarcity)을 유지한 것으로 보이기도 하지만, 실제로 Phase II에서는 Phase I과 달리 교토 크레딧(Kyoto Credits)[13]을 감축량에 산입할 수 있도록 하였다. 이로써 전체적으로 회원국들은 할당으로 인해 부족한 배출권보다 더 많은 양을 교토 크레딧으로 충당할 수 있게 되었다.

World Bank는 Phase II 시행기간 동안 할당으로 인한 감축필요분(scarcity of permits)을 약 12억톤으로 추정하고 있는데, 실제 회원국들은 약 13억톤의 배출권을 수입할 수 있도록 허가되었다. 영국 등을 제외한 국가에서는 수입할당량이 초과되었기 때문에 잉여량을 배출권시장에 팔 수 있고, 수입할당량이 적은 나라들도 자국 내 감축노력에 의존하기보다 시장에서 구입하여 자국의 할당량을 충당할 수 있었다.

교토 크레딧은 절대적인 배출감축에만 적용되는 것이 아니라 상대적인 배출감축에도 적용되어, 환경적으로 해로운 사업에도 교토 크레딧이 부여될 수 있으며 교토 크레딧 부여사업 중 금액기준 약 50%가 특이한(exotic) 온실가스 감축사업에 투입되고 있다. 일례로 HFC-23 가스의 경우 온실효과가 이산화탄소의 11,700배에 달하고 있어 이들 사업장의 경우 'scrubber'이라고 하는 간단한 장치를 설치하면 막대한 크레딧을 인정받을 수 있다. 실제로 HFC-23 사업의 경우 1억유로 이내의 사업비를 투입하여 46억유로 상당의 크레딧을 인정받은 바 있으며, 이러한 이유로 HFC-23 생산량이 궁극적으로 증가했다고 보고하고 있다.[14]

---

13 교토 크레딧(Kyoto Credits)은 프로젝트 시장에서 발생하는 크레딧으로 CDM과 JI로부터 CER과 ERU가 발생한다.
14 World Bank(2012).

또한 교토 크레딧이 최빈국에 부여되지 않는 불균형의 문제가 제기되고 있다. CDM 사업의 대부분이 중국과 인도에 치우쳐 있으며, 사하라 남부 아프리카 지역은 전체 교토 크레딧의 4% 이내로 부여되는 한편, Phase II 기간 중 교토 크레딧의 과잉 공급으로 배출권 가격이 낮게 형성될 것으로 예상되어 사업자가 온실가스 감축사업에 대한 투자를 꺼릴 우려가 높아지고 있다.[15]

더불어 ETS 운영에 따른 과도한 행정비용 지출에 대한 우려가 제기되었다. Phase II 기간 중 영국에서만 6,500만파운드가 소요된 것으로 추정되고 있으며, 이 중 43%의 행정비용이 집행된 소규모 사업장의 온실가스 배출 감축 기여도는 전체 중 1% 수준에 불과한 것으로 추정된다.[16]

Regional Greenhouse Gas Initiative(RGGI)는 북동지역과 중부 아틀란타주 지역의 코네티컷(Connecticut), 메인(Maine), 메릴랜드(Maryland), 메사추세츠(Massachusetts), 뉴햄프셔(New Hampshire), 뉴저지(New Jersey), 뉴욕(New York), 로드아일랜드(Rhode Island), 버몬트(Vermont) 등 10개 주에서 2009년 1월부터 시행된 총량제한배출권거래제로 미국 내 최초의 시장 유인형·강제적 거래 시스템이다.

RGGI는 기후 변화에 대비하고, 미국 북동부와 캐나다 동부지역의 경제 및 환경 보호를 위하여 2001년 기후변화실천계획(Climate Change Action Plan)을 채택하면서 2003년 4월 제안되었고, 2004년 10개 주지사 간의 합의를 이뤄 2009년부터 시행되었다. 그러나 2011년 5월 27일 뉴저지(New Jersey)주의 크리스 크리스티 공화당 주지사가 2011년 말부터 뉴저지는 RGGI 프로그램에서 탈퇴할 것이라고 밝힘에 따라 2012년부터 9개 주가 참여하고 있다.

총량제한배출권거래제(cap-and-trade) 프로그램에 따라 주 정부는 CO_2의 배출량 상한선(cap)을 설정하고, 상한선하에 허용된 allowance를 탄소배출업체에 분배하거나 판매하게 된다.

저감 목표는 과거 배출량을 기준으로 2009~2014년 배출허용량을 할당하고, 2015~2018년의 배출허용량 할당분은 연간 2.5%씩 감소하게 되며, 2018년 총량제한 상한선의 경우 2009년 할당 상한선 기준으로부터 10% 저감되도록 한다.

---

15 World Bank(2012).

16 Open Eureope(2007).

RGGI의 CO_2 규제 권한은 참여 주정부가 가지고 있으며, CO_2 감축을 위한 비용 부담은 9개 주 내의 600개 발전소(generator)가 부담하고, 최종적으로는 전력 소비자에게 비용이 전가된다.

할당 방식은 경매시스템을 통하여 이루어지는데, 2008년 9월 25일부터 분기별로 배출권 경매가 시행되고 있다. 85% 이상의 배출권이 프로그램 초기에 경매되는 방식을 채택하고 있으며 경매를 통한 수익은 에너지 효율 프로그램에 사용되도록 하고 있다.

2012년 6월 환경부문에 대한 전문평가기관인 Climate Progress는 RGGI에 따른 연간 평균 이산화탄소 배출은 프로그램 시행 이전 탄소배출량 대비 23% 감소된 것으로 보고하고 있다. 시행 이후 3년간 연간 평균 이산화탄소 배출은 1억 2,600만 미톤(short tons, 미국톤)으로, 2006~2008년의 연간 평균 이산화탄소 배출량과 비교시 약 23% 감소하였으며, 9개 주의 3년 평균 전력소비량은 약 2.4% 감소한 것으로 분석하고 있다.

또한 Paul J. Hibbard, et al(2011)에서는 RGGI를 시행하고 있는 10개 주에 미치는 경제적 영향에 대하여 분석하였는데 동 프로그램 시행 이후 3년을 대상 기간으로 "follow the money" 방식에 따라 경제적 효과를 측정하였다. 이는 발전업자가 이산화탄소 allowance를 구매하는 과정에서 관찰가능한 이산화탄소 allowance 가격과 경매 결과를 파악하고, 전력요금과 소비자의 지불 비용 및 경매로부터의 수익 등이 주 정부의 지출 계좌(expenditure accounts)로 유입되어 다양한 경제 영역으로 흘러가는 자금경로(path)를 분석하는 방식이다.

RGGI가 시행되고 있는 10개 주는 미국 인구의 1/6이 거주하고 있으며, 미국 GDP의 1/5를 생산하고 있다. 이산화탄소 배출권은 경매 방식으로 판매되는데, 전력회사는 이산화탄소 allowance 매입에 약 9억 1,200억달러를 지불한 것으로 알려져 있다.

소비자는 탄소배출권 가격을 반영한 지역 전력요금을 지불하게 되고 탄소배출은 지역 내 경제적 상황에 영향을 받아 감소하게 된다. 주 정부는 탄소배출권 판매로 얻은 수익을 에너지 효율 정책, 지역 내 재생에너지 프로젝트, 전력을 사용하는 저소득 계층 지원, 교육 및 직업 훈련 프로그램, 주정부 펀드 지원 등에 재투자한다.

그림 3-8 주별 RGGI allowance 판매 수익금

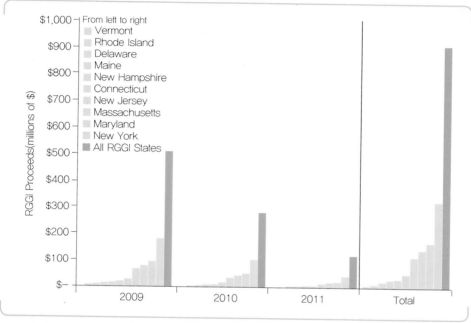

자료: Paul J. Hibbard. et al(2011)

그림 3-9 RGGI 시행 지역 경제적 효과

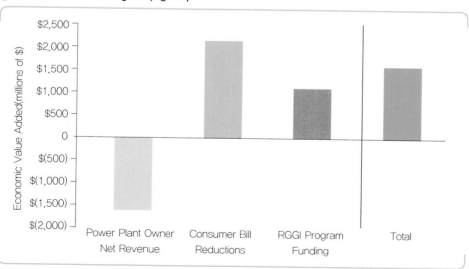

주 : 3% 할인율 적용, 2011년 현재 가치로 계산됨
자료: Paul J. Hibbard et al. (2011)

RGGI에 참여한 10개 주정부에 발생한 경제적 부가가치(economic value added)의 순현재가치(Net Present Value: NPV)는 16억달러로 추산된다. 각 주별 인구에 따라 그 범위는 다양하나, 역내 경제적 효과는 1인당 평균 33달러에 달하는 것으로 나타났다.

주정부가 RGGI 경매를 통해 얻은 수익은 에너지 효율 기계의 판매 증대, 에너지 공시를 위한 기술적 서비스, 태양광 패널(solar panel) 설치를 위한 노동 고용 등의 서비스와 재화의 구입을 증대시키게 된다. 동시에 이러한 자금의 흐름은 지역 내에서 직간접적 승수효과(multiplier effect)를 발생시키므로 지역 경제의 상황에 따라 상이하게 된다.

또한 RGGI는 소비자의 전력 소비 및 전력요금 지출 구조를 변화시키게 된다. CO_2 allowance 구매로 인하여 전력요금이 상승하지만 주정부가 전력 사용을 감소시키는 에너지 효율 프로그램에 투자하여 장기적으로 전력요금을 하락시키게 된다. 전력요금은 초기에는 상승하게 되지만, 에너지 효율 프로그램에 대한 투자의 결과로 전반적인 전력요금은 하락하게 된다.

그림 3-10 소비자의 순 전력요금 감소 규모

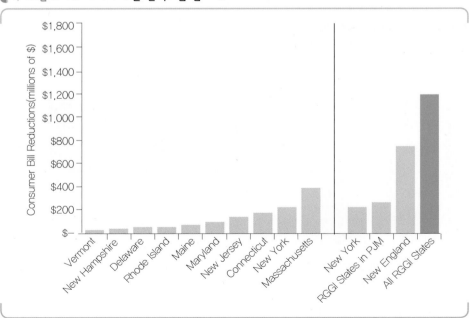

자료: Paul J. Hibbard et al. (2011)

연구 기간 동안 가계, 기업 및 정부 등의 전력 사용자가 얻은 이익은 약 11억 달러에 달하는 것으로 산출되고, 평균적으로 주거 소비자의 경우 평균 25달러, 상업 소비자의 경우 181달러, 산업소비자의 경우 2,493달러의 비용 절감효과가 발생하였다. 천연가스와 난방유(heating oil) 소비자의 경우 추가로 1억 7,400억달러의 비용 절감이 발생한다. 아래의 그림은 소비자의 순 전력요금 감소 규모를 나타낸다.

발전업자는 CO_2 allowance를 구입해야 하지만, 2009~2011년 기간 중 전력요금 상승을 통해 모든 초기 비용을 회수하였다. 장기적으로는 RGGI 주도에 따른 에너지 효율 프로그램으로 전력 소비량이 감소하여 발전업자의 수익도 감소할 것으로 예상된다. NPV 기준으로 발전 부문에서 16억 달러의 수익 감소가 예상되며 발전업자에 미치는 수익 감소에 대한 영향은 다음 그림과 같이 발생될 것으로 추정된다.

RGGI의 긍정적 경제적 효과는 각 주별로 RGGI allowance 판매수익의 활용과 지역 내 승수효과가 상이하므로 각 주별·지역별로 상이하게 나타날 수 있다. 예

그림 3-11 **발전업자의 순수익 변화**

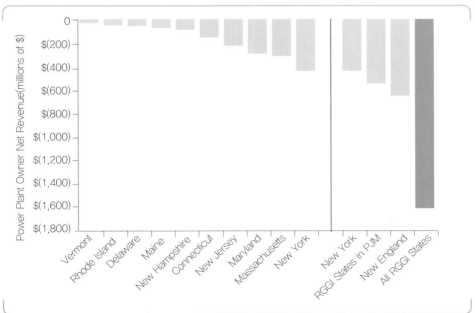

자료: Paul J. Hibbard et al. (2011)

를 들어, RGGI 판매수익을 전력 부문의 에너지 사용 감소에 사용하는 주에서는 RGGI 프로그램이 장기적으로 전체 전력요금을 감소시켜 전력 사용자가 초기 부담하는 비용을 감소시킨다. 반면, RGGI 판매수익을 General Taxpayer Funded Program에 사용하는 경우 판매 수익이 전력 시스템에서 경제 내 다른 부문으로 이전되는 효과가 발생하게 된다.

또한 RGGI는 일자리 창출 효과가 있는데, 초기 3년간 RGGI는 16,000개의 일자리를 창출한 것으로 분석된다. RGGI 활동과 관련된 직업은 효율성 영향 평가 기술자, 상업빌딩에 에너지 효율 계량기 등을 설치하는 노동자, 에너지 문제에 대한 교육 담당자 및 주정부 펀드 프로그램 관련 업무 담당자 등을 포함한다.

CO_2 allowance 경매와 경제에 영향을 미치는 경매 수익의 지출 사이에 시차(lag)가 존재하기 때문에 실질적으로 경제적 효익이 실현되는 데는 시간이 소요된다. RGGI, Inc.가 경매를 집행하고, 경매 대금이 주 정부로 이전되어 주정부 프로그램에 사용되고 그것이 수혜자에게로 투자되는 과정을 거쳐야 하기 때문이다. 경매의 집행과 이에 다른 경매 수익이 주정부로 이전되는 단계는 빠르게 진행될 수 있으므로 주정부가 이를 재투자하는 과정이 빠르게 진행될 수 있도록 계획과 노력이 수반된다면 시차를 줄이고, RGGI 프로그램의 경제적 효익을 높일 수 있을 것이다.

전력 발전업자가 사용하는 자원에 따라 CO_2 감축에 미치는 영향이 상이하게 된다. 석탄연소 발전의 경우 상대적으로 연소 관련 CO_2 배출량이 많으며, 특정 주정부가 발전 혼합 정책으로 사용하는 석탄량은 RGGI 프로그램의 비용에 영향을 미칠 수 있다. 그럼에도 불구하고 석탄산업 지역을 포함하여 모든 주에서 RGGI로 인한 순 경제적 이익이 발생하는 것으로 추산하고 있다.

주정부 프로그램 투자에 대한 검토를 기초로, ① RGGI 경매 대금이 사용되는 시점까지는 시간을 줄이면 전력요금에 반영되는 CO_2 비용과 경제적 효익이 지역 내로 유입되기 시점까지의 시차를 줄일 수 있으며, ② RGGI 경매 수익이 에너지 효율 프로그램의 형태로 경제로 재순환되도록 하는 것은 전력 소비자에게 궁극적으로 긍정적 영향을 미치고 RGGI 프로그램의 가치를 혁신적으로 증대시킬 수 있으며, ③ RGGI 수입과 관련된 자금 흐름에 대한 정보 축적, 측정 및 확인에 대한 표준화는 프로그램을 진일보하게 설계해줄 수 있는 토대가 된다. 따라서 관련 데

이터의 수집, 구성 및 절차의 수립 및 일관성 확보가 필요하다.

나. 프로젝트시장 동향

프로젝트시장은 탄소배출권을 상쇄할 수 있는 프로젝트에 대한 투자를 통해 거래가 이루어진다. 우선적으로 교토 프로토콜에 의한 CDM 사업은 개발도상국에 대한 투자 형태로 이루어지며, JI는 선진국 내에서 투자가 이루어지는 형태이다.

교토의정서 12조에 규정된 CDM은 선진국 A국이 개발도상국 B국에 투자하여 발생한 온실가스 배출 감축분을 자국의 감축 실적에 반영할 수 있도록 하여 선진국은 비용 효과적으로 온실가스를 저감하는 반면 개도국은 기술적·경제적 지원을 얻을 수 있도록 유도하고 있다.

CDM 규정상 CDM 사업분야는 태양광, 풍력 등의 에너지산업, 증기시스템 효율개선, 양수펌프 효율개선 등의 에너지수요, 연료전환, 폐열회수 등의 제조업, 온실가스 저배출 사업 등의 수송분야, 매립지 및 축산분뇨에서 발생되는 메탄포집 등 폐기물 취급 및 처리 분야 등 15가지로 분류된다. UN은 온실가스 감축사업 시행 전·후를 비교하여 추가적인 온실가스 감축 및 환경적 이익 발생으로 인해 개도국의 지속가능 발전에 기여할 때 사업으로 승인하고 있다.

허용량시장의 발달에 따라 상대적으로 프로젝트시장의 비중은 지속적으로 감소되는 추세이며, 대부분 CDM 사업을 통하여 이루어지고 있다.

CDM 발행 시장을 통하여 이산화탄소는 2007년 5억 5,200만톤이 거래되어 최고치를 기록한 이후 지속적으로 감소하여 2011년에는 2억 6,400만톤이 거래되어 2007년 거래량의 약 50% 수준으로 감소하였다. CDM 유통시장을 통한 탄소 거래량은 2007년 2억 4천만톤에서 2011년 17억 3,400만톤으로 증가하였다. 반면 2011년 JI를 통한 탄소거래량은 약 1억만톤으로 자발적 시장 및 소매시장을 통한 거래량은 9,900만톤으로 증가하고 있으며, 거래 금액 역시 이와 추이를 같이한다.

한편, CDM을 통해서 얻는 배출권인 CER은 pCER(Primary CER)과 sCER (Secondary CER)로 다시 세분화되어 거래되고, JI를 통해 얻게 되는 배출권인 ERU

표 3-9 프로젝트시장 거래량 및 거래규모

(단위: CO_2 백만톤)

	Compliance Total	CDM Primary	CDM Secondary	JI	Voluntary & retail	계
2004	106	97		9	4	110
2005	362	341	10	11	26	388
2006	578	537	25	16	33	611
2007	833	552	240	41	43	876
2008	1,501	404	1,072	25	57	1,558
2009	1,170	245	899	26	55	1,225
2010	1,531	224	1,260	47	79	1,610
2011	2,012	264	1,734	104	99	2,201

(단위: 백만달러)

	Compliance Total	CDM Primary	CDM Secondary	JI	Voluntary & retail	계
2004	539	485		54	10	549
2005	2,706	2,417	221	68	231	2,937
2006	6,390	5,804	445	141	146	6,536
2007	13,383	7,433	5,451	499	263	13,646
2008	33,155	6,511	26,277	367	419	33,574
2009	20,575	2,678	17,543	354	358	20,933
2010	23,752	2,675	20,453	624	504	24,256
2011	26,432	2,980	22,333	1,119	706	27,138

자료: World Bank(2012)

역시 pERU(Primary ERU)와 sERU(Secondary ERU)로 나뉘어 거래된다.[17] sCER 거래량은 2010년 12억 6000만톤에서 2011년 17억 3,400만톤으로 37% 증가하였으나, 크레딧 가격 하락에 따라 거래금액은 동기간 9% 상승하여 2011년 22조 3,330억달러를 기록하였다. 교토 프로토콜의 1차 의무이행 기간 종결이 임박함에 따라 pre-2013 CER 발행시장의 가격은 2011년에 다시 하락하여 시장 가치는 전년 동기 대비 32% 하락하여 9,900억달러이다. 이와 대조적으로 post-2012 CER 발행시장은 가격하락에도 불구하고 전년 동기 대비 63% 급등하여 1조 9,900억달러에

표 3-10 상품별 프로젝트시장 거래량 및 거래규모

(단위: CO_2백만톤, 10억달러)

구분		거래량		거래금액	
		2010	2011	2010	2011
현물 및 2차교토 오프셋시장	sCER	1,260	1,734	20,453	22,333
	sERU	6	76	94	780
	기타	10	12	90	137
	소계	1,276	1,822	20,637	23,250
프로젝트 발행시장 거래	pCER pre-2013	124	91	1,458	990
	pCER post-2012	100	173	1,217	1,990
	pERU	41	28	530	339
	자발적 시장	69	87	414	569
	소계	334	379	3,619	3,888
총계		1,610	2,201	24,256	27,138

자료: World Bank(2012)

---

17 프로젝트 거래시장에서 발생하는 배출권은 primary와 secondary로 구분된다. primary CDM이나 JI의 경우 CDM 및 JI 사업 소유주와 구매자가 사업에서 발생하는 배출권을 최초로 거래하는 것을 뜻하며, secondary는 배출권이 현물, 선물 등의 형태로 거래소나 장외거래 등을 통해 거래되는 유통시장을 말한다.

달했다. post-2012 거래량이 늘어났음에도 불구하고, 잔여 의무 이행 요구에 관한 불확실성과 국제 배출권의 적격성 때문에 구매 계약의 구속력이 약화되고 있다.

CDM 사업은 2004년 11월 UN에 최초로 CDM 사업이 등록된 이후, 2011년 12월 말 기준 총 3,745건의 사업이 UN에 등록되어 있으며 연평균 예상 CER은 5억 5,823억톤에 달하며 증가하고 있다. 특히, 2009년 이후 연평균 예상 CER을 초과하여 CER이 실제로 발행되고 있다.

표 3-11 CDM 등록 건수 추이

	전 세계(건)	한국(건)	전체 대비 한국 비중(%)
2006.5	183	–	–
2007.12	885	16	1.8%
2008.12	1,284	19	1.5%
2009.12	1,976	35	1.8%
2010.12	2,659	51	1.9%
2011.12	3,745	66	1.8%

자료: UN Framework Convention on Climate Change 홈페이지

표 3-12 CDM 관련 연평균 예상 CER 및 실제 CER 발행량

	연평균 예상CER (CO_2 천톤)			실제 CER 발행량 (CO_2 천톤)
	전 세계	한국	전체 대비 한국 비중(%)	
2006.5	94,000	–	–	–
2007.12	187,004	14,352	7.7%	102,471
2008.12	241,817	14,599	6.0%	235,887
2009.12	335,028	14,865	4.4%	361,691
2010.12	413,797	17,058	4.1%	490,730
2011.12	558,239	19,465	3.5%	815,695

자료: UN Framework Convention on Climate Change 홈페이지

2012년 1월 13일 기준 총 3,796건의 사업이 UN에 등록되어 있는데, 이 중 3,128건(83%)이 아시아 및 태평양 지역이다. 사업별로는 에너지사업이 3,018건 (68%)으로 가장 높은 비중을 차지한다.

예상 감축 CER은 국가별로는 중국, 인도, 브라질, 한국, 멕시코 등의 순으로 상위를 점유하고 있으며, 특히 중국은 전 세계 예상감축량의 약 64%, 프로젝트 수 기준 47%를 점유하고 있는 세계 최대의 시장이다. 이러한 CDM 사업에 대한 투자는 영국, 스위스, 네덜란드 등의 유럽 국가와 일본을 통해 대부분 이루어지고 있다. 프로젝트 수 기준 투자국 순위는 영국 1,303건(29.7%), 스위스 887건 (20.2%), 일본 471건(10.7%), 네덜란드 442건(10.1%)로 상위 4국가가 전체 프로젝트의 약 70%를 점유하고 있다.

이로써 중국, 인도 등 높은 경제성장 가능성과 잠재력을 가진 개도국에서 성장가능성이 높은 온실가스 저감을 위한 에너지 산업 및 폐기물 취급 처리 산업을 중심으로 기술적·경제적 지원이 활발하게 이루어지고 있음을 알 수 있다.

그림 3-12 **지역별-사업별 CDM 사업 분포 현황**

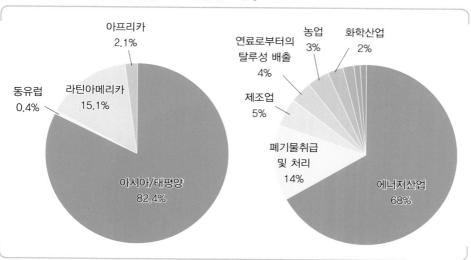

주 : 2012년 1월 13일 기준, 등록 프로젝트 수 기준
자료: UN Framework Convention on Climate Change 홈페이지

표 3-13 국가별 CDM 관련 연간 예상 감축량 및 프로젝트 수 현황

국가	연간 감축 예상량(CO₂ 천톤)		프로젝트 수	
중국	360,011,393	(63.9%)	1,785	(47.0%)
인도	62,807,639	(11.2%)	776	(20.4%)
브라질	23,794,138	(4.2%)	201	(5.3%)
한국	19,475,942	(3.5%)	67	(1.8%)
멕시코	11,062,217	(2.0%)	136	(3.6%)
인도네시아	7,995,687	(1.4%)	75	(2.0%)
우즈베키스탄	6,273,394	(1.1%)	13	(0.3%)
말레이시아	5,869,063	(1.0%)	105	(2.8%)
칠레	5,652,633	(1.0%)	52	(1.4%)
기타	60,075,903	(10.7%)	586	(15.4%)
계	563,018,009	(100.0%)	3,796	(100.0%)

주 : 2012년 1월 13일 기준, 등록 프로젝트 수 기준
자료: UN Framework Convention on Climate Change 홈페이지

그림 3-13 CDM 사업 투자국가 현황

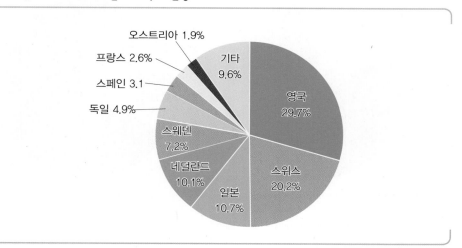

오스트리아 1.9%
프랑스 2.6%
스페인 3.1
독일 4.9%
스웨덴 7.2%
네덜란드 10.1%
일본 10.7%
스위스 20.2%
영국 29.7%
기타 9.6%

주 : 2012년 1월 13일 기준, 등록 프로젝트 수 기준
자료: UN Framework Convention on Climate Change 홈페이지

3 기후금융 관련 투자 및 금융상품

가. 재생에너지 투자

전 세계 재생에너지에 대한 투자는 2008~2009년 글로벌 금융위기로 정체되는 현상을 보였으나, 중국의 풍력에너지 개발과 유럽의 소규모 태양광 발전기 설치 확대에 따라 2010년 2,110억달러 규모로 증가하였다. 2004년~2010년 사이 전 세계 재생에너지에 대한 신규투자는 매년 약 40%씩 성장하고 있으며, 개발도상국에 대한 투자가 확대되고 있는 추세이다. 신규 금융투자는 과거 선진국 중심이었으나 중국, 인도, 브라질 등 개발도상국에 대한 신규 금융투자가 지속적으로 증가하여 2010년 개발도상국과 선진국에 대한 신규투자 비중이 유사한 수준이다. 이는 전 세계적으로 재생에너지에 대한 중요성이 확대되는 것을 보여준다. 특히, 정부 및 기업 R&D 및 소형프로젝트에 대한 투자도 2008년 이후 높은 증가세를

표 3-14 재생에너지에 대한 신규 금융투자

(단위: 10억달러)

구분	신규금융투자 (financial new investment)			정부 및 기업 R&D/ 소형프로젝트투자	총계
	선진국	개발도상국	계		
2004	15	4	19	14	33
2005	31	12	43	14	57
2006	55	21	76	14	90
2007	80	32	112	17	129
2008	82	51	133	26	159
2009	67	55	122	38	160
2010	70	72	142	69	211

자료: United Nations Environment Programme and Bloomberg New Energy Finance(2011)

표 3-15 재생에너지에 대한 신규투자 방식 추이

(단위: 10억달러)

		2004	2005	2006	2007	2008	2009	2010
기술 개발	벤처캐피탈	0.4	0.6	1.3	1.9	2.9	1.5	2.4
	정부R&D	1.1	1.2	1.3	1.5	1.6	2.4	5.3
	기업R&D	3.8	2.9	3.1	3.3	3.7	3.7	3.3
제품 생산	Private Equity	0.3	0.8	3.1	3.2	6.6	3.1	3.1
	Public market new equity	0.4	4	11	22	12.8	12.5	15.4
프로 젝트	자산 파이낸싱	18.3	37.2	62.1	90.1	114.7	107.5	127.8
	Small distributed capacity	8.6	10.7	9.4	13.2	21.1	31.2	59.6
계		32.9	57.4	91.3	135.2	163.4	161.9	216.9

자료: Bloomberg New Energy Finance(2011)

보이고 있다.

신규 투자의 자본조달은 태양광 발전사업과 같은 Utility Scale 프로젝트에 대한 자산파이낸싱(asset financing), 신규 기업에 대한 벤처캐피탈, 재생에너지 기업의 주식 발행 등이 중심이 되고 있다. 프로젝트에 대하여 2010년 1,278억달러가 자산파이낸싱을 통하여 투자되고 있는 등 재생에너지 시장에 대한 대규모 투자가 이루어지고 있다. 정부 R&D를 통한 재생에너지 기술 개발에 대한 투자는 2010년 53억달러 수준으로 기술개발에 있어서 정부 R&D가 주도적 역할을 담당하고 있다. 제품 생산 단계에 있어서는 공개시장에서의 주식 발행 등을 통한 자본 조달이 급격히 증가하여 2010년 154억달러가 투자되고 있으며, 2004년 이후 연평균 84%의 높은 성장세를 보이고 있다.

나. 탄소펀드

탄소펀드는 투자자의 자금을 모아 배출권(credit)을 창출하는 다양한 프로젝트

에 투자하여 배출권을 확보하거나 국제배출권 시장에서 EUA나 CER, VER(Verified Emission Reduction)과 같이 이미 발행된 배출권의 매매나 중개, 컨설팅 등의 활동을 통하여 얻은 수익(현금) 또는 배출권(현물)을 투자자에게 배당하는 형태를 지닌다.

초기의 탄소펀드는 온실가스 저감의무를 지는 EU 정부들과 환경 및 개도국의 빈곤 문제를 동시에 해결할 수 있는 수단으로서 탄소거래제의 가능성을 인식하였던 세계은행(World Bank)에 의해 주도적으로 이루어졌다. 세계은행은 PCF (Prototype Carbon Fund)를 설립하여 세계 탄소배출권 시장의 선구자 역할을 하였는데, 현재 세계은행의 Carbon Finance Unit에서 운영 중인 펀드는 모두 12개로 국제 탄소시장의 성장에 결정적 기여를 하였다. 세계은행은 주로 EU 정부의 배출권 구매 외주(outsourcing) 창구의 역할을 담당하지만, 민간 자본의 참여도 허용하고 있다. 세계은행의 탄소펀드에 참여한 민간 자본들은 투자에 대한 수익성을 목적으로 하기 보다는 시장 초기에 탄소거래 제도에 대한 경험을 얻고, 시장 제도를 형성하는 데 있어서 자신들의 이익과 입장을 반영시키는 데 유리한 위치를 확보하려는 목적으로 참여하였다.

2007년 기준 전 세계에서 운영 중인 탄소펀드는 모두 56개로 약 80억달러 규모이며, 투자 주체(investor)별로는 정부와 민간의 공동투자 형태(46%)가 가장 많고, 그 다음으로 민간(33%), 정부(21%)의 순이다. 운용 주체는 외부 CDM 전문기관(컨설팅)을 통한 위탁 운용이 60%로 가장 높은 비중을 차지하고 있다.

정부 주도형 펀드의 경우 비교적 장시간의 투자기간과 수익성을 추구하는 민간 자본이 참여하기 어려운 사업을 중심으로 개도국 및 소규모 사업을 포트폴리오에 편입하여 펀드 설립 목적에 명시하여 운영하고 있다.

민간 주도형 펀드들은 정부 주도형 펀드에 비해 비교적 만기가 짧고 위험이 적은 사업에 집중적으로 투자되는 경향이 있다. 또한 정부 주도형 펀드와 달리 펀드의 설립 목적이 명시적으로 나타나지 않는다. 이들 펀드의 주요 목적은 수익 극대화로 탄소저감 프로젝트 투자뿐만 아니라, 배출권거래 차익, 컨설팅 수수료 등을 통하여 수익을 추구하며, 운영 형태나 계약조건들이 일반 금융펀드와 유사한 형태를 띄고 있다.

민관 합자형 펀드들은 각국의 탄소배출권 시장 및 제도를 직접 만드는 정부와 실질 투자의 경험을 가진 민간 자본의 장점이 결합되어 이루어지고 있으며, 탄소 시장의 성숙에 따라 민간 자본과 특히 투기적 자본의 참여가 증가하고 있다. 이러 한 유형은 일반적으로 탄소저감 의무를 지는 국가의 정부와 배출권 또는 수익을 추구하는 민간 자금이 모여서 제3의 운영 주체를 선정하는 방식으로 세계은행에 서 운영하는 PCF가 대표적이다. 이러한 혼합형 펀드는 정부입장에서는 민간의 자 본과 펀드 운영능력, 정보 분석능력 등을 이용할 수 있으며, 민간 입장에서는 시 장 초기 발생할 수 있는 다양한 제도적 위험을 최소화하고, 높은 차원의 정보를 활용할 수 있는 이점이 있다. 다만, 민관 합자형은 의사결정과정이 복잡하거나 지 연될 수 있고, 펀드의 정체성 혼란으로 운영 목표의 충돌이 발생할 수 있다. 예를

표 3-16 해외 주요 탄소펀드 현황

펀드명	주요 주주	조성액
프로토타입 카본펀드(PCF)	일본, 캐나다 등 6개 정부 17개 기업	1억 6,500만달러
덱샤 FE 에너지 효율 배출 감축 펀드	벨기에 덱샤은행, 유럽개발은행 등	8,800만달러
FE라틴아메리칸 청정 에너지 서비스펀드	도쿄전력, 스미토모상사, 멕시코 개발은행	3,610만달러
네덜란드 청정개발 설비	네덜란드 정부	1억 7,000만달러
FE글로벌아시아 청정 에너지 서비스펀드	아시아개발은행, 미쓰비시 상사	5,000만달러
유러피안 카본펀드	알리안츠CDC, 로프티스 등 금융기관	1억달러
이탈리안 카본펀드	이탈리아 정부	8,000만달러
일본 온실가스 감축 펀드	닛폰오일, 소니, 미쓰이, 미쓰비시 등 종합상사	1억 4,100만달러
사회개발 카본펀드	오스트리아, 캐나다 등 정부, 바스프, 닛폰오일 등	1억 2,860만달러
기후변화 PLC	영국 기후변화 PLC사	3억달러
스페인 카본펀드	스페인 정부	1억 7,000만달러

들면 세계은행은 CER 외에도 프로젝트 개발자에게 좀더 다양한 기회를 제공하고 1차 의무이행기간이 끝난 후에도 탄소시장이 지속적으로 작동할 수 있도록 교토메커니즘에서 승인되지 않는 VER을 지속적으로 구매하고 있는데, 이러한 투자 행위는 수익성을 추구하는 민간 자본의 목적과는 배치될 수 있다.

다. 날씨파생상품

날씨파생상품은 날씨의 예기치 못한 변화로 인한 기업의 매출액 및 손익의 변동성을 헤지(hedge)할 목적으로 날씨관련 지수를 기초상품으로 만들어진 금융상품이다. 1997년 미국의 엔론(Enron)사가 최초로 개발하여 장외거래를 시작하였으며, 1999년 9월부터 시카고상품거래소(Chicago Mercantile Exchange: CME)에서 온도를 기초자산으로 하는 선물, 옵션 상품이 거래되었으며, 유럽에서는 전력시장 자유화에 따라 날씨파생상품 거래가 증가하고 있다.

전 세계 날씨파생상품의 시장 규모(계약규모)는 2010년 118억달러로 2005년과 2007년 급격히 증가하였으나 글로벌 금융위기 여파로 그 규모가 감소하였다. 그럼에도 불구하고 2000년~2010년 연평균 15%의 성장세를 보이고 있다.

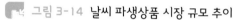 그림 3-14 날씨 파생상품 시장 규모 추이

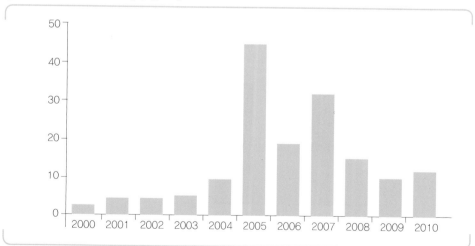

주 : 명목가액 기준
자료: Weather Risk Management Association(2011)

　날씨파생상품시장은 상품시장과 상호의존성이 높기 때문에 상품시장의 성장과 기업이 날씨파생상품시장의 중요성을 인지하게 됨에 따라 성장하게 되었다. 2009~2010년 지역별 날씨계약의 거래분포를 보면, CME 거래의 경우 북미대륙 중서부 지역의 비중이 감소(46%→29%)하고, 동부 지역의 비중이 증가(25%→33%)하였으며, 허리케인·토네이도의 영향을 많이 받는 중서부 및 동부지역 거래비중이 전체 계약의 72%를 차지하고 있다. OTC 거래의 경우 2010년 유럽지역의 거래비중이 크게 증가하고 있다.

　WRMA 조사결과에 따르면, 2009년에 비해 2010년의 경우 에너지 부문은 58%에서 46%로 전체 날씨파생상품시장에서의 비중이 줄어든 반면, 건설부문은 7%에서 23%, 운송 부분은 2%에서 5%, 농업부분은 11%에서 12%로 증가한 것으로 보고하였다. 이는 날씨파생상품의 수요층이 기존 에너지 산업 위주에서 점차 다변화되고 있음을 나타낸다.

그림 3-15 CME-OTC 지역별 날씨계약 거래분포

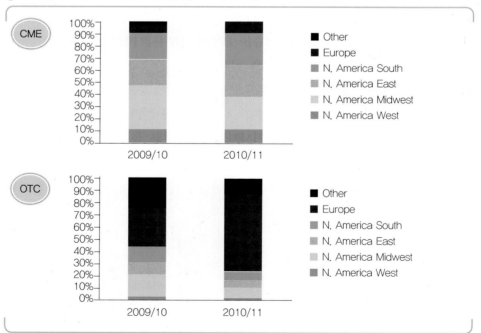

주 : 계약건수 기준
자료: Weather Risk Management Association(2011)

그림 3-16 날씨파생상품 수요자 분포

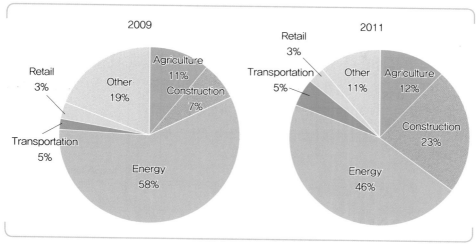

자료: Weather Risk Management Association(2011)

그림 3-17 CME-OTC 날씨요소별 분포

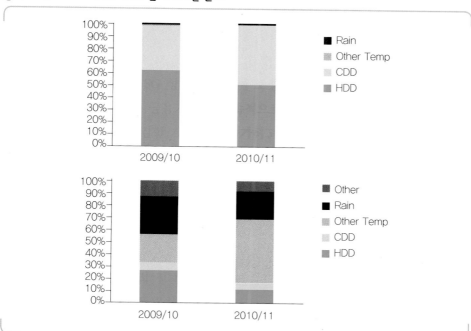

주 : 계약건수 기준
자료: Weather Risk Management Association(2011)

또한 날씨파생상품의 주요 날씨 요소는 기온으로 나타나고 있다. CME 거래의 경우 대부분의 거래가 HDD(Heating Degree Day), CDD(Cooling Degree Day)와 같은 기온이 기초자산인 상품이며, OTC 거래의 경우 기온이 기초자산인 상품이 2010년 명목가액 기준 전체의 69%를 차지하고 있다. 그러나 OTC 시장에서는 HDD, CDD 이외 다른 날씨지수를 이용한 상품의 비중이 상대적으로 확대되고 있다. OTC 시장에서 기온이 기초자산인 파생상품 비중은 감소(76%→69%)하는 반면, 기온 이외의 날씨요소를 기초자산으로 하는 파생상품 비중이 증가(24%→31%)하고 있다.

4 지역 및 국가별 기후변화 대응

IPCC에 의하면 대기 중 온실가스 농도가 2000년 수준으로 유지된다고 해도 과거에 배출된 온실가스로 인해 앞으로 수십년 간 기후 변화로 인한 영향을 피할 수 없기 때문에 적응(adaptation)이 필수적이며 기후변화의 초기 영향을 적응을 통해 대부분 효과적으로 대응할 수 있다고 밝히고 있다. 그러나 기후 변화가 지속되면 적응의 선택 폭이 줄어들게 되어 기후변화 정도가 완화(mitigation)되지 않으면, 장기적으로 인간과 자연시스템의 적응능력을 벗어날 가능성이 높아지고, 이때는 높은 사회·경제·환경적 비용을 지불해야만 적응을 할 수 있다고 지적하고 있다. 즉, 완화는 기후변화 영향을 예방하거나 지연, 감소시켜 적응비용을 줄일 수 있도록 해주고, 반대로 적응은 기후변화로 인한 피해를 줄여 완화에 도움을 주는 상호보완적인 관계에 있다.

UNFCCC는 기후변화 완화와 적응을 모두 언급하고 있지만, 완화 정책의 경우 각국 정부가 자국 내 규제 체계에서 명확하고 다양한 정책을 도입하고 있는 추세이며, 최근 들어 적응 정책의 중요성이 증가되고 있다.

기후변화 정책은 크게 완화와 적응으로 구분되는데, 〈표 3-17〉에서 나타나는 바와 같이 다양한 시각에서 조명된다.

기후변화 완화는 온실가스 흡수원을 확충하거나 온실가스 발생원을 줄이기 위

표 3-17 완화와 적응의 개념 및 비교

구분	완화(mitigation)	적응(adaptation)	출처
개념	온난화 가스의 방출을 감소시키고, 제거(격리)하기 위한 인위적 개입	새로운 환경 또는 변화된 환경에 대한 자연 시스템과 인류 시스템의 적응 조정	IPCC, 2001
	바람직하지 않은 상황이 나타날 가능성을 낮추기 위하여 온난화 가스 방출을 줄임	바람직하지 않은 상태가 발생하였을 경우 그 영향을 줄이기 위한 소비·생산 결정의 변화	Kane and Shogren, 2000
	• 온난화 가스 방출 저감 또는 억제 • 태양복사를 범위를 줄이거나 지구 표면의 흡수·방사 특성을 변화시켜 대기중의 온실가스를 제거함으로써 온실가스 방출을 "상쇄"	인류, 생태계가 새로운 기후 조건 또는 기후 사상에 적응하기 위한 방안	COSEPUP, 1992
	기후변화의 주된 원인이 되는 인간활동에 의한 지구온난화 현상을 저감시키는 것으로, 지구온난화를 유발시키는 온실가스 발생원을 감소시키거나 온실가스 흡수원을 확충하는 것을 의미	기후변화로 인하여 현재 발생하고 있거나 앞으로 발생할 것으로 예측되는 다양한 위험요소에 대하여 자연적·인위적 시스템 등을 활용, 조절함으로써 피해를 저감시키고 더 나아가 우리 삶에 유익하도록 전환시키는 것을 의미	차정우, 2009
	기상이변 및 기후변화를 방지하기 위하여 온실가스 배출량 저감 등의 활동	기후변화의 파급효과와 영향에 대해 자연·인위적 시스템이 조절을 통해 회피하거나, 유익한 기회로 촉진시키는 모든 활동	환경부
역할	기후변화의 원인을 제거	기후변화의 영향을 제거	GGW
시공간적 규모	• 이행: 지역적, 국지적 • 효과: (공간) 전 지구, (시간) 수 세기 후	• 이행: 영향을 받는 지역적, 국지적 • 효과: (공간) 지역적/국지적, (시간) 즉시	
효과측정	GHGs 감축량으로 판단 가능	하나의 단위로 측정이 어려움(피해 감소액, 인명피해감소 효과, 문화 훼손 방지 효과 등)	Klein et al., 2005
적용 부문	제한된 부문(예: 에너지, 수송, 임업 (개도국) 부문, 농업부문)	기후변화의 영향을 받거나 받을 것으로 예상되는 광범위한 부문(예, 농업, 관광업, 보건, 수자원, 해안관리 등)	
완화–적응 win–win 정책	하나의 정책으로 완화와 적응 효과를 모두 얻을 수 있음(예: 도심지역 식수는 완화측면에서는 CO_2흡수, 적응 측명에서는 여름철 열섬효과 감소)		Klein et al., 2005
	완화는 기후변화로 인한 다양한 영향들을 회피, 저감 또는 지연시키는 데 기여하며, 장기적인 관점의 적응정책임		류상범, 2009

자료: 고재경·김희선(2011) 재인용

한 인위적인 개입을 의미하며, 적응은 현재 나타나고 있거나 미래에 나타날 기후변화의 영향에 대해 자연적·인위적 시스템의 조절을 통해 피해를 줄이고 나아가 유익한 기회로 활용하는 것이다. 완화는 기후변화가 초래하는 긍정적·부정적 영향을 모두 줄이는 것이므로 일부 적응 문제 해결에 도움을 주는 반면, 적응은 긍정적인 영향을 활용하고 부정적인 영향을 줄이는 선택적인 활동이라 할 수 있다.[18]

적응 정책의 경우 기후변화의 영향을 극복하기 위한 전략으로서 기후변화의 결과에 대한 대응에 중점을 두는데, 적응에 필요한 비용을 부담할 수 있는 경제적 자원의 보유 여부가 관건이 된다. 선진국의 경우 경제적 자원이 풍부하기 때문에 기후 변화에 보다 잘 적응할 수 있는 반면, 후진국의 경우 기후변화에 취약하며 부정적인 영향에 대응할 능력이 부족하다.

완화 정책은 주로 시장 메커니즘을 장려하고, 새로운 청정 기술에 대한 인센티브를 부여하는 형태로 도입되고 있는 추세로 완화 정책의 대표적인 예는 탄소세(carbon tax), 탄소배출권거래제도(carbon trading program), 온실가스 표준(product of process GHG standard), 신재생에너지 의무비율 할당제 등이다.

탄소세는 영국 에너지 환경세(climate change levy)와 같이 탄소배출에 대해 가격을 부과할 목적으로 온실가스 배출량에 비례하여 부과되는 형태이다. 이러한 탄소세는 소비자와 기업이 탄소집약적 에너지를 사용하도록 유도하고 에너지 사용 자체를 감소시키는 동기를 부여하므로 총량배출권거래제도와 유사한 경제적 인센티브를 창출하는 것으로 보고하고 있다.

탄소배출권거래제도는 경제주체 간 시장원리에 따른 탄소배출 감축 유인을 제공하기 위하여 탄소배출권에 대한 소유권을 설정하고 시장원리를 바탕으로 거래 시스템을 구축하는 방안이다. EU ETS와 같은 탄소배출권거래제도는 총량배출권거래제도의 구조로 배출에 대한 상한선을 설정하고, 주요 산업 영역에 거래권리가 할당되어, 산업 영역에 포함된 회사의 배출량이 할당량을 초과시 시장을 통하여 배출권을 구매하거나 벌금을 내야 하며, 배출량이 할당량보다 적은 경우 잉여 배출권을 팔 수 있도록 하고 있다.

---

18 Klein et al. (2007).

　탄소세와 탄소배출권거래제도는 시장의 원리를 이용한 대표적인 환경정책 수단이다. 이론적으로 완전경쟁시장에서는 두 개의 제도 모두 기업, 소비자 등 경제주체들이 경제적 인센티브를 통하여 환경적으로 유해한 행태를 변화시키며, 경제주체 간 한계비용(marginal cost)을 동일하게 함으로써 최소의 비용으로 목표를 달성할 수 있다.

　그러나 불완전한 정보 체계의 현실 세계에서는 차이가 발생한다. 탄소세는 자발적 협약 또는 정부 보조금이나 자유방임적 정책에 비하여 보다 효과적인 온실가스 저감정책이며, 에너지 효율성 제고 · 에너지 전환 과정에서 연료 혼합(mix)변경 · 신재생에너지 발전 촉진을 통하여 온실가스 저감에 기여하는 효과를 가진다.[19] 그러나 탄소세는 최종 배출량에 대한 불확실성이 큰 단점이 있다. 반면 탄소배출권거래제도는 최종 배출량이 확실하기 때문에 온실가스 저감 목표를 확실하게 달성할 수 있으며, 장기과제 대응과 관련한 제도상의 신뢰성을 구비할 수 있다는 장점이 있다. 그리고 탄소세는 정부가 장기적인 세율 조정을 약속할 수 없기 때문에 정부의 미래 계획에 대한 발표를 신뢰하기 어려운 반면 탄소배출권거래제도는 미래가치를 고려하여 거래하기 때문에 감축에 대한 신뢰성이 크다.

　또한 탄소배출권거래제도는 오염 저감자와 지불자와의 탈동조화를 통하여 비용을 최소화할 수 있다. 탄소배출권거래제도에서 개별 오염자(또는 국가)에게 배출권이 할당되면, 많은 배출권을 보유한 경제 주체는 잉여량을 시장에 판매하게 되고, 배출권이 부족한 경제 주체는 시장에서 배출권을 구매해야 하므로, 결국 판매자나 구매자 모두 배출권 저감에 대한 인센티브를 갖게 된다.

　탄소세와 같이 탄소배출권거래제도도 정부의 세수를 창출하기 때문에 다른 세금을 완화하거나 기후변화 대응에 따른 경제적 비용을 상쇄하는 데 사용할 수 있다. 세수 창출을 위해서 배출권 경매가 바람직하지만, 초기 제도의 시행단계에서 에너지 집약적 기업의 참여 유도 등을 위하여 배출권을 무상 분배한 이후 점진적으로 유상분배로 이행하기도 한다.

　OECD는 탄소 배출 문제와 관련하여 각국이 시장경제원리에 입각한 정책 수단(market-based instruments)으로서 탄소세(carbon tax)와 총량제한배출권거래제

---

19 Point Carbon(2012)는 덴마크가 1993~2000년의 7년간 산업의 이산화탄소 집약도(CO_2 intensity)를 25% 개선하는 성과를 거두었는데, 최소 10%는 탄소세의 효과로 분석하고 있다.

표 3-18a 개별 국가별 탄소배출 관련 정책 비교

국가		독일	중국	영국	핀란드	덴마크	호주
배출 관리	구속적배출목표 (binding emissions target)	○	○ (지역)	○	○	○	○
	탄소세/탄소배출권거래 제도	○	○	○	○	○	○
	재생전력 기준	○	○	○	○	○	○
	장기에너지 효율 계획	○	○	○	○	○	○
금융 지원	발전차액지원제도	○	○	○	○	○	주단위
	녹색은행을 통한 장기정부 지원	○	○	○	×	×	○
	세제혜택	○	○	○	○	○	○
	장기 자금지원 프로그램	○	○	○	○	○	○
장기적 Grid 개선 계획		○	○	○	○	○	주단위
위험	재정 강도(2011년 기준 GDP 대비 적자 비중)	−1.7%	−1.2%	−8.8%	−1.7%	−2.8%	−2.5%
투자/ 경제 규모	2009~2011 자본 투자 (백만달러)	52,687	191,222	46,904	2,608	8,108	10,977
	2011년 기준 GDP (공식환율 적용, 조달러)	3.63	6.99	2.48	0.27	0.33	1.51

의 중요성을 강조하고 있으며, 기후변화 대응비용의 최소화를 위하여 이러한 수단을 도입할 것을 적극적으로 권고하고 있다.

완화 정책의 다른 형태로 기술적 인센티브로 청정기술 개발을 장려하기 위한 다양한 정책이 시행되고 있다. 대표적인 사례인 미국의 에너지 공제세(energy production tax credit)는 재생가능한 에너지 생산자는 화석연료를 이용한 에너지 생산에 비해 kWh당 1.8센트의 세금 혜택을 제공한다. 신재생에너지 의무비율할당제(Renewable Portfolio Standard: RPS)는 설비의 전체적 생산력이나 에너지 판매에 있어 재생가능한 자원(태양력, 풍력, 조력 등)이 일정비율 차지할 것을 강제하는

표 3-18b 개별 국가별 탄소배출 관련 정책 비교(계속)

국가		노르웨이	일본	브라질	프랑스	이탈리아	스페인
배출관리	구속적배출목표 (binding emissions target)	○	○	○	○	○	○
	탄소세/탄소배출권거래 제도	—	—	—	○	○	○
	재생전력 기준	○	○	○	○	○	○
	장기에너지 효율 계획	○	○	○	○	○	○
금융지원	발전차액지원제도	○	○	×	○	○	○
	녹색은행을 통한 장기정부 지원	×	×	○	○[1]	○[1]	○[1]
	세제혜택	○	○	○	○	○	○
	장기 자금지원 프로그램	○	○	○	○	○	○
장기적 Grid 개선 계획		○	○	○	○	○	○
위험	재정 강도(2011년 기준 GDP 대비 적자 비중)	13.50%	−8.50%	−3.1%	−5.80%	−3.60%	−6.50%
투자/경제규모	2009~2011 자본 투자 (백만달러)	5,246	15,770	51,714	19,912	25,439	81,220
	2011년 기준 GDP (공식환율 적용, 조달러)	0.48	5.86	2.5	2.8	2.25	1.54

주: 1) 프랑스, 이탈리아, 스페인은 유럽투자은행(European Investment Bank: EIB)을 녹색은행으로 활용하고 있음. 유럽투자은행은 1958년 1월 당시의 유럽 경제 공동체(EEC)의 금융기관으로 설립되었으며, 독일, 프랑스, 이탈리아, 벨기에, 네덜란드, 룩셈부르크 등 6개국으로 시작된 유럽연합의 금융기관으로 지역 내의 경제적 격차 해소, 균형발전 등을 위해 원조와 대부 사업을 중점적으로 수행하기 위하여 설립되었음

제도로서 미국 텍사스, 뉴저지와 같은 주에서 유틸리티를 위한 다양한 기준을 마련하였다.

〈표 3-18〉은 이러한 적응·완화 정책을 포함한 개별 국가별 탄소배출 정책을 제시하고 있다. 탄소배출을 통제하기 위한 정책으로 구속적 배출목표(binding

표 3-18c 개별 국가별 탄소배출 관련 정책 비교(계속)

국가		한국	스웨덴	캐나다	인도네시아	인도
배출 관리	구속적배출목표 (binding emissions target)	코펜 하겐 협정 제출	○	○	코펜 하겐 협정 제출	코펜 하겐 협정 제출
	탄소세/탄소배출권거래 제도	—	○	—	—	—
	재생전력 기준	○	○	주단위	○	○
	장기에너지 효율 계획	○	○	○	○	○
금융 지원	발전차액지원제도	○	×	주단위	○	주단위
	녹색은행을 통한 장기정부 지원	×	×	×	×	×
	세제혜택	○	○	○	○	○
	장기 자금지원 프로그램	○	○	○	○	○
장기적 Grid 개선 계획		○	○	주단위	×	○
위험	재정 강도(2011년 기준 GDP 대비 적자 비중)	2.20%	0.60%	−3.80%	−1.20%	−5%
투자/ 경제 규모	2009~2011 자본 투자 (백만달러)	4,447	7,101	25,363	2,501	41,229
	2011년 기준 GDP (공식환율 적용, 조달러)	1.16	0.57	1.76	0.83	1.84

emissions target), 재생전력 기준(renewable electricity standard), 장기 에너지 효율 계획의 사용을 기준으로 삼고 있으며, 금융지원 측면에서 발전차액지원제도(Feed in Tariff), 녹색은행을 통한 장기적 정부 지원, 세제혜택 측면을 살펴보고 있고, 장기적 Grid 개선 계획을 기준으로 제시하고 있다.

표 3-18d 개별 국가별 탄소배출 관련 정책 비교(계속)

국가		멕시코	미국	남아프리카	UAE	러시아
배출 관리	구속적배출목표 (binding emissions target)	코펜 하겐 협정 제출	코펜 하겐 협정 제출	코펜 하겐 협정 제출	×	○
	탄소세/탄소배출권거래 제도	—	—	—	—	—
	재생전력 기준	○	주단위	○	주단위	○
	장기에너지 효율 계획	○	주단위	○	○	—
금융 지원	발전차액지원제도	×	주단위	○	×	×
	녹색은행을 통한 장기정부 지원	×	—	×	×	×
	세제혜택	○	○	×	—	×
	장기 자금지원 프로그램	○	주단위	○	주단위	×
장기적 Grid 개선 계획		주단위	주단위	—	주단위	○
위험	재정 강도(2011년 기준 GDP 대비 적자 비중)	−2.40%	−8.90%	−5.20%	5%	0.40%
투자/ 경제 규모	2009~2011 자본 투자 (백만달러)	5,207	219,498	374	918	895
	2011년 기준 GDP (공식환율 적용, 조달러)	1.19	15.06	0.42	0.36	1.79

자료: DB Climate Change Advisors(2012)

가. EU ETS(유럽연합 배출권거래체제)

1987년 단일 유럽 의정서 발표 이래 환경정책을 근간으로 한 EU는 유럽통합을 위해 1992년 유럽연합 조약에서 환경 보호를 고려한 지속가능한 성장이라는 개념을 포함시켰다. 장기적 관점에서 EU 제5차 환경행동계획(1992~1999년)을 수립하면서 온실가스를 2000년까지 1990년 배출량 수준으로 안정화시킨다는 목표

표 3-19 EU ETS 관련 법령

종류	명칭	번호	내용
EU ETS 제도에 관한 지침	EU ETS 지침	Directive 2003/87/EC	EU ETS 기본적인 프레임에 관한 지침
	연계지침	Directive 2004/101/#C	EU ETS 지침과 교토메커니즘을 연결하기 위한 조항 보완
	이중계산 방지에 관한 결정	Commission Decision 2006/780/EC	EU ETS 지침 제11조의 추가 규정
EU ETS 운영에 관한 규칙, 결정, 가이드라인	국가할당 계획 (NAP) 작성 가이드라인	COM (2003) 830 final COM (2005) 703 final	NAP 작성을 위한 가이드라인
	모니터링 보고에 관한 결정	Commission Decision 2004/156/ECI	모니터링과 보고에 관한 결정
	등록부에 관한 규칙	Commission Regulation (EC) 2216/2004	등록부에 관한 규칙

와 구체적 조치를 수립하였다.

이에 따라 2000년 제1차 유럽기후변화 프로그램을 수립하고 그 시책 중 하나로 EU ETS를 태동시켜 2005년 1월 1일부터 시행하였다. EU ETS의 법령은 다음 표와 같이 제도에 관한 사항과 운영에 관한 사항으로 나누어 볼 수 있다.

EU ETS는 2005~2007년 Phase I을 시험적으로 운용한 이후 2008~2012년 Phase II를 운영하였고, 2013~2020년까지 Phase III이 시행될 예정이다. EU ETS는 온실가스 감축을 위하여 기업에 배출권을 할당하고, 배출권 초과분 또는 부족분을 시장에서 배출권을 매매할 수 있는 시스템을 구축하되, 기업이 동 시스템을 이용하도록 시장 외부에서는 시장가격보다 높은 벌금을 부과하고 있다. Phase I에서는 경매를 통한 할당 비율을 최대 5%로 설정하였고, Phase II 경매 비중을

표 3-20a **EU ETS 단계별 주요 내용**

	Phase I	Phase II	Phase III
기간	2005년~2007년	2008년~2012년	2013년~2020년

관련 국제 협약	• 의무협약 없음	• 교토의정서 1차 공약기간
		– EU는 1990년 대비 전체
		 온실 가스 8% 감축 목표
			• 발리행동계획
			 – UNFCCC부속서 I 국가의
			  경우 2020년까지 1990년
			  대비 25~40% 감축 목표
			• EU목표
			 – EU 전체로는 최소한
			  1990년 대비 20% 감축
			  목표 달성을 결의함
			• 국제협약이 진전될 경우
			 30%까지 감축 가능

기간 목표	• ETS 제도 확립을 위한
	 시험가동기간
	• 등록, 감독, 보고, 인증
	 등 인프라 구축
	• Phase I 배출권 총량
	 연도별 평균 규모는
	 2,298MT CO_2임
		• Phase I의 문제점 점검 및 범
		 위 확대
		• 교토의정서 1차 공약기간 의무
		 감축목표 달성
		 – 전체 시설물기준으로는 연
		  간 2,082.7 MT CO_2로
		  Phase I 대비 9.4% 감축
		 – Phase I 대상시설물 기준으
		  로는 2,028MT CO_2로 11.8%
		  감축
			• 2020년까지 ETS 해당 시
			 설물에 대한 배출권 총량
			 을 2000년 대비 20%까지
			 감축
			• 2013년 이후 2008~2012년
			 기간 할당량의 중간값을
			 기점으로 매년 1.74%씩 감축
			* 2020년에 총할당량은
			  1,720MT CO_2로 추정됨

참여 대상	• 25개국, 약 11,500개 사업장 • 부속서 I에 지정된 시설물 • CDM 프로젝트에 의한 배출권 획득이 사용됨	• 총 30개국 • EU 회원국인 루마니아와 불가 리아, 비회원국인 노르웨이, 아 이슬란드, 리히텐슈테인이 추 가됨 • CD에 더해 JI 프로젝트에 의한 배출권 획득이 허용됨	• 석유화학제품, 알루미늄 등 다수 부문 추가됨 • 항공부문 추가(EU 온실가 스 배출의 3%를 차지) • 소규모 사업장에 대한 선택 (opt-out) 허용

10%로 상승시키고 2012년부터는 경매 비중을 지속적으로 높이는 것을 원칙으로 삼고 있다.

　EU ETS 설계의 기본 조건은 국제협약에서 결정된 탄소 예산 제약에 의거하

■ 표 3-20b **EU ETS 단계별 주요 내용(계속)**

	Phase I	Phase II	Phase III
기간	2005년~2007년	2008년~2012년	2013년~2020년

초기
할당방식
	• Burden Sharing Agreement에 의한 국가별 할당치 설정
	• 과거실적 기준(grandfathering)과 벤치마킹을 통한 무상할당
	  – 국가할당계획에 의해 업종별, 사업장별로 할당
	  – EU내 국가별 할당 계획은 분권적 의사결정 구조를 가짐
	• 조기행동(early action)에 대해서는 벤치마킹
	• 국가별로 일정비율(Phase I: 5%, Phase II 10%)까지 경매를 통한 유상배분 선택적 허용
			• EU차원의 단일할당치만 설정
			  – 국가할당계획의 폐지
			  – 중앙집중화된 할당방식 채택
			• 경매를 주된 할당방식으로 선정
			  – 전력부문은 2013년부터 전량 경매
			• 기타부문은 이행기간 설정
			  – 2013년에는 Phase I 연간 평균 배출량의 80%를 무상할당
			  – 2020년 무상할당 비율이 30%가 될 때까지 매년 균등 감축
			  – 2027년까지 무상할당 전면 폐지
			• 무상할당의 기준은 벤치마킹임

거래대상 온실가스	• 이산화탄소(CO_2)	• 교토의정서 부속서 A에 규정된 온실가스 – 이산화탄소(CO_2), 메탄(CH_4, 23), 아산화질소(N_2O, 296), 수소불화탄소(HFCs, 12~12,000), 과불화탄소(PFCs, 5,700~11,900), 6불화황(SF_6, 22,000) * 괄호 안 숫자는 IPCC(Third Assessment IPCC Report, 2001)가 발표한 온실가스별 지구온난화지수(GWP, CO_2로 환산된 온난화 기여도로 단위는 CO_2 equivalent)임 • 이산화탄소 이외 온실가스에 대한 ETS 참여 여부는 선택사항임	
거래기 간(間) 예대(預貸)	• 예치와 대출 불가	• 다음 거래기로의 배출권 예치(banking)는 가능하지만 대출(borrowing)은 허용되지 않음	

여 배출상한을 설정하는 것이다. Phase I은 1990년 대비 온실가스 8% 감축 목표로 배출 상한을 정하였고, Phase II는 총량 기준으로 Phase I 대비 9.4% 감축한 2,083Mt CO_2를 배출권 총할당량으로 정하였다. 탄소배출권 초기 할당량 대부분은 과거 실적에 기초한 무상할당방식으로 사업체에 분배하였다. 현재 EU ETS 참

표 3-20c **EU ETS 단계별 주요 내용(계속)**

	Phase I	Phase II	Phase III
기간	2005년~2007년	2008년~2012년	2013년~2020년
벌칙 규정	• 40유로/tCO$_2$	• 100유로/tCO$_2$	• 100유로/tCO$_2$ • 유럽 소비자물가지수에 연동
	• 업체 명단 공개 • 초과된 배출량은 이듬해 할당량에서 공제됨. 이 규정은 벌금과 무관하게 적용됨		
공식 문건	• 2003년 지침 　: DIRECTIVE 2003/87/EC OF EUROPEAN PARLIAMENT AND OF THE COUNCIL of 13 October 2003(ETS 기본지침) • 2004년 교토 메커니즘 연결지침 　: DIRECTIVE 2004/101/EC OF EUROPEAN PARLIAMENT AND OF THE COUNCIL of 27 October 2004(CDM, JI 관련사항 추가) • 2009년 수정지침 　: DIRECTIVE 2009/29/EC OF EUROPEAN PARLIAMENT AND OF THE COUNCIL of 23 April 2009(ETS 3기 이후 적용, DIRECTIVE 2003/87/EC를 대폭 수정)		

자료: 이선화(2009)

가국은 총 30개국으로 참가국은 국가할당계획(NAP)을 통해 업종별·사업장별 할당량을 포함한 총배출 할당량을 유럽집행위원회에 신청하게 되고, 유럽집행위원회는 제출된 NAP를 평가하고 최종 승인하게 되며, 벌금 수준은 Phase I에 EUA당 40유로에서 Phase II에는 100유로로 대폭 상승시켜 시행하고 있다.

EU ETS는 다음과 같은 문제점을 내포하고 있다. 경기 변동이나 경제성장 단계와 무관하게 일률적 배출 상한을 정하며, 개별 국가의 동태적 변화와 관련된 요소, 즉, 인구증가율·경제성장률·산업 구조 및 기술 변화 등에 대하여 고려하지 않으며, 업종별 규제 방식을 차별화하는 것이 불가피한 상황에서 업종을 선정하는 방법론 또는 임의성에 대한 문제가 내재되어 있으며, 타 정책과의 중복성이 문제점으로 지적되어 왔다.

이에 따라 EU ETS Phase III이 시작되는 2013년 이후부터는 국가할당계획이 전면 폐지되고 EU 차원의 단일 할당치만 설정하게 되며, 2020년까지 ETS 해당 시설물에 대한 배출권 총량을 2005년 대비 21% 까지 감축하는 것을 목표로 하고 있다.

또한 기존 무상 배분방식에서 경매가 주된 할당방식으로 선정되는 등 배출권 할당 방식이 변경될 예정이다. 발전 부문(지역난방, 고효율 열병합발전 시설은 제외)의 경매 비중은 2013년 30%에서 2020년 100%로 상승시킬 예정이며, 일반 제조업의 무상할당 비율은 2013년 80%에서 2020년 30%로 감소시킬 계획으로 2027년까지 전량 유상할당으로 전환할 계획이다.

나. 미국

미국의 탄소배출권거래제도는 1974~1982년 사이 도입된 차감(netting), 상계(offset), 포말(bubble), 예치(banking)정책이 배출권거래 프로그램(Emission Trading Program)으로 발전된 것으로 파악된다. 1982년 납 사용권 거래 프로그램(Lead-lin-Galosline Program)의 도입, 1990년대 산성비 프로그램(Acid Rain Program), RECLAIM 프로그램, 북동부 NOx Budget Program을 차례로 도입하면서 오염 물질 감축을 위한 거래제도를 도입하게 되었다.

미국은 세계 온실가스 배출량의 21%를 차지하는 1위 온실가스 배출국이지만, 부시 행정부에서 교토의정서 비준을 거부하면서 중국, 인도 등 온실가스 다배출 개도국이 구체적인 온실가스 감축 행동에 나서지 않는 이상 자국 산업 경쟁력을 저해할 수 있는 온실가스 감축 정책을 실시하지 않겠다는 입장을 고수하였다. 반

표 3-21 미국 배출권거래 프로그램 요약

	담당기관	형태	배출물질	지역	도입 시기
납 사용권 거래 프로그램	미 환경청	Averaging	납	미국	1982 (1987년 종료)
산성비 프로그램	미 환경청	Cap and trade	이산화황	미국	1994
RECLAIM	남부해안 대기정화국	Cap and trade	이산화항, 질소산화물	캘리포니아주	1994
NOx Budget Program	미 환경청 12주	Cap and trade	질소산화물	미동북부	1999

면 탄소포집 및 저장(CCS) 등의 신기술 개발 투자와 장기적으로 온실가스 배출
우려가 없는 수소경제로의 전환을 준비하는 입장은 유지하였다.

그러나 2007년 이후 연방의회 중심으로 온실가스 규제에 대한 입법이 발의되
고, RGGI 등 주정부 차원의 자발적 배출권 거래제도를 통하여 전환점을 맞이하
게 되었다. 특히 오바마 대통령의 당선을 계기로 2009년 6월 미국 하원에서 온난
화 대책 법안인 왁스맨-마키(Waxman-Markey) 법안이 찬성 219, 반대 212로 통과

표 3-22 미국 ACES의 주요 내용

장	제목	주요 내용
제1장	청정에너지 (Clean Energy)	• 총합효율과 재생가능 에너지 발전 기준 • 탄소 포집과 격리 • 청정 교통 • 주정부 에너지와 환경개발 회계 • 지능형 전력망(Smart Grid) 기술 진보 • 송전 계획 • 에너지 법률에 대한 기술적 조정 • 청정에너지 혁신센터를 통한 청정에너지 기술개발 및 상업화 지원 프로그램 구축 • 원자력과 첨단 기술
제2장	에너지효율 (Energy Efficiency)	• 건물 에너지효율 프로그램 • 조명과 가전 에너지효율 프로그램 • 교통 효율 • 산업 에너지효율 프로그램 • 에너지 절약 성능 계약 개선 • 공공기관
제3장	지구온난화 오염 저감 (Reducing Global Warming Pollution)	• 지구 온난화 오염 저감 • 배출권의 배분 • 프로그램 규약
제4장	청정에너지 경제로의 전환(Transitioning to a Clean Energy Economy)	• 산업 배출량에서 실질적 감축도모 • 녹색 일자리와 노동자 전환 • 소비자 지원 • 청정 기술 수출 • 천연자원 기후변화 적응 기금 설정 및 국제적 기후변화 적응 프로그램 지원

되었다.

이 법안은 '미국 청정에너지 및 안보법'(American Clean Energy and Security Act of 2009: ACES)'이라는 이름을 갖고 있으며, 크게 네 부분으로 구성되어 있다. 우선, '청정에너지(Clean Energy)' 장에서는 재생가능 에너지, 탄소포집 및 격리, 저탄소연료, 전기자동차, 스마트 송배전 등에 대한 정의와 지원에 대해 다루고 있고, 둘째, '에너지효율(Energy Efficiency)' 장에서는 건물, 가전제품, 교통, 산업 전반에 걸쳐 에너지효율을 높이기 위한 방향을 다루며, 셋째, '지구온난화 오염 저감(Reducing Global Warming Pollution)' 장에서는 지구의 평균 기온을 높이는 온실가스를 제한하기 위한 방안들을 다루고, 마지막으로 '청정에너지 경제로의 전환(Transitioning to a Clean Energy Economy)' 장에서는 청정에너지 경제로의 전환 과정에서의 소비자와 노동자 보호 문제 등을 다루고 있다.

청정에너지 사용 확대와 관련하여 전력회사들이 풍력, 태양, 바이오매스, 지열 등의 재생가능에너지를 2012년에는 6%, 2025년에는 25%까지 의무적으로 구매해야 한다고 명시하고 있다. 다만, 주지사들에게 재량권을 주어서 의무구매량의 20% 정도는 에너지 절약분으로 대체할 수 있도록 하고 있다. 또한 동 법안은 탄소포집 및 격리기술에 대한 시범사업 지원, 인센티브, 새로운 방식의 석탄화력발전소에 대한 배출기준 수립 등에 대한 규정을 담고 있는데, 자연 파괴를 유발할 수 있으나 비용이 저렴하고 풍부한 천연자원인 석탄을 미국의 미래에너지의 중요한 요소로 고려하며, 탄소포집 및 격리기술을 통해 기후변화에 대한 영향을 줄일 수 있는 가능성을 인정한 것으로 평가되고 있다.

청정연료와 전기자동차에 대해서는 바이오연료 및 전기자동차에 대한 지원을 명시하고 있으며 기존 기업들의 구조조정에 대한 지원을 허용하고 있다. 스마트 송배전 항에서는 연방에너지규제위원회(Federal Energy Regulatory Commission)에 권한을 부여하여 재생가능 발전을 통한 송배전 시스템 및 기존 송배전망의 개선을 기획할 수 있도록 했다.

주정부들과의 협력 항목에서는 각 주에서 연방정부가 재정을 지원할 수 있는 에너지환경기금을 조성할 수 있도록 하고 있다. 마지막으로 재생가능에너지원의 소비 확대를 위해 연방기구들이 장기계약을 통해 재생가능에너지를 구매할 수 있도록 장려하고 있다.

에너지효율성 향상과 관련하여 건물에너지효율성을 위해서 신축건물에 대한 새로운 기준을 제시하고 연방정부 차원의 재정 및 기술을 지원하도록 하였으며, 기존 건물에 대해서도 에너지효율성 제고를 위한 사업에 연방정부 차원의 지원을 허용하였다.

한편, 환경보호청에 건물의 에너지효율성을 측정하는 기준을 설정하는 권한을 부여했다. 저소득층을 지원하기 위해 조립식 건물에 사는 주민들이 에너지 효율적 조립식 건물을 구매할 수 있도록 리베이트를 제공할 수 있도록 했다.

또한 전등 및 가전제품의 에너지효율성을 높이기 위해 에너지부의 에너지효율성 기준 작업을 조정했으며 연비 기준·배기가스 기준 등의 기준을 재점검해서 교통수단의 효율성을 높이고, 더불어 철도·해운 등의 기준을 재점검하고 대도시의 교통당국들이 에너지 효율성을 높이기 위한 방안을 의무적으로 제출하도록 하고 있다.

전력 및 가스 업체들의 에너지효율성을 높이기 위해 2012년까지는 전력부문에서 1%, 가스부문에서 0.75%, 2020년까지는 전력부문에서 15%, 가스부문에서 10%의 효율성 제고를 의무화하고 있다. 이 외에도 산업 및 공공부문의 에너지효율성을 높이기 위한 기준 및 재정지원을 명시하고 있다.

지구온난화 부분에 있어서는 전력, 석유, 화학, 자동차 산업 등의 대표와 환경단체들이 함께 구성한 미국기후행동파트너십(US Climate Action Partnership)과 협력하여 초안을 만들도록 했다. 또한 미국 온실가스의 85% 정도를 배출하는 기업을 대상으로 온실가스배출의 총량을 2005년을 기준으로 2012년에는 3%, 2020년에는 20%, 2030년에는 42%, 2050년에는 83%를 감축한다는 목표를 설정하였다. 더불어 환경보호청이 국제적인 조림사업에 참여해서 2020년에는 2005년의 10% 수준의 간접적 온실가스 감축효과를 달성하도록 명시하고 있다.

온실가스 감축 프로그램의 유연성을 위해 의무감축 기업들은 할당된 배출권을 예치하여 향후 사용하거나 미래의 배출권을 차입할 수 있으며, 다른 기업으로부터 배출권을 구매할 수 있다. 그러나 기업 전체의 배출권 매입량은 연간 국내 10억톤, 국외 10억톤으로 제한된다. 또한 기업들이 외부에서 배출권을 구매할 때는 필요한 배출권의 양보다 1.25배 초과하여 구매하도록 하고 있다. 또한 1년을 단위로 운영되는 탄소 시장에서 실제 배출량에 부합하는 배출권을 확보하지 못할

100 ▶ 기후금융론

표 3-23a 미국 탄소배출권거래제도 비교

	RGGI	WCI	MGGRA
시행 지역	• 미국: Conneticut, Delaware, Maine, Maryland, Massachusetts, New Hampshire, NewYork, Rhode Island, and Vermont(9개주)	• 미국: Arizona, California, Montana, New Mexico, Oregon, Utah and Washington(7개주) • 캐나다: British, Columbia, Manitoba, Ontario, Quebec	• 미국: Illinois, Iowa, Kansas, Michigan, Minnesota and Wisconsin(6개주) • 캐나다: Manitoba
시행일	• 2009년 1월 시행 • 배출권 경매 2008년 9월 25일 시작	• 2012년 1월 시행예정 • 제도시행을 위한 권고문 공표(Partner's Design Recommendations, 2008. 9)	• 2012년 1월 시행예정 • 제도시행을 위한 권고문 공표 (Advisory Group Recommendations, 2009. 5)

대상	• 대상: CO_2 배출량
	• 배출원: 대규모 발전설비
	• 범위: CO_2 배출량 28%
		• 대상: 6대 온실가스
		• 배출원: 2012년 발전설비, 대규모 산업설비
		  − 2015년 주거, 상업, 타 산업연소시설, 수송 연료
		• 범위: 2012년 배출량의 50%
		  − 2015년 배출량의 약 90%
			• 대상: 6대 온실가스
			• 배출원: 경제전반의 전기, 산업, 주거, 상업, 수송 산업공정
			• 범위: 온실가스의 약 85%

저감 목표	• 과거 배출량을 기준으로 2009~2014 배출허용량 할당(cap) • 2015~2018의 배출허용량 할당(cap)분은 연간 2.5% 씩 줄어들게 됨. 2018년 cap의 경우, baseline(2009년에 받은 cap)으로부터 10% 저감된 양	• 2020년까지 2005년 대비 15% 저감 *주별로 다를 수 있음	• 2020년까지 2005년 대비 20% 저감 • 2020년까지 2005년 대비 80% 저감
오프셋 허용	• BAU 대비 50%까지 − 이는 의무 감축량의 3.3% 에 해당. 배출권 가격이 가격상한선을 넘을 경우, 허용범위가 확대될 수 있음	• 초기설정된 cap을 기준으로 감축량의 49%까지	• 의무감축량의 20%까지 • 배출권 가격이 가격상한선을 넘을 경우, 허용범위가 확대될 수 있음. 상한선은 현재 미정

표 3-23b 미국 탄소배출권거래제도 비교(계속)

	RGGI	WCI	MGGRA
경매	• 2008년 9월 25일 경매 시작. 분기별로 배출권 경매 개최 예정. 85% 이상의 배출권이 프로그램 초기에 경매됨	• 초기에 최소 10% 경매 • 2020년까지 25%이상 경매 • 100%경매 목표	• 초기에 약 33% 경매. 나머지는 일정가격으로 구매(산업부문은 초기 5% 경매. 발전부문 10% 경매)
배출권 거래 이익 사용	• 주별로 사용처가 다양할 것임 • 주된 경매이익은 에너지효율 프로그램에 이용	• 미정	• 주별로 사용처가 다양할 것임 • 자문그룹(Advisory Group)에서 권고한 사용처는 다음과 같음 1) 기술 및 기반시설에 대한 투자 촉진 2) 최종사용자 즉, 에너지빈곤층에 대한 지원, 에너지집중 산업에 대한 비용완화 3) 기후적응
거래가격조정	• 3년간의 계좌 자유입출금, 조기행동에 대한 크레딧, 오프셋, 기준가격설정(price trigger) • 첫 번째 기준가격설정 제도는 오프셋 사용한도를 의무감축분의 5%로 확대하는 것 • 두 번째 기준가격설정제도는 오프셋 사용한도를 의무감축분의 10%로 확대하는 것, 의무준수기간을 늘이고 국제적 오프셋 허용하는 것	• 3년간의 계좌 자유입출금, 조기행동에 대한 크레딧, 오프셋, 기준가격설정	• 3년간의 계좌 자유입출금, 조기행동에 대한 크레딧, 오프셋 기준가격 설정 • 거래가격조정기구(Market Oversight and Cost Containment: MOCC)는 상한가, 하한가를 정할 예정. 가격이 높으면, 배출권 차용, 오프셋 사용한도가 커질 것. 가격이 너무 낮으면 배출권차용을 축소, 오프셋 사용한도가 적어질 것

자료: 임은정(2009) 재구성

경우에는 초과 배출량에 비례해서 시장에서의 배출권 가격의 두 배에 해당하는 벌금을 내도록 하고 있다.

한편, 환경보호청이 25억톤의 이산화탄소를 전략적으로 유보할 수 있도록 해서 가격의 폭등에 대비하도록 하고 있으며, 새로운 탄소시장의 거래를 감독하는 기능을 연방에너지규제위원회에 부여했고 파생금융상품에 대해서는 단일 또는 복수의 감독기관을 지정하도록 규정하고 있다.

청정에너지경제로의 전환에서는 상기 정책들로 기업 경쟁력이 하락하지 않도록 기업에 리베이트를 줄 수 있는 법적근거를 확보하고, 보완적으로 수입품을 규제할 수 있는 '포괄적 조정(comprehensive adjustment)'을 허용하고 있다.

녹색일자리와 노동력전환에 대해서는 교육부가 대학을 지원하고, 노동부가 훈련을 지원하도록 명시하고 있다. 이 외에도 소비자 및 제 3세계에 대한 지원책을 담고 있다.

미국에서 연방 정부 차원의 탄소배출권거래제도는 도입되지 않고 있으나, 주정부 차원에서 자발적 탄소배출권거래제도를 도입하고 있다. 북동부 지역 온실가스 감축계획(RGGI)은 미국 북동부 9개 주를 중심으로 발전 부문을 대상으로 주로 경매 방식에 의해 배출권이 배분되고 있다.

2019년까지 온실가스 10% 감축을 목표로 하는 RGGI는 2008년~2011년까지 전년대비 9% 증가한 연간 1억 8,800만톤의 온실가스를 배출할 수 있으나, 그 이후 2018년까지 연간배출량을 10% 수준으로 감축하기로 합의하고, 매입한 탄소배출권은 2018년 이후에도 유효하므로 신규 공장 설립 등으로 실질적 배출량이 배출허용량을 초과하면 미리 배출량을 확보한 업체가 이익을 볼 수 있도록 하고 있다.

서부지역 기후계획(Western Climate Initiative: WCI)은 2007년 2월 미국 워싱턴, 오레곤, 캘리포니아, 몬타나, 유타, 아리조나, 뉴멕시코, 캐나다 일부 주 등 9개 주가 중심이 되고, 8개 주가 관찰자(observer)로 참가한 이니셔티브이다. 참가지역 전체의 온실가스 배출감축 목표로서 2020년까지 2050년 대비 15%를 감축하고, 총량제한배출권거래제도 도입을 목표로 하고 있다.

그리고 중서부지역 온실가스 감축 협정(Midwest Greenhouse Gas Reduction Accord: MGGRA)에는 2007년 11월에 미국 중서부의 9개주와 캐나다의 마니토바 주가 참가하고, 3개 주가 관찰자(observer)로 참가한 협정이다. 온실가스 감축 목표를 설정하고, 총량제한배출권거래제를 활용하는 것을 목표로 하고 있다.

WCI에 속하는 캘리포니아주는 2006년 캘리포니아 기후변화법(California Global Warming Act of 2006: AB 32)을 제정하고, 이를 근거로 2020년까지 온실가스배출량을 1990년 수준으로 낮춘다는 목표를 설정하였다. 동 법에 의하여 온실가스 감축을 위한 직접 규제, 대체 준수 메커니즘(alternative compliance mechanisms), 금전적·비금전적 인센티브 제도, 총량제한배출권거래제와 같은 시장메커니즘 등 구체적 계획을 담은 AB 32 Scoping Plan이 2008년 6월 발표되었고, 2008년 12월 위원회에서 승인되었으며, 이후 2011년 8월 동 계획인 최종 수정·공표되었다.

AB 32 Scoping Plan의 전략 중 하나인 캘리포니아 총량배출권거래제는 캘리포니아 대기자원국(Air Resource Board: ARB)이 집행하게 된다. 2010년 10월 Proposed Regulation to implement the California Cap and Trade Program을 통하여 규제안이 발표되었고, 이후 수차례 공청회 등을 거쳐 최종적으로 2012년 8월 30일 행정입법처(Office of Administrative Law)의 심사를 거쳐 2012년 9월 1일 발효되었다.

캘리포니아주의 배출권 프로그램은 2013년부터 1월 1일부터 시작되며, 제1준수기간은 2년(2013년 1월 1일~2014년 12월 31일)이며, 대상 온실가스는 온실가스 7가스(CO_2, CH_4, N_2O, HFCs, PFCs, SF_6, NF_3)로 바이오매스 연소 배출은 제외된다. 2013년부터 연간배출량이 25,000톤 이상인 대규모 산업연소시설, 전력의 1차 공급자가 배출권 프로그램의 규제 대상이 되며, 2015년부터는 산업, 업무, 주택용 연료와 수송연료의 공급자까지 대상이 확대될 계획이다.

배출권 프로그램에서 배출권 총량은 연단위로 결정되며, 2013년 배출권 총량은 대상 부문의 동년도 배출 예측량을 기준으로 하되, 2015년의 경우 배출권 대상이 확대되어 배출권의 총량이 대폭 증가하지만, 이후 2016~2020년간은 매년 평균 3%씩 축소될 계획이다.

배출권 할당과 관련되어 배출한도의 90%는 산업별로 배출 통계치에 따라 분배되고, 나머지 10%는 경매가 실시될 예정이며, 2012년 11월 경매의 배출권 최저 가격은 1톤당 10달러이다. 배출권 경매로부터 발생하는 수입은 주정부에 의해 대체에너지 및 에너지효율 관련 기술개발에 필요한 비용으로 재투자될 예정이다.

할당 대상인 온실가스 배출량에 대한 보고는 의무적 GHG 배출량 보고규칙 (Mandatory Greenhouse Gas Reporting Regulation)에 따라 연간 배출량이 1,000톤 이상의 사업자가 보고의무를 가지며, 25,000톤 이상인 사업자는 보고한 배출량 데이터에 대하여 공인된 제3자 검증기관에서 승인을 받아야 한다. 또한 배출권은 매년 및 준수기간 종료 후 배출권 및 크레딧을 제출하는 것으로 상쇄할 수 있다. 캘리포니아 배출권 프로그램은 WCI 및 다른 주와의 연계를 위하여 상쇄 크레딧을 인정하고 있으며, 이와 관련된 제도는 ARB가 운영·관리하도록 한다.

📄 **표 3-24 캘리포니아 배출권 프로그램 배출한계총량**

준수기간	연도	배출한계총량(CO$_2$백만톤)
제1준수기간	2013	162.8
	2014	159.7
제2준수기간	2015	394.5
	2016	382.4
	2017	370.4
제3준수기간	2018	358.3
	2019	346.3
	2020	334.2

자료: www.arb.ca.gov

캘리포니아 배출권 프로그램에서 발행되는 배출권인 California Carbon Allowances(CCA)의 경우 2013년 12월 거래될 Vintage 2013 CCA가 2011년 8월 10일 ICE에서 파생상품 형태로 거래되었다. 동 거래는 NRG Power Marketing LLC와 미국 Shell Energy North America, L.P.간의 거래로 100계약이 1CCA당 17달러로 체결되었다. 현재 ICE에서는 Vintage 2013 CCA Future, Vintage 2014 CCA Future, Vintage 2015 CCA Future가 거래되고 있다.

다. 중국[20]

중국 환경보호체계의 한 부분으로서 녹색재정정책(Green Fiscal Policies: 이하 GFP)은 중국과 세계의 거시경제상황, 환경보호에 관한 대중의 인식, 중국정부의 경제개발전략과 밀접하게 연관되어 있다. 중국의 GFP 체계는 현재까지 4단계로 구분해 볼 수 있다.

---

20 김지훈·노희진·류재현·송홍선·안승광·장정모·정수영(2011) 참조.

1) 중국 녹색재정정책의 역사

가) GFP 부재시기(1949~1978)

중국인민공화국은 1949년에 설립된 이후 현대사회에 도달하는 과정에서 대약진 운동, 문화혁명 등을 거치면서 심각한 환경오염을 경험했으며, 이를 계기로 자원과 환경을 보호하는 데 관심을 기울이기 시작하였다. 1972년 6월 중국정부의 대표단이 스톡홀름에서 열린 환경회의에 참석하였으며, 이 회의에서 환경보호를 위한 주요 원칙들을 발표하였다.

1973년 8월 5일부터 22일까지 환경보호 운동의 시작을 알리는 첫 번째 컨퍼런스가 베이징에서 열렸고 1970년대의 환경과 자원을 보호하기 위한 법과 제도들은 단순하였으며, 효과적으로 실행되지 못하였다. 그러나 중국이 중국 스스로의 환경보호체계를 갖추기 시작하였다는 점에서 그 의미가 있다고 할 수 있다.

1950년대의 세율체계는 주로 재정적인 이익을 목적으로 하였으며, 1958년 산업과 상업에 관한 세금제도가 시행되었지만 이 또한 환경과 자원을 보전하기 위한 목적보다는 재정적인 수입을 목적으로 하고 있었다.

나) GFP 준비시기(1978~1994)

1972년에 개최된 UN 환경컨퍼런스에서 발표된 환경선언은 과거의 환경오염 문제 하나에만 국한되어 있던 환경보호에 대한 좁은 인식을 자원 및 경제성장, 인구문제와 연관시켰으며, 컨퍼런스 이후 선진국들은 환경문제에 관해 보다 많은 관심을 갖고 과거 어느 때보다 큰 진전을 이룩하게 되었다.

1978년 제11차 중앙위원회 3차 총회에서 개혁과 개방에 관한 결정 이후 중국은 중국식 사회주의의 현대화라는 새로운 시대로 접어들었으며, 경제 건설과 보다 급속한 산업화가 이루어지게 되었다. 경제가 빠르게 성장함에 따라 환경 및 자원문제가 급속히 대두하게 되었으며, 환경문제에 대해 대중이 인식하기 시작하고 정부가 조치들을 취하기 시작하였으며, 환경과 자원을 보호하기 위한 초기 법률 시스템이 구축되었다.

1979년 환경보호에 관한 최초의 기초 법으로서 환경보호법이 제정되었고, 이후 해양환경보호법(1982년), 수질오염금지법(1984년), 산림법(1984년), 초지법

(1985년), 토질관리법(1986년), 광물자원법(1986년), 수산자원법(1986년) 등이 차례로 제정되었다. 1980년대에 중국 정부는 환경기준, 오염배출 및 환경보호장치에 관한 규제 기준을 제정하였으며, 1992년까지 300개가 넘는 환경보호 기준이 실행되었다.

1982년에 중국 정부에 의해 실행된 조직 개편에 의해 국무원 산하의 환경보호지도부를 해체하고 도시농촌건설 및 환경보호국으로 통합시켰으며, 동시에 국가계획위원회에 환경보호를 담당하는 토지 관리부를 설립하였다. 1998년에는 두 번째 정부조직개혁 기간 동안 규제기관으로서 국무원 산하에 국가환경보호국이 설립되었다. 즉, 이 시기에 환경보호에 관한 법률적 · 행정적 체계를 수립함과 동시에 관련 재정정책 체계가 수립되기 시작하였다. 또한 이 시기는 중국이 에너지 활용을 개선하고 자원절약을 촉진하기 시작한 시기로 볼 수 있다. 개혁과 개방 이후 인구의 급격한 증가 및 빠른 경제 성장은 에너지에 대한 수요를 증가시켰으며, 자원의 공급과 수요간의 불균형을 초래하였다.

1980년대의 대부분 기간 동안 중국은 계속적인 에너지 공급 부족에 시달렸으며, 이러한 에너지 부족은 중국 경제의 활력을 떨어뜨리는 주요 요인으로 작용함에 따라 1980년대 기간 동안 에너지 절약 정책은 중국 정부의 에너지 정책 기조의 큰 부분을 차지하였다.

1980년부터 1990년대 초반까지의 기간은 중국의 자원개발과 환경보호 시스템의 초기 단계로 규정지을 수 있다. 환경보호를 위한 몇몇 규정들이 세금정책을 설계하는 데 포함되어 있으며, 비록 그러한 규정들의 역할은 미미하였지만, 중국 GFP의 초기 단계에 있어 일정 역할을 수행하였다.

다) GFP 형성시기(1994~2004)

이 시기의 일련의 입법적 · 행정적 · 경제적 조치들은 중국이 환경보호와 자원보전에 있어 커다란 성과를 달성하는데 많은 도움을 주었다. 1997년 11월 전국인민대표회의에서 중화인민공화국의 자원 보전에 관한 법이 통과되었으며, 동 법안은 1998년 1월 실행되었고 자원절약에 관한 사항들을 법률적 수준으로 끌어올림에 따라 주된 산업과 기업들이 자원을 절약하기 위한 지원들이 행해졌으며, 자원절약연구에 관한 프로젝트들에 자금이 지원되었다. 과학기술부는 에너지 절약 프로젝트들을 기술개혁 프로그램에 포함시켰으며, 에너지 절약에 관한 정보커뮤니케이션 수단들이 개선되었다.

1995년과 비교하여 2004년에 산업용 폐수, 화학산업의 산소요구량, 산업용 SO_2, 산업용 매연과 먼지들이 각각 GDP UNIT당 58%, 72%, 42%, 55%, 39%씩 감소하였다. 1990년대는 비록 중국이 환경보호에 관하여 많은 성과를 거두기는 하였으나, 광대한 경제 개발 정책을 추구함에 따라 해결되지 않은 심각한 문제들이 남아 있었다.

라) GFP 발전시기(2004~)

2004년은 중국이 환경보호의 시기로 접어든 매우 중요한 해라고 할 수 있다. 경제가 빠르게 성장함에 따라, 에너지 수요는 점점 증가했으며, 결국 에너지 공급에 심각한 불균형을 초래하였고, 에너지 소비에 의해 초래된 일련의 경제적·사회적·환경적·국제적 이슈들은 전체사회가 에너지 절약을 다시 생각하게 하였을 뿐만 아니라 정부가 에너지 절약 정책에 대한 노력을 증가시키도록 요구하였다. 새롭게 선출된 중국정부의 강력한 리더십과 과학적 개발의 관점 아래 중국의 GFP 시스템이 개선되었으며, 이것은 국내외적 상황과 특히 국가개발 전략의 수정과 밀접하게 연관되었다. 중앙정부는 심각한 자원 및 환경 상황에 직면하여 국가 개발 정책을 수정하였다. 자원을 절약하고 환경친화적인 사회를 건설하면서 순환경제의 개발을 촉진시키기 위하여 경제성장방식을 수정하였으며, 일련의 중요한 전략들이 후진타오와 중앙위원회에 의해 결정되었다.

2005년 12월 '과학적 개발 관점을 강화하고 환경보호를 강화하기 위한 결정'이 국가 위원회에 의해 출간되었으며, 이때부터 환경보호 운동을 과학적 개발관점에서 이끌어 나갔다. 현재까지 2004년 이후 환경과 자원을 보호하기 위한 많은 재정정책들이 만들어졌으며 효과를 나타내기 시작하고 있다. 즉, 환경오염 추세가 반전되었으며, 2008년에 발간된 2007년 중국환경보고서에 따르면 주요 오염 배출량이 처음으로 감소하고 있는 것으로 조사되었다. 자원보전과 환경보호를 위한 개선된 재정정책 체계가 이 시기에 갖추어 졌다고 할 수 있다. 예를 들어, 재생가능 에너지원 개발을 위한 특별 펀드에 관한 임시 조치, 바이오에너지 및 바이오케미스트리의 개발을 위한 보조 재정정책의 실행을 위한 조치, 풍력개발을 촉진하기 위한 조치, 건설사업에 있어서 재생가능한 에너지의 적용을 촉진하기 위한 조치 등을 포함하는 대체에너지 개발을 지원하기 위한 재정정책들이 수립되었다.

2) 녹색기업과 녹색산업 현황

가) 중국의 녹색기업과 녹색산업

중국 정부는 친환경제품의 공급 확대와 환경관련 외부효과의 감소, 기업과 산업의 녹색발전을 위해 환경과 관련된 이슈를 정책을 통해 해결하고 있다. 녹색기업들은 일반적으로 '환경친화적기업(Environmentally Friendly Enterprise: EFE)'으로 지칭되고 있으며, 2003년 5월 중국의 국가환경보호관리국(State Environmental Protection Administration: SEPA)은 EFE 기업을 선정하여 발표하기로 결정하였고, 평가항목은 환경지표, 경영지표, 생산지표와 22개의 세부지표로 이루어지며, 동 평가는 원자재 구매, 생산프로세스 선택, 프로세스 관리, 환경에 관한 사회적 책임 등을 보여준다. SEPA는 EFE 조사 및 선정권한을 가지고 있으며, 3년마다 상장 기업들을 검토한다. EFE에 선정되는 것은 중국 기업 최고의 영예이며, 2010년 전까지 약 50개 기업이 EFE에 선정되었고, 2010년은 EFE 선정이 취소되었다.

중국은 산업 구조조정의 단계를 경험하고 있으며, 명확한 녹색산업 전략을 가지고 있지는 않지만 산업정책에 이미 녹색산업에 관한 내용을 담고 있다. 중국의 산업장려정책과 산업제한정책의 2가지 형태의 녹색산업 정책을 보유하고 있다. 산업장려정책(industry encourages policy)은 에너지보존, 환경보호, 자원소비를 절약하고 환경오염을 줄이며 높은 경제적 효과를 달성하는 산업발전을 장려하는 정책으로 2000년 이후 중국 National Development and Reform

표 3-25 EFE 조사 및 선정과정

1. EFE 평가지표에 부합하는 기업들이 EFE에 지원함
   - 기업들은 지방 환경보호국에 신청서를 제출
   - 지방 환경보호국이 지원서를 확인
   - 지방 환경보호국이 기업들의 지원서와 추천서를 SEPA에 제출
2. 승인과정
   - SEPA가 지원서를 검토한 후 검토결과 및 최종 선정결과를 발표함

Commission(NDRC)이 발간하고 있는 환경보호 상품 및 시설 카탈로그에는 수질오염통제장비, 대기오염회복장비, 소음통제 장비, 환경감시기구, 에너지보존 및 재활용기구 등 총 8개 분야의 147개 상품이 포함되어 있다. 산업제한정책(industry restriction policy)는 자원 및 에너지 보존, 환경보호 및 복구에 유해한 산업의 발전을 제한다는 정책을 의미한다.

나) 중국 녹색기업 및 산업 통계

녹색기업 및 산업의 불명확한 개념 때문에 정확한 통계가 존재하지 않으나 일부 환경 관련 산업의 통계를 통해 참조가 가능하며, 〈그림 3-19〉와 같이 중국의 환경오염개선투자 총액은 2004년 1,910억위안에서 2008년 4,490억위안으로 크게 증가하였다.

〈그림 3-19〉와 같이 산업오염물질 정화를 위한 기업의 투자는 꾸준히 증가하여 2008년에는 543만위안에 달하였고, 기업의 자체투자가 전체의 91%를 차지한 반면 은행으로부터의 차입은 5% 수준에 그쳐 녹색산업과 관련한 은행으로부터의 자금조달이 어려움을 보여주고 있다. 나머지 4%의 투자자금은 정부보조금 또는 오염물질 배출원에 대한 수수료로 충당되었다.

그림 3-18 환경오염개선에 사용된 투자(2004~2008)

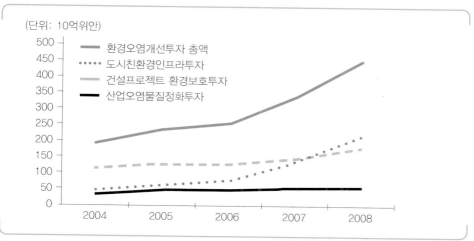

자료: 중국국가통계국(SSBC)

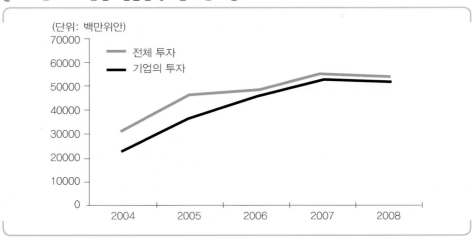

그림 3-19 산업오염물질 정화를 위한 기업의 투자(2004~2008)

자료: 중국국가통계국(SSBC)

다) 사례연구: 중국 풍력산업

풍력에너지는 깨끗하고 지속가능한 에너지로서 화석연료를 사용하지 않으므로 오염물질을 배출하지 않는다. 중국 정부는 기후변화에 대한 대응과 에너지 안전성을 고려해 풍력을 발전시켜야 할 대체에너지 중 하나로 풍력에너지를 지정하였다. 2020년까지 3천만KW의 풍력발전량을 목표로 정하고 세금, 대출, 가격 등과 관련된 정책을 추진하였고, 그 일환으로 NDRC는 발전기업에 대해 전력생산 중 재생가능 에너지 쿼터 8% 설정, 풍력발전시설 국산화율 75% 달성 목표를 설정하여 풍력산업을 포함한 중국 내 산업발전에 기여하였다. 중국 정부는 R&D 지원을 계속하는 한편 2020년에는 풍력발전 세금(부가가치세)을 17%에서 8.5%로 크게 감면하였고, 재무성은 풍력발전설비 제조업체에 대한 특별자금지원 프로그램을 마련하였다.

2006년에 정부가 강력한 풍력발전 정책을 내놓은 이후 2009년까지 3년간 중국의 풍력발전 가용량은 2,555MW에서 25,805MW로 10배가량 증가하였다.

중국 풍력시장의 지속적 확대로 인해 중국 내 풍력설비 부품생산 역시 증가하였다. 현재 중국에는 70개의 풍력설비 제조업체가 있고, SINOVEL, Goldwind, Dongfang Electric의 상위 3사가 전체 시장의 60%를 점유하고 있으며 이 중

그림 3-20 중국 풍력발전 가용량(2000~2009)

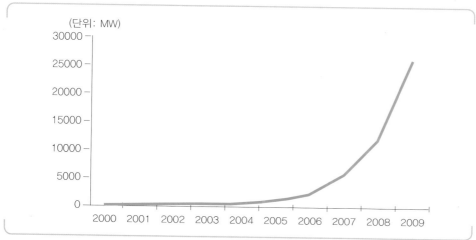

자료: 중국재생에너지협회 풍력위원회

SINOVEL은 세계 3위 업체이다. 2009년 중국은 세계 풍력시장의 23%를 점유하고 있다.

중국 풍력산업의 급격한 발전으로 인해 중국의 풍력에너지는 공급부족에서 공급과잉으로 변화되었고 경쟁이 격화되면서 급격한 팽창의 위험성이 나기 시작하

그림 3-21 세계 풍력설비 제조업체 시장점유율(2009)

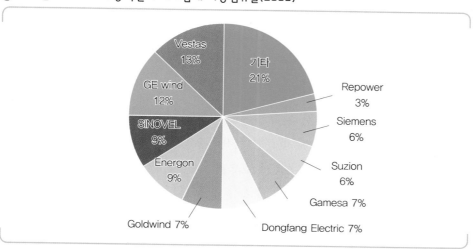

자료: Shanxi Security

였다. 또한 핵심 풍력기술을 보유하고 있지는 않아 많은 기업들이 기술을 해외에서 도입하고 있는 현실에 반해 산업사슬(industry chain)상 낮은 위치에 있어 제조업체들의 채산성이 낮고 에너지소비를 많이 하는 실정이다. 따라서 정부의 지원정책이 취소되면 핵심기술을 보유하고 있지 않은 만큼 기업들의 글로벌시장에서의 생존이 어렵고, 핵심기술과 일부 원자재가 부족하여 관련 설비를 국산화할 수 없으며, 핵심기술을 수입하기 때문에 잠재적인 품질위험이 있으며, 다른 나라에 적합한 기술이 중국에는 적합하지 않을수도 있다는 문제점을 해결해야 할 것이다.

3) 녹색신용정책 현황 및 발전

가) 중국의 녹색금융정책의 변화

중국의 금융 산업에 대한 투자는 경제성장과 사회발전에 기여했으나 동시에 자원과 환경에 대해서는 값비싼 대가를 치러야했다. 중국경제의 지속가능한 체제로의 전환을 위해 환경금융정책이 필요하였고 예비적 수준의 환경금융정책을 시행하는 데에 10년이 소요되었으며 다음과 같은 단계를 거쳤다.

① 탐색단계(Exploration)

1995년 SEPA와 인민은행(PBOC)의 환경보호를 위한 신용정책 발표 이후 상업은행들이 환경보호의 영역에 참여하기 시작하였고 중국 정부 또한 환경보호에 있어 금융의 역할을 이해하는 등 세계적 트렌드와 보조를 맞추기 시작하였다. 그러나 당시 사회 및 환경에 대한 인식 부재로 은행들은 환경신용(environmental credit)에 대해 관심이 부족하였고 보수적 태도로 대출을 운용하였다.

② 지도단계(Guidance)

중국경제의 발전과정에서 지속가능하지 않은 개발은 많은 위험을 드러냈다. 중국은행규제위원회(CBRC)에 따르면 녹색신용정책 시행 이전 은행대출은 2007년 1월~6월 중 2.54조위안이 증가하였으며, 그중 1.7조위안이 하이테크 또는 철강, 화학 등 자원집약 산업에 대한 중장기 대출이었으며, 규제산업에 대해 대출된 1.5조위안은 전체 대출증가액의 60%를 차지하였다.

중국의 지역적 환경의 질은 개선중이나 중국 전반의 상황은 악화되고 있으며,

에너지 소비가 매년 증가함에 따라 이산화탄소 배출량이 세계 1위가 되었다. 이러한 상황에서 중국은 녹색혁명을 추진하는 가운데 후진타오 주석은 녹색경제, 저탄소경제, 순환경제를 발달시키기 위한 노력을 강화할 것이라고 언급하였다. 중국은 또한 책임있는 국가로서 2020년까지 GDP당 이산화탄소 배출량을 2005년 대비 40~45% 감축할 계획을 세계에 천명하였다.

중국정부는 사회경제적 발전목표를 달성하고 세계와의 약속인 환경보호 노력을 위해 경제적 수단 특히 금융수단을 활용하는 것을 정책의 중심으로 삼고 있다. 2007년 4월 국가위원회에서 원자바오 총리는 11번째 5개년 계획기간 동안 중국이 에너지보존 및 오염감축(Energy Conservation and Emission Reduction: ECER)을 위하여 가격, 수수료, 세금, 제정, 금융 경제적 수단의 활용, 정부지침 수립, 기업 및 사회적 참여 메커니즘의 활성화 필요성을 언급하였고, 2007년 6월 국가위원회는 ECER에 관한 발표문을 통해 하이테크 산업의 통제, 에너지보존 및 환경보호시장 진입요건 강화, 순환경제를 위한 관련 금융서비스의 강화 등을 적시하고 있다. ECER 목표달성에 있어 금유기관의 경제의 리스트럭처링, ECER, 에코시스템 보호 등에 중요한 역할을 수행하여야 한다. 즉, 금융기관은 녹색금융서비스를 통해 환경리스크 관리, 사회책임 완수, 녹색경제 개발을 위한 자원의 효율적 배분 등의 역할을 해야 한다.

정부의 ECER 정책에 따라 환경부와 재정산업부는 공동으로 녹색금융모델, 즉 녹색신용(green credit), 녹색보험(green insurance), 녹색증권(green securities)을 발표하였다. 유엔환경계획(UNEP)의 환경금융기준과 중국의 실패경험 등을 통해 발전하고 있는 중국의 환경금융정책은 금융기관의 환경금융에 대한 태도변화 및 친환경 기업에 대한 지원확대 등의 유도에 주목적이 있다. 녹색신용정책은 환경보호시설에 대한 연구개발, 친환경건설, 대체에너지 활용, 녹색제조·녹색농업 기업에 대한 금융기관의 신용(자금)을 제공 및 반환경적인 기업에 대한 대출제한에 중점을 두고 있다. 녹색보험정책에 있어서는 환경리스크를 부담하고 있는 사업체에 대해 보험을 통해 환경오염사고시 기업의 파산, 정부지출 증대 등에 대비토록 하는 역할을 담당하며, 녹색증권정책은 상장기업에 대한 환경요건 준수 검증, 환경관련 정보공시 등을 통해 하이테크 기업의 과도한 확장을 제한하고 자본위험을 줄임으로써 기업의 환경성과를 지속적으로 개선하는 데 주 목적이 있다.

상기 3가지 녹색금융정책은 상호 보완적인 역할을 하고 있으며, 녹색신용정책이 상당히 발달되어 있는 반면 녹색보험과 증권은 발전 단계에 있다. 이러한 지도단계를 거쳐 중국의 환경금융은 소기의 성과를 내고 있으며 많은 금융기관의 환경금융에 대한 소극적 태도가 점차 변화하고 있다.

③ 촉진단계(Encourages)

이 단계는 기업 및 사적영역에서의 친환경금융의 혁신을 촉진하는 것으로 정부(NDRC, PBOC, CBRC)는 2010년 정책발표를 통해 금융기관에 대해 신용제공(credit support)시 우선순위 설정, 혁신적 금융상품 및 서비스의 개발 등을 활발히 하도록 하고 있다.

④ 시스템화단계(Systematization)

이는 이상적인 상태로 사회적으로 친환경 금융관리시스템이 확립되고 관련 법규와 규정이 모두 정비되고 상업은행은 환경금융에 대한 인적자원 및 구조를 갖추는 단계로, 정부정책의 역할은 지도에서 지원(service)으로 변하고 금융기관은

표 3-26 중국의 녹색금융정책 발전과정

	시기	정부정책
Exploration (Defensive)	1995	− PBOC notification on implementation credit polices and strengthen environmental protection work − SEPA notification on application credit policies to promote environmental protection work
Guidance (Adjust)	2007	− Green Credit: The opinions on implementing environmental protection policies and rules and preventing − Green Insurance: The guiding opinions on environmental pollutino liability insurance − Green Security: The guide to strengthen environmental regulation on listed companies
Encourage (Positive)	2010	− Circular Economy Support: The notifications on investment and credit and measures for support circular ecomomy development
Systemization (Sustainable)	...	− Environmental finance instrument innovation − Environmental finance rist management

표 3-27 중국의 녹색신용정책의 주요 내용

프로젝트 유형	신용정책
장려사업	적극적 신용제공
신규 산업제한 부문의 사업	신용제공 불가
국가정책에 따라 환경을 개선하는 사업	신용제공 계속
기존 환경저해 사업	신용제공 중단 및 신용회수
불법적인 환경활동 사업	추가 신용제공 중단
에너지보존 · 환경보호사업	신용혜택 및 우선권 부여

금융과 환경에서 모두 윈 – 윈하는 시기라 할 수 있다.

국가산업정책은 금융기관은 신용을 제공하기 위해서는 신용위험 감독을 강화하고 차별화 원칙을 적용하도록 하고 있다. 예컨대, 금융기관은 장려되는 산업에 대해서 통제 가능한 위험수준에서 우선적으로 신용을 제공하도록 하고 있다.

녹색신용정책은 각 수준별로 환경보호기관과 금융기관 간 긴밀한 협의가 가능하도록 의사소통 채널을 구축하도록 하고 있으며, SEPA는 금융기관에 환경정보공시에 관한 의무 및 준수사항에 따라 8가지 항목의 환경정보를 제시해야 한다. 그러한 정보는 금융기관의 신용관리업무에 있어 직접적인 또는 간접적인 참고자료가 된다. 2010년 9월 SEPA는 상장기업에 대한 환경정보공시지침을 발표하였고, 동 지침은 16개 환경오염 산업군에 대해 환경정보 공시요건을 적시하고 있어, 이에 따라 관련기업들은 매년 환경보고서를 작성, 오염물질배출량 공시, 법규준수, 환경경영현황 등을 보고해야 한다.

나) 녹색신용정책과 적도원칙(Equator Principles)

중국의 녹색신용정책은 적도원칙(금융기관의 환경관련 신용공여시 자발적 행동원칙)을 준수하면서도 중국만의 '명령 – 통제'의 분명한 특징을 경제적 수단에 적용하였다. 이는 중국의 장기개발계획 모델 하에서 많은 기업들이 낮은 환경기준 하에서 많은 신용을 공여받아 금융기관은 하이테크산업에 대해 많은 대출을 갖고 있기 때문이다. 또한, 중국 내 일반의 환경인식이 낮아 신용공여에 대한 충분한

📄 **표 3-28** 중국의 녹색신용정책과 적도원칙 비교

구분	중국의 녹색신용정책	적도원칙
규제대상의 차이	기업대출 및 프로젝트대출의 규제 (모든 금융기관 신용업무 포함)	1천만불 이상의 프로젝트 한정 (일반기업대출 미포함)
심사기준의 차이	국가산업정책 및 SEPA정보에 의거 금융기관 신용공여 여부를 결정	차입자의 사회적 및 환경평가보고 등에 의거 금융기관이 신용공여 결정
조정범위의 차이	반환경 대출의 규제 및 친환경 대출의 장려책 포함	친환경 사업만 포함
조정수단의 차이	대출중단, 대출금지, 대출정지, 대출회수 등	적도원칙과 미부합시 대출하지 않음
위험기준의 차이	금융기관의 환경위험만 고려	금융기관의 종합적 위험 고려 (환경위험뿐만 아니라 거주민, 생태 등)
참여범위의 차이	SEPA, CBRC, 금융기관 등 (일반 사회 참여 미흡)	상업은행, 기업이 주참여자이며, 일반의 참여도 강조

모니터링이 되지 않고 있고, 환경은 공공재이므로 시장기능에만 맡길 경우 환경자원의 고갈을 초래할 수 있는 점 등이 고려된 것이다.

다) 금융기관의 녹색신용정책 실행

녹색신용정책은 중국경제의 독특한 특성이 반영되어 하이테크산업으로부터 ECER 기업으로 자금을 유도하고, 경제개발 및 구조조정뿐만 아니라 환경저해 기업(사업)에 대한 금융기관의 대출리스크를 줄이는 데 목적이 있다. 2009년 현재 중국의 금융기관은 3개의 정책은행, 5개의 국영은행, 13개의 주식회사형 상업은행, 126개의 도시형 상업은행, 기타 수백 개의 은행으로 구성된다. 녹색신용의 운영은 ① 녹색신용정책의 실행, ② 기본적인 녹색신용정책 시스템의 구축, ③ 완벽한 녹색신용 시스템의 보유, ④ 녹색신용 관련 금융혁신의 달성의 4가지 수준으로 구분되며 4가지 모두를 갖춘 기관은 China Development Bank, The Industrial Bank, Shanghai Pudong Development Bank, China Everbright Bank 등 5개 은행이다. 녹색신용정책 도입 이후 SEPA는 30,000여 개의 환경저해기업을 포함하는 신용블랙리스트를 중앙은행에 제공하였고, 이 중 38개 기업이 환경요인으로 대출이 제한된 바 있으나 이는 2007년 8개월 동안 8,000개 기업이 환경

📋 표 3-29 하이테크산업에 대한 중국 상업은행의 대출현황 1(산업별)

산업	대출규모(천만위안)	전체 대출 내 비중(%)
철강	5,251.16	1.64
철강합금	30.25	0.01
시멘트	978.57	0.31
전해알루미늄 및 탄화칼슘	723.25	0.23
석탄	609.17	0.19
화력발전	14,900.60	4.66
계	22,503.20	7.04

자료: The CBAC Report(2008, 2009)

📋 표 3-30 하이테크산업에 대한 중국 상업은행의 대출현황 2(연도별)

연도	대출규모(천만위안)	비중	프로젝트 수	기업 수
2005	1,323.06	1.87%	1,334	1,847
2006	2,028.94	2.65%	1,999	2,649
2007	3,411.00	2.70%	2,715	2,505
2008	3,710.16	3.11%	2,983	3,615
2009	8,560.46	8.93%	6,412	4,099

자료: The CBAC Report(2008, 2009)

위반으로 제재를 받은 것에 비하면 극소수임을 알 수 있다.

하이테크산업은 경제적 효과가 커 많은 신용을 제공받고 있으나 녹색신용정책에서는 이들 기업에 대한 대출제한이 주요 내용이다. 2008년 이들 기업에 대한 대출은 전년 대비 7.2% 감소하였으나 여전히 금액면에서는 큰 비중을 차지하고 있으며, 하이테크산업은 지방정부에 중요 세금원이어서 지방정보는 이들 기업들을 보호하려 하고 이에 따라 녹색신용정책의 성과를 제한하는 요인이 된다.

녹색신용정책은 신용장려 정책을 포함하고 있으며 이에 따라 2005∼2009년 중 ECER에 대한 대출은 증가 추세에 있다.

CBRC가 발표한 ECER에 대한 지침에 따르면 금융기관의 ECER 사업에 대한

표 3-31 주요 상업은행에 대한 CSR 보고서 평가표(2008)

은행명	점수	은행명	점수
China Construction Bank	68.11	Shanghai Puding Bank	67.88
Industrial and Commercial Bank of China	66.91	Shenzhen Development Bank	57.74
Hua xia Bank	57.40	Bank of China	56.41
China Merchant Bank	51.58	China CITIC Bank	49.95
Communications Bank of China	42.06	Industrial Bank	37.37
Nan jing Bank	31.32	Ningbo Bank	26.06

공시가 강화되어 금융기관은 ECER 신용정책 및 기준의 공개, 환경위험을 안고 있는 기업 및 사업대출에 대한 정보 공개, 시장 및 이해관계자의 모니터링 활동을 수용해야 한다. 중국은행들은 환경정보공시 수단으로 CSR을 도입하고 있으나 관련 보고서를 작성하는 은행은 많지 않으며 녹색신용정책관련 정보공시내용은 모호하고 단편적 수준에 그치고 있다. CSR 전문평가기관인 RLCCW(Running & Loving Consulting for Common Welfarw)의 2008년 평가에 따르면 중국은행들의 환경을 포함한 CSR 평가는 낮은 편이다.

4) 녹색시장인프라 및 상장정책

가) 시장구조 및 상장(Market Structure & Listing)

중국 증시는 메인보드, SME보드, GEM(Chinext) 시장 등으로 구성되며, 2009년 개설된 심천거래소내 Chinext는 중국 증시의 중요 요소로서 High-tech, High-growth, 신경제, 신서비스, 신농업, 신에너지, 신소재 및 뉴비즈니스 모델 기업 등 8개 부문의 혁신·성장벤처 기업들의 자본조달을 위한 맞춤형 시장이라 할 수 있다.

Chinext와 메인보드의 차이는 단순히 기업의 규모 보다는 다양한 발전단계에 있는 기업들의 자금조달, 투자 및 위험관리 측면에 있다. 2009년 Chinext에서 36개 기업이 IPO를 통해 30억달러의 자금을 조달(P/E 30배 수준에서 공개)하였다.

📑 표 3-32 **중국의 증권시장 구조**

주식	매매시장
상장주식	상해거래소, 심천거래소, Chinext
비상장주식	없음

중국 SME 발표에 따르면 SME의 직접금융비중은 2%에 불과하여 자본시장을 통한 직접자금조달이 중요한 채널로 대두될 것으로 예상된다. 中 SME협회, SME는 중국기업의 99.8%, GDP의 60%, 제조업 고용의 75%를 차지하며, SME의 자금조달은 주로 은행 또는 여타 대부기관을 통한 차입의 형태이나, 은행들은 리스크를 관리하기 위한 수단으로 SME 보다는 대기업에 대한 대출을 선호하고 있다.

상장기업의 환경기준 준수요건과 관련하여 중국당국은 상당한 관련·연구정책을 추진하고 있다. 2001년부터 환경보호당국과 CSRC(증권관리위원회)는 상장기업에 대한 환경 관련 정책을 발표하였고, 여기에는 기업의 환경요건준수와 관련한 검증내용·절차·시기·강도·등급 등이 포함되어 있다. 이러한 검증시스템과 기업의 대응 및 여론과 기업평판을 통해 나타난 결과 및 불만요인 등을 기초로 기업의 환경요건 준수 여부를 판정하고 있다.

나) 녹색증권 및 녹색성장(Green Securities & Green IPO)

중국의 녹색증권정책은 2008년 2월 MEP(Ministry of Environmental Protection)와 CSRC에 의해 공동으로 추진되었다. 동 정책은 상장기업의 환경과 관련한 정보공시 확대를 통한 공해유발기업의 자금조달을 억제하는 데 주안점을 두고 있으며, 2008년 6월부터는 'Green IPO' 정책을 통해 하이테크기업은 IPO 또는 은행의 자금대출 이전(10일간의 평가기간) MEP의 평가 및 공중의 의견수렴절차 등의 절차를 통과해야 IPO가 가능하도록 하고 있다. 2008년 9월 현재 동 절차에 의해 38개 기업 중 20개사가 IPO 거절 또는 재심사에 부쳐졌으며, 'Green IPO' 정책은 14개 에너지 의존 산업군 기업들에 대해서도 직간접 자금조달시 환경평가를 받도록 의무화 하였다.

JP모건은 산업확장에 따라 자금조달이 필요한 신에너지 및 천연자원 기업들의 기업공개가 활발해질 것으로 전망하고, 풍력 및 태양력 기업간 통합 등으로 투자은행에게 더 많은 사업기회(자문수수료)가 있을 것으로 예상하였다.

2009년 12월 세계 5위 풍력발전기업인 Longyuan Power Group은 홍콩증시에 2009년 풍력기업 IPO로는 최대인 22억 달러를 조달하였고, 또 Xinjiang Goldwind Science & Tech. Co.도 홍콩에서 15억 달러의 자금모집을 추진하였다.

5) 중국의 환경보호와 재정정책

가) 중국의 환경문제: 현황

자연환경은 인간의 존재 · 발전 · 생산에 필요한 모든 자연 상태와 자원을 포함하며, 생태학자는 지구의 환경을 대기환경 · 수질환경 · 토양환경 · 생태적 환경으로 구분한다. 중국의 환경보호법에 따르면 환경은 대기, 물, 바다, 토양 등 인간의 존재 및 발전에 영향을 미치는 자연적이거나 인공적으로 수정된 자연 요소들의 집합을 의미한다. 하지만, 현재 생태학자들은 생태적 환경에 대해 명확하게 정의를 내리고 있지 않으며 자연 환경과 동일하게 간주하고 있다. 엄밀히 말하면, 생태적 환경은 토양, 물, 광물 등의 물리적 요소뿐만 아니라 환경적 생산 능력(environmental capacity)과 생태적 균형(environmental balancing) 등을 포괄하는 개념으로의 환경적 요소도 포함해야 한다.

지난 20년간, 특히 1990년대에 중국은 환경오염을 성공적으로 통제하였으나, 생태적 환경을 개선할 필요성은 더욱 높아졌다. 이는 주로 국가적 차원에서 다양한 정책과 수단으로 환경보호를 강조한 데 원인이 있으며, 현재까지의 결과만으로 환경의 질이 전체적으로 향상되었다고 보기엔 충분치 않으며 단지 일부 지표의 개선으로 인식해야 하기 때문이다. 중국의 환경적 이슈에 대한 기본적인 변화는 1990년대 후반에 이루어지기 시작했으며, 이는 중국이 복합적인 환경문제가 공존하는 시대로 들어섰음을 의미하여 여러 이슈간의 상호관계는 상당히 심각한 상황을 유발하고 있다.

① 중국의 다양한 환경 문제

1950년대부터 가속화된 중국의 산업화 과정은 다른 선진국들이 100년 이상의 기간에 걸쳐 이룩한 국가발전을 단기간에 달성하였다. 하지만 지역적 환경 불균형과 취약성으로 인하여 다양한 환경문제가 단기간에 공존하게 되었다. 여기서,

환경문제는 빈곤에 따른 생태적 파괴와 산업화의 결과로 발생한 환경오염을 포함한다.

열악한 자연 상황은 빠른 인구 증가와 산업화를 감당하지 못하고 있으며, 이로 인한 중첩된 문제들은 생태계에 심각한 피해를 야기하고 있다. 건조한 지역이 3,317,000㎢, 강수량이 과다 혹은 과소 지역이 2,400,000㎢, 침식된 석회암 지역이 900,000㎢, 황토고원이 640,000㎢에 달하여 토지 상황이 상당히 열악한 상황으로 생태적 파괴의 악화, 토양 파괴, 수자원 부족, 산림의 약화, 생물의 다양성 축소 등으로 다양한 문제가 중첩되어 발생하고 있다.

② 중국의 심각한 환경오염 현황

중국의 환경오염은 내륙으로부터 해안지역으로, 지표면수자원에서 지하수자원으로, 단순한 오염에서 혼합된 오염으로, 단일오염원에서 유독하고 유해한 물질로 확장되어왔다. 수질오염물질의 방출은 수자원시스템이 감당할 수 있는 능력을 상당규모 초과하였다. 2007년에 시행된 197개의 강들(407구역)에 대한 수질조사에 따르면 높은 수질인 1~3등급은 49.9%, 중간수질의 4~5등급이 26.5%, 가장 낮은 수질의 6등급이 23.6%를 차지한다. 주장강과 양자강의 수질은 전체적으로 좋은 편이며, 송화강은 양호, 황하강과 회하강은 다소 오염된 반면, 요하강과 해하강은 심각하게 오염되었다.

수질등급이 1~2등급인 해안이 전체의 62.8%를 차지하고 있으나, 이는 전년보다 4.9% 줄어든 수치이며, 3등급에 해당하는 해안은 11.8%로 전년보다 3.8% 증가, 4등급 이하 등급은 25.4%로 전년보다 1.1% 증가하였다. 중국 4개 해안 중에서 남중국해와 황해는 수질이 좋은 편이며, 발해는 조금 오염된 편이지만, 동중국해는 오염이 심각한 상태이다. 도시의 40.6%가 질이 낮은 지표수자원을 식수원으로 사용하고 있으며, 대략 30% 정도가 오염된 식수원의 영향을 받는다. 3억 6천만명에 달하는 많은 사람들이 위생기준을 만족하는 식수를 공급받지 못하고 있다.

2007년 대기청정등급이 1등급인 도시(區 이상)는 전체의 2.5%였으며, 2등급은 58.1%, 3등급은 36.1%, 3등급 이하는 3.4%이다. 72.0%의 도시가 연간 평균 미세오염물질 농도 2등급에 해당하였으며, 3등급이 36.1%, 3등급 이하는 3.4%로, 79.1%의 도시가 이산화황(SO_2)의 평균 연간 집중도 2등급에 해당하였으며, 3

등급 이하는 1.2%로 나타났다. 113개의 주요 환경보호 도시 중 대기수준 2등급은 44.2%, 3등급은 54.9%, 3등급 이하는 0.9%로 전년 대비 3등급 이하인 도시가 6.2% 감소하였으며, 500개 도시 중 281개(56.2%)에서 산성비가 관찰되었으며, 산성비 빈도가 25% 이상인 도시는 171개(34.2%), 75%이상인 도시는 65개(13.0%)였다.

산업 고체 폐기물은 17억 5,767만톤이 발생되었으며 이는 전년보다 16.0% 증가한 수치이다. 이 중 포괄적인 활용은 62.8%, 저장은 13.7%, 처분은 23.5%로 나타났으며, 유해물질의 경우 1,079만톤이 발생하여 포괄적인 활용량은 650만톤, 저장량이 154만톤, 처분량이 346만톤이었다.

③ 생태적 문제의 심화

사막화 등으로 인한 중국 서부의 생태계 악화가 더욱 심화되고 있다. 현재 중국 영토의 황막화(荒漠化)는 267만 4천㎢에 이르며 전체 영토의 27.9%를 차지한다. 토양침식 면적은 356만㎢이며 전체 영토의 37%를 차지하고, 토양침식과 파괴로 인해 중국 남부의 많은 지역이 암석사막화를 겪고 있으며, 수시로 북쪽에서 모래바람이 불어오고 있다. 전체 사막화 면적은 174만㎢에 달하며, 연간 3,435㎢의 속도로 확장되고 있다. 중국의 산림면적은 16.55%이며 전 세계 평균인 29.6%와 비교하여 낮은 수준이며, 개발가능한 자원은 열악한 산림의 질과 산림 세대가 불규칙하여 계속 감소하고 있다.

1990년대 후반, 중국의 녹지 지역의 황폐화 비율은 62%이며, 특히 북서쪽의 녹지 황폐화는 80%에 달하고 있다. 국토의 1/4에서 물 부족 현상이 심각하며, 1/10 정도는 생존에 필요한 기본적인 수준의 수자원만을 확보한 상태로 비도시 지역의 2천만명이 겪고 있는 식수문제는 아직 해결되지 않고 있다. 668개 도시 중 400개 도시에서 물이 충분하게 공급되지 않고 있으며, 108개 도시는 심각한 물 부족 현상을 겪고 있다. 특히 베이징, 텐진과 같은 대도시는 유수량이 낮은 기간이 지속됨에 따라 심각한 물 부족 위기를 겪을 가능성이 있으며, 지표수(국토평균 67억㎥)의 과도한 사용으로 이미 164개의 과도 사용지역이 형성되었고, 이는 지반침하와 해수침범의 원인이 되고 있다. 생물의 다양성이 급속히 감속하고 있으며, 심각한 멸종위기에 처한 종이 15~20% 증가하였다. Convention on International Trade in Endangered Species of Wild Fauna and Flora에 등록된 멸종위기에 처한 740개의 종들 중에서 189개의 종이 중국에 있다. 야생 벼 분포 지역이 70% 이상의 손실을 입으면서 막대한 유전적 자원이 사라지게 되었고, 외래종의 침입으로 매년 경제적 손실이 574억위안에 달하며, 매년 2억 명 이상의 중국인이 자연재해로 인한 각종 질병에 시달리고 있다.

1990년대에 들어 자연재해로 인한 연간 손실액이 1,000억위안 이상이었으며, 1998년에는 3,000억위안을 넘어섰다. 자연재해가 중국의 사회·경제적인 발달에 영향을 미치는 주요한 요소로 등장하였으며, 이들 수자원 부족, 생태계 파괴, 토양의 부식·악화, 생물다양성의 급격한 감소, 오존층 파괴, 대기 구성물질의 변화, 어업 생산물의 감소 등의 변화는 대부분 인간의 활동에 기인한 것이다. 지난 100년간 중국의 지표면 온도는 0.6~0.7℃ 상승하였으며, 해수면의 높이도 10~20㎝ 상승하였다. 가뭄, 홍수와 같은 극단적인 기후변화가 최근 20년간 빈번히 나타나고 있으며 이는 GDP의 3~6%의 손실에 해당한다.

경제 발전으로 생활수준은 점차 향상되고 있으나, 비위생적인 식수 등으로 인한 전형적인 위험은 여전히 해결되지 않고 있으며, 환경오염으로 인한 건강문제 등과 같은 새로운 위험도 증가하였다. 중국 11개 도시에서 석탄 연소에 따른 오염물질로 매년 50,000명 이상의 목숨이 위협받고 있으며, 400,000명이 만성적인 기관지염에 시달리고 있다. 잔류성 유기오염물질로 알려져 있는 다이옥신화합물이 여러 화학제품에서 발견되고 있으며, 최근에는 중국시장에서 판매된 분유와 우유에 다이옥신이 포함되어 있었다는 보고가 있었다.

중국은 세계에서 제일 많은 양의 탄소를 배출하고 있다. 개발도상국들은 탄소 배출 감소에 보다 많은 노력과 책임을 지도록 다른 국가들로부터 압력을 받게 될 것인 만큼, 국제적인 협조 아래 기후변화의 속도를 늦추기 위한 기회를 찾고, 경제 발전과 환경보호를 모두 성공적으로 보장할 수 있는 방법을 위한 대책을 마련할 필요가 있다. UNDP에 따르면 심각하게 오염된 지역에 거주하는 암 사망자의 수는 깨끗한 공기 속에 사는 사람보다 4.7~8.8배 많으며, 도시에 사는 어린이의 혈중납중독의 위험치는 80%를 초과하는 것으로 나타났다.

20년 전과 비교해 볼 때 환경 이슈는 기본적으로 형태(type), 규모(scale), 구조(structure), 내용(nature)면에서 변화되었다. 새로운 문제가 지속적으로 발생함에 따라 파괴범위가 단순히 확장되는 범주를 벗어나 복잡성이 심화되면서 장기적인 영향을 미치며, 이는 장기적으로 인간사회, 세계경제, 세계환경에 압력을 가하게 될 것으로 보인다.

현재 중국이 직면한 복잡한 환경 문제들은 다른 국가들은 직면하지 않았던 문제들이며, 이를 해결하기 위해서는 정치,재정, 과학기술의 포괄적인 사용과 감독이 필요하다.

6) 중국에서의 그린 에너지 산업의 현황

60,000KW 용량의 태양광 발전장치가 중국 기업에 의해서 스페인 리조트에 2007년에 설치되었다. 이는 중국의 가장 큰 해외 태양광 프로젝트로, 이 프로젝트는 Shanghai Topsolar Green Energy에 의해서 계약되었으며, 이 발전소에 설치된 태양전지판은 중국 상표인 'Shanghai-Electric TopSolar'로 언급되고 있다. 독일은 중국의 태양광 기업에게 최고의 시장으로 인식되고 있는 상황에서, 독일 정부의 신재생에너지에 대한 연간 보조금 5% 삭감으로 중국기업들은 심각한 영향에 직면하게 되었다. R&D에 투자를 확대하여 고효율 태양광 전지를 개발하여 생산비를 절약하는 것이 바람직하며, 자국 내 태양광 시장을 확장하기 위해서는 비용절감과 더불어 새로운 활성화 정책이 고려되어야 할 것이다.

태양광 시스템에서는 3가지 종류의 전지가 사용된다. membrane, spotlight, crystal silicon이 주로 사용되는 방식이며, membrane은 현재 빠르게 발전하는 분야이다. spotlight 태양광 발전시스템의 경우에는 개발 여부에 대해서 여전히 학문적으로는 논쟁이 있다. 일부 전문가들에 따르면 spotlight는 실리콘에 비해 적은 면적을 차지하여 비용을 절감할 수 있으나 다른 의견에 따르면 spotlight 장비는 산재되어 있는 빛을 이용할 수 없어서 유지와 에너지 비용이 추가된다고 한다. 이런 견해에서 보면, 솔라셀에 사용된 반도체 물질이 비용 절감 가능성을 크게 가지고 있으나 반면에 spotlight 물질은 비용을 절감할 여지가 별로 없다. 최근에 태양광 제품 비용은 매년 5~10%씩 감소하고 있으며, 반면에 태양광 전환율은 매년 0.2%씩 상승추세에 있어, 앞으로 태양광 에너지는 많은 가정에 적용될 것으로 예상된다.

바이오매스 에너지 산업의 내수 발전은 2006년에 놀랍게 이루어졌다. 예를 들어 Henan Tianguan Group의 자회사인 Tianzhiguan Renewable Energy Co.은 셀룰로오스로부터 알코올의 효소 생산에 관한 핵심기술연구 프로젝트를 수행하고 있다. 내수 바이오매스 에너지 산업의 장애물은 원료, 가격, 정책의 3가지이며, 이 중 원료의 공급원은 바이오매스 에너지 개발의 근본적인 이슈이다. 현재 알코올 연료의 공급원은 옥수수, 쌀, 밀과 같은 곡물로부터 점차적으로 경제작물로 변경되고 있고, 정부는 또한 사탕수수, 카사바, 단수수와 같은 작물로부터 알코올연료를 생산하는 것을 장려하고 있다. Tianguan Group은 Henan(허난성)에 2백만mu[21]의 사탕수수와 2백만mu의 옥수수 생산 기반을 포함하여 자체 농업기반을 설립하였고, 라오스와 타 지역으로부터 카사바를 수입하여 원료 이슈에 대응하고 있다.

국내 바이오매스 에너지 생산기업은 정책 보조금 없이는 수익을 낼 수가 없다. 다양한 원료의 확장과 고효율 에너지 전환 기술에 대한 연구개발이 생산비용 절감과 관련 기업의 발전을 이끌게 될 것이다.

지난 10년 동안 석탄은 중국에서 가장 주된 에너지로 청정 석탄기술의 연구개발이 중국에서는 매우 중요한 실정이다. Shanghai Electric Power Generation의 연구개발센터가 2007년 11월 28일에 설립되었다. Shanghai는 주목할 만한 성과를 청정석탄기술로부터 얻었다고 할 수 있는데 첫 번째 성과는 석탄 가스화에 기반을 둔 polygeneration 시스템에 관한 핵심 기술에 대한 연구개발이며, 두 번째 성과는 저질소 산화 연소 기술에 대한 연구개발이다.

중국의 불충분한 신재생에너지 산업개발에 대한 보조금은 수요 진작의 한계를 보정하고 그린 에너지 산업의 발전을 지연시키고 있다. 2009년 3월 27일 재무부는 국내 태양광 산업에 대한 보조금을 시행하였고, watt당 RMB 20의 보조금 지급은 태양광 에너지 비용의 50%에 달하는 금액이다. 새로운 보조금 정책에 따라 중국에서 태양전기 비용은 RMB 0.28~0.42까지 낮아지고 있으며 이에 비해 국내 전기가격은 0.28~0.6RMB 수준이다. 보조금 지급 전 태양광 가격은 국내 전기가격보다 높은 RMB 1.5~2 수준에 해당한다. 중국은 2010년까지 전체 에너지 소비의 10%를 신재생에너지원으로 충당할 계획을 가지고 있으며 2015년까지 15%를

21 1mu는 약 150평.

목표로하고, 미국, 유럽, 한국을 포함한 많은 국가들이 이미 태양광 산업에 대한 투자를 하고 있다.

중국에서 태양광, 풍력과 같은 신재생에너지 발전을 위한 재정적인 지원은 체계적이지 않으며 관련된 세금우대 정책은 아직 나타나고 있지 않은 실정이다.

라. 기타 지역

1) 호주

호주 정부는 기후변화에 대한 적극적 대응을 위하여 2011년 7월 10일 청정에너지미래(Clean Energy Future)라는 국가 기후변화전략을 발표하고, 탄소가격제 도입 및 세부 시행계획을 규정하는 청정에너지종합법안(Clean Energy Legislative Package: CELP)을 발표하였다. 특히 CELP는 탄소가격제 도입의 상세 내용을 규정한 청정에너지 법안(Clean Energy Bill), 탄소가격제 운영기관 설립을 규정하는 청정에너지 규제당국법안(Clean Energy Regulator Bill), 정부의 기후변화정책 자문기관인 기후변화청 설립을 규정한 기후변화청법안(Climate Change Authority Bill) 등 총 18개 법안으로 구성되어 있으며, 동 법안은 2011년 10월 하원을 통과하였고, 동년 11월 상원에서 가결되었다. 이에 따라 2012년 7월~2015년 6월까지 1단계에서는 개별 기업이 정부가 설정한 가격으로 온실가스 배출량에 상응하는 비용을 지불하는 고정가격제, 2015년 7월부터는 탄소가격이 배출권 수급에 의해 결정되는 탄소배출권거래제도가 시행될 예정이다.

탄소가격제의 적용대상은 고정연소, 산업공정, 폐기물, 탈루성 배출로서 이산화탄소를 연간 25,000톤이상 배출하는 직접배출업체이며, 감축목표는 2020년까지 2000년 대비 5%를 감축하는 것을 목표로 하고 있다. 1단계 기간에는 배출량의 제한은 없으며, 에너지 다소비기업(시멘트, 철강, 알루미늄, 석탄 등)은 배출권의 일부를 무상할당받으며, CO_2 1톤당 23호주달러(A$)에 배출권을 구입하도록 하되, 매년 2.5%씩 인상하게 되며, 범칙금은 해당연도 배출권 가격의 1.3배이다.

EU ETS와 비교시, EU ETS에서는 규제 대상을 이산화탄소에 국한하고, Phase III에서 규제 대상 범위를 확대하고 있으며, 발전소와 산업시설만을 규제 대상 산업에 포함하고 있다. 그러나 호주의 CPRS는 이와 달리 6개 온실가스를 규제 대상으로 정하고 있으며, 발전소와 산업시설뿐만 아니라 수송부문, 폐기물 부문을 포함한 광범위한 경제 주체를 규제 대상에 포함하고 있다. 따라서 화석 연료 공급자가 배출권을 구매·납입할 의무가 있을 뿐 연료 소비자는 동 의무가 부과되지 않는다. 즉, 정유사나 석탄과 같은 화석 연료 공급업자는 발생하는 이산화탄소에 해당하는 배출권을 구매하고 이를 납입한 이후 이를 제품가격에 포함하여 소비자에게 전가하게 된다. 규제 측면에서 연료소비자인 개인에게 의무를 부과하는 대신 정유회사 등 공급업자를 규제 대상에 포함시킴으로써 제도 운영이 용이하게 된다.

또한 EU ETS는 Phase I 및 Phase II에서 과거 온실가스 배출량을 기초로 무상 할당되는 방식이지만, 호주는 기업이 매월 실시하는 경매에서 필요한 만큼의 배출권을 구매하도록 하는 '유상경매' 방식을 실시한다.. 다만, 호주와 유럽 모두 온실가스 다배출산업이면서 무역에 노출된 산업(emission intensive trade exposed industries)에 무상으로 배출권을 분배하는 예외 조항을 두고 있다.

2015년 7월 1일부터 적용되는 탄소유동가격제(Carbon Pricing Mechanism: CPM)는 2014년 5월 해당기간 배출총량을 발표할 예정이며, 이를 토대로 경매를 통해 할당하고, 동 기간 배출권은 사전에 설정된 하한가와 상한가 범주 안에서 유동적으로 결정되나, 2018년 7월 이후 이러한 배출권 가격제는 폐지되고 자유롭게 시장 수급에 따라 결정되도록 할 방침이다.

또한 2012년 9월 호주 정부와 유럽의회가 배출권거래 플랫폼을 연계하기로 합의했다. 2015년 7월 1일부터 호주의 CPM은 EU ETS와 시범적으로 시장을 연계하여 두 시장 간 가격 동조화 작업을 시행할 예정이다. 이를 위하여 호주는 탄소배출권의 최저 가격제를 철회하고, 총량할당제 시장에 의해 규제받는 기업들이 UN 오프셋을 사용하는 것을 제한할 예정이다. 두 시장의 완전한 연계는 늦어도 2018년 7월 1일 전에 이루어질 것이며, 이로 인하여 두 시장의 유동성 공급이 보다 용이해질 전망이다.

호주는 이러한 정책으로 인한 부정적 영향을 최소화하기 위하여 탄소가격제 도입으로 인한 국가 수익의 40%를 산업계에, 50%를 가정 부문에 지원할 예정이다. 특히, 탄소가격제 시행으로 피해 받는 산업을 지원하며 환경친화적으로 생산과정을 재정비할 계획이다. 이는 고용 및 경쟁력 지원책(jobs and competitiveness program), 철강산업 지원책(steel transformation plan), 석탄산업 지원책(coal sector jobs package), 녹색기술 지원책(clean technology program)으로 초기 3년간 철강, 알루미늄, 콘크리트, 시멘트 제조업체 등 탄소집약도와 무역집약도가 높은 산업 활동에 지원할 방침이다.[22]

또한 가정 부문은 연금 확대, 소득세 감면 등 재정적 지원을 제공할 예정이다. 더불어 호주는 재생에너지 개발 및 에너지 기술 효율성 향상과 사업화를 위한 투자, 융자를 지원하기 위하여 청정에너지금융공사(Clean Energy Finance Corporation: CEFC)가 설립되었다. CEFC는 저탄소 기술과 에너지 효율 개발 및 상용화 과정에서 자본 조달의 어려움을 제거할 목적으로 동 분야에 대하여 10억호주달러 규모의 투자를 할 계획을 가지고 있으며, 민간 중심의 투자를 이끌어내기 위하여 민간 부문의 투자를 촉진할 수 있는 기관으로 기능하도록 하며, 투자를 통해 이익이 재투자될 수 있는 시스템을 구축할 예정이다. 하지만, 정부가 바뀌면서 동기관의 지속가능성은 불투명하게 되었다.

2) 뉴질랜드

뉴질랜드는 2007년 9월 20일에 '기후 변동 솔루션' 및 '배출량 거래 scheme'을 발표하였으며, '기후 변동 솔루션'에서는, 카본·뉴트럴의 목표를 전력부문 2025년까지 달성, 고정 에너지 부문 2030년까지 달성, 운수 부문 2040년까지 달성, 기타 모든 에너지 부문 2040년까지 달성하는 목표를 설정하고 있다.

'배출량 거래 scheme'은 각부문에서 단계적으로 도입하고 대상 가스는 6개 가스로 ① 총량 목표를 설정하고 총량은 장기에 걸쳐 단계적으로 조정하되, 배당은 매년 실시하고, ② 삼림, 산업, 농업 부문에 있어서 기본적으로 무상 할당하고 2013~2025년경에 전량을 옥션으로 배당하며, ③ 운수 부문, 그 밖의 에너지 부문, 폐기물 부문의 배출에 관해서는 유상 할당을 원칙으로 하는 것을 기본적인 원칙으로 삼고 있다.

뉴질랜드 의회는 2008년 9월 25일에 기후변동대책(배출량 거래)법 2008년 개정 법안을 가결하여, 2008년 9월 26일에 시행하였다. 2009년 9월 24일에 정부는

---

22 고용 및 경쟁력 지원책(jobs and competitiveness program)의 예산은 92억호주달러에 이를 것으로 알려져 있다.

여섯째, 녹색기후기금의 설립으로 향후 기후변화 대응 분야에서 본격적인 자금이동 현상과 프로젝트 개발 및 투자가 활발하게 진행될 것이다. 동 분야는 규모가 크고, 장기적인 투자가 필요하므로, 건설, 에너지 분야에서 세계적 경쟁력이 있는 한국은 미래의 새로운 산업으로 기후변화 산업을 적극 검토하고 투자를 준비해야 할 것이다.

제4장

녹색기후기금(GCF)의 설립

Climate Finance

1 GCF 설립 과정[1]

가. 새로운 기후기금 조성 논의

기후변화에 대한 신속하고 강력한 조치로 얻는 편익은 비용을 초과할 수 있으며, UNFCCC를 중심으로 기후변화 완화를 위한 전세계적 노력이 강조되고 있다. UNFCCC는 산업화에 성공하고 온실가스 배출의 역사적 책임을 지닌 선진국과 향후 산업화가 필요한 개발도상국의 갈등이 존재하므로, 이에 대한 공통의 그러나 차별화된 노력을 강조하고 있다. 또한 온실가스 배출저감에 대한 일부국의 무임 승차 유인 해소를 위한 국제협력이 필요하며, 개도국 기후변화 대응 사업을 위한 선진국과 개발도상국 합의에 기초한 종합적이고 체계적인 기후변화 자금 지원 체계 구축에 대하여 논의하게 되었다. 즉, 개발도상국의 기후변화 대응의 필요성 증대와 이를 지원하기 위한 선진국의 종합적·체계적인 자금 지원에 대한 국제적 공감대가 형성되어 UNFCCC를 통해 GCF가 출범하게 되었다.

개도국의 기후변화 대응을 위한 재원 조성에 대한 논의가 구체화되기 시작한 것은 2009년 12월 코펜하겐에서 개최된 제15차 당사국총회(COP 15)이다. COP 15에서는 2012년 종료 예정인 교토 협약의 뒤를 잇는 후속 협약을 마련하여 선진국과 개도국이 모두 참여하는 새로운 글로벌 기후변화 질서를 만들어 내기 위한 목적으로 개최되어 각국 온실가스 감축 목표의 설정 및 개도국 지원을 위한 기금 마련에 대하여 논의하였다.

전 세계 123개국 정상들은 국제적 기후변화 대응 노력의 강화 방안을 담은 '코펜하겐 협약문(Copenhagen Accord)'에서 기온 상승을 산업화 이전 대비 2℃ 이내로 제한하기 위한 탄소감축을 실현하기 위하여 선진국(Annex I)은 교토의정서보다 강화된 목표제출 및 이행을 약속하고, 개도국은 자발적 감축계획 제출 및 이행 결과를 제출하도록 하였다.

개도국 감축행동의 투명성을 제고하기 위하여 선진국의 재정지원을 받지 않

---

1 노희진·김규림(2013) 참조.

🔖 그림 4-1 개도국 기후변화 대응 지원을 위한 금융 및 투자 흐름

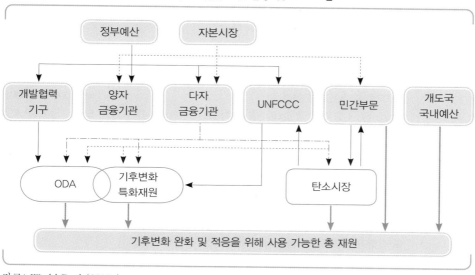

자료: World Bank(2010c)

는 독자적 감축행동은 2년마다 국가 보고서를 작성·제출하고 자체적인 측정·보고·검증(Measuring·Reporting·Verifying: MRV)을 실시하되, 선진국의 재정 지원을 받는 감축행동은 등록부(registry)에 등록하고 국제적인 측정·보고·검증(MRV)을 실시하도록 하였다.

기후변화 재원 조성과 관련하여 선진국은 2010~2012년에 300억달러를 조성하고, 2013~2020년까지 매년 1,000억달러의 재원을 조성하는 목표를 설정하였으며, 재원의 출처는 공공재원 및 민간 재원, 양자 및 다자지원, 항공·해운 부문에 대한 배출부담금 부과와 같은 혁신적인 재원 조성 방안 등 다양한 방식으로 재원을 조성하여 지원하기로 하였다. 재원의 일부로 코펜하겐 기후변화기금(Copenhagen Green Climate Fund)을 설치하여 개도국의 감축·적응 등을 지원하기로 하였으며, 고위급패널(High Level Panel)을 설립하여 향후 잠재적인 재원 출처 등에 대하여 연구하기로 합의하였다.

그러나 미국, 일본 캐나다 및 EU와 개도국의 입장이 서로 상이하여 개도국 지원 기금의 모금 방법 및 관리 방안 등 재원과 관련된 주요 이슈에 관하여는 완전한 합의를 도출하지 못했다.

📋 표 4-1 코펜하겐 재원 지원에 관한 국가별 입장

이슈	미국, 일본, 캐나다	EU	개발도상국
재원 규모	• 당초에는 단기적(2010~2012년)인 100억달러 조성에는 찬성 • 장기적 재원조성(2013~2020)은 소요재원 추산의 난해성, 정치적 이유로 인한 장기 공여 계획의 사전 약정이 어렵다는 이유로 부정적 입장 고수 • 최종적으로는 정치적 합의문상의 연간 1,000억달러 규모의 장기 재원조성에 동의	• 단기적(2010~2012년) 100억달러, 장기적(2013~2020년) 연간 1,500억달러의 재원 조성 필요 주장	• 매년 선진국 GNP의 0.5~1% (2007년 약 2,000~4,000억달러) 지원 요구 • 일부 최빈국을 중심으로 코펜하겐 회의에서 단기 100억달러 및 장기 1,000억달러 규모에 긍정적 평가
재원 공여 주체	• 최빈국을 제외한 모든 국가		• 선진국만 공여
재원 공여 기준	• '국가적 상황'과 '개별적 능력'에 따라 자율적으로 공약 (multi-year pledge)	• GDP · 배출량 등 특정 기준에 따른 공식(formula)에 따라 부담[1]	• 매년 선진국 GNP의 0.5~1%
재원 형태	• 민간재원 · 탄소시장 등 민간부문이 개도국 지원의 중심이 되어야 하고, 공공재원은 민간투자의 촉매적(catalytic) 역할에 국한되어야 함	• 민간재원 · 탄소시장 등 민간부문의 역할이 중요하나, 공공재원 역시 민간재원이 투자되기 어려운 부문에 있어서는 중요한 역할	• 공공재원이 중심이 되어야 하며, 민간재원과 탄소시장은 공공재원의 보충적 역할
ODA와의 관계	• 기존 ODA 증대 부분뿐만 아니라 기존 ODA의 기후변화 지원에 사용된 부분은 기후변화 지원에 포함	• 원칙적으로 개도국 기후변화 지원을 위한 신규자금 조성은 기존 ODA보다 최소한 증대된 부분이어야 한다는 입장 – 다만, 영국의 경우 「Road to Copenhagen」(2009.6)에서 기후변화 재원과 개발재원 간 구별이 어려운 점을 감안, 기존 ODA에서 10%까지만 기후변화 관련 지원으로 사용할 수 있다는 입장 제시	• 기존 선진국의 ODA 재원과 별도의 새롭고 추가적인 재원이 기후변화재원으로 활용되어야 함

재원 용도	• 새로운 펀드를 조성하여 감축·적응 부문 등에 투자	• 단기적으로 새로운 펀드를 조성하는 것보다 개도국 역량증진 기능에 치우쳐 있는 GEF의 기능을 보완하는 것이 합리적	• 감축, 적응, 기술이전, 역량증진 등 다양한 부문에 균형적 지원 요구

주: 1) 국가별로 자국 상황에 유리한 조전을 제시하여, EU는 허용·배출량 유상할당 등을 통해 신규 재원 확보가 가능하고, 배출량이 전세계 배출량의 약 10%에 불과하다는 점에서 배출량·GDP 기준을 선호하는 반면, 미국은 배출권 거래제도가 시행되지 않아 신규 재원 확보가 쉽지 않고, GDP·배출량 기준에 따른 공여시 약 1/4을 분담해야 함

2010년 제16차 칸쿤 당사국총회(COP 16)에서는 교토의정서 1차－2차 공약기간 간에 공백이 없도록 하며, 선진국과 개도국 모두 저탄소 발전전략을 마련하고, 개도국의 기후변화 지원을 위해 선진국의 GCF 마련에 합의하였다. 칸쿤 합의문(Cancun Agreements)은 정치적 합의수준에 머물렀던 코펜하겐 합의문과 달리 유엔체제로 공식 채택되었으며, GCF의 설립에 대한 내용은 칸쿤 합의문 제102항에 명시되어 있다.

칸쿤 총회에서 선진국들은 개도국에 대한 지원자금이 280억달러에 이를 것으로 발표하였는데, 개도국은 선진국의 단기재원 공약 이행 현황을 긍정적으로 평가하면서도 대부분의 지원자금이 감축(mitigation)에 집중되어 있으며, 적응(adaptation)에 대한 지원이 여전히 부족한 상황임을 주장하였다. COP 15에서 기금 설립에 관한 문안이 제공되었으나, 칸쿤 총회에서는 GCF 설계에 관한 세부사항과 관련하여 개도국의 의견이 받아들여졌다. 코펜하겐 합의문에서 명시된 바대로 선진국은 2010~2012년까지 300억달러의 단기재원을 제공하고, 2020년까지 연간 1,000억달러의 장기재원을 조성하는 데 합의하였으나, 구체적 자금 조성 방안에 대해서는 합의하지 못하였다.

기후기금의 용도는 개도국 산림 보호 조치 지원, 청정에너지 기술의 개도국 이전과 개도국 적응 비용 지원을 위해서 사용되도록 하되, 기후변화에 취약한 군소도서국(Small Island Developing Countries: SIDs), 최빈국(Least Developed Countries: LDCs) 및 아프리카 지역 국가들은 감축과 적응에 대한 균형있는 지원(balanced allocation between adaptation and mitigation)을 강조하고, 특히 적응 지원시 기후변화 취약국을 우선적으로 고려해줄 것을 요청하였다.

개도국은 선진국의 단기재원 제공에 대한 정보가 체계적으로 관리되어야 하며, 이에 대하여 선진국은 공신력 있는 기관에서 이미 관련 정보를 수집하여 발표하고 있으므로 별도의 보고서 제출은 비효율적이라고 대응하였지만, 개도국은 협약 외부 기관이 아닌 UNFCCC 사무국에 관련 자료를 제출할 것을 요구하였으며, 이러한 주장이 받아들여져 2011~2013년 매년 5월에 전년도 단기재원 제공 내역 및 공약 이행 현황을 사무국에 제출하기로 하였다.

선진국은 장기재원 조성 목표는 개도국의 의미있는 감축행동과 그 이행의 투명성이 보장될 경우 달성할 수 있으며, 장기재원의 출처는 공공자금뿐만 아니라 민간, 양자 및 다자는 물론 대안적 재원까지 포함하도록 하고자 한다. 장기재원 출처와 관련하여 고위급 자문그룹(High Level Advisory Group in Climate Change Financing: AGF)을 구성하고, 잠재적 출처에 관한 연구를 하도록 지시하였다. 또한 칸쿤 합의에서는 이에 따라 GCF의 재정 메커니즘을 총괄하는 COP 산하 조직으로서 상설위원회(Standing Committee)를 구성하도록 하였다.

나. GCF 설립 합의 및 사무국 유치국 결정

2011년 제17차 더반 당사국총회(COP 17)에서는 2012년 만료 예정인 교토의정서를 연장함에 따라 선진국과 개도국 모두가 참여하는 새로운 기후변화체제를 마련하는 것에 합의한 더반 플랫폼(Durban Platform)을 채택하였으며, 이에 2020년부터 모든 국가가 참여하는 새로운 기후체제를 출범시키기로 합의하였다.

그러나 실질적으로 온실가스를 감축하기 위하여 필요한 의무 감축국 목표설정, 감축기간 및 방법, GCF 분담률 및 지원방안 등의 주요 사항과 구체적인 이행방안은 합의가 이루어지지 못하였다. 그러나 GCF의 장기재원 워크 프로그램(Work Programme)을 구성하기로 합의하고, 장기재원 조성방안 논의를 위해 2012년 두 차례 워크샵을 진행하였다. 주요 이슈는 다양한 출처로부터의 재원 조성방안, 개도국의 자금 수요, 민간재원 유도 및 공공-민간 재원 연계 방안 및 자금의 전달(delivery) 방식에 관한 사항들이었으며, 상설위원회 구성과 역할을 구체화하였다.

우리나라는 제17차 더반 당사국총회(COP 17)에서 GCF 유치 의사를 공식 표명하였으며, 아울러 제2차 GCF 이사회 개최, GCF 초기 출범비용 지원, 포럼 개최를 제안하였다. 2012년 4월 15일 한국, 독일, 스위스, 멕시코, 폴란드, 나미비아 등 6개국이 임시사무국에 유치신청서를 제출하였는데, 제1차 이사회(스위스 제네바)에서 선진국 12국, 개도국 12국으로 구성된 24개국 대표로 이사회를 구성하고, 유치국 선정을 위한 평가위원회를 선정하게 되었다. 2012년 9월 16일~18일 워싱턴 DC에서 평가위원회가 후보국을 대상으로 평가회의를 개최하여 한국, 독일, 스위스 3개국에 대해 전 항목 '충족(Green Light)'으로 평가하였다. 이어 2012년 10월 20일 제2차 이사회에서 한국의 송도를 GCF의 유치 도시로 결정하게 되었으며, 카타르에서 개최되는 제18차 당사국총회(COP 18)에서 선정 결과를 인준하는 과정을 밟았다.

이사국들은 건물·운영비 제공, 2017년까지 4,000만달러의 개도국 역량강화 지원 등 한국의 유치제안이 GCF의 원활한 운영을 위해 충분한 조건을 갖추고 있으며, 특히, 독일, 스위스 등 선진국과 경쟁할 수 있는 우수한 패키지를 마련하여 지원한 것으로 평가하였다.

표 4-2 GCF 유치를 위한 패키지 지원 비교

	한국	독일	스위스
임시사무국	200만달러	300만유로	990만달러
사무국운영비	年100만달러(2019년까지)	年400만유로(영구)	
기금지원	4,000만달러	미표기	330만달러
건물	I-Tower 15개층 (21,500m²)	신축(7,500만유로)	WMO활용(3년)
회의지원	컨벤시아20일(年50만불)	행사비 年200만유로	컨벤션센터무상
기자재 지원	150만달러	–	33만달러
정착지원	30만달러 상당	이주비 80만유로	–
회의참석경비	–	年100만유로	40만달러
합계 (건물·기타 제외)	초기 4,430만달러 年100만달러(~2019년), 컨벤시아年50만달러	초기 480만유로 年700만유로	초기 1,400만달러 컨벤션센터무상

자료: 기획재정부(2012)

GCF 유치로 우리나라로서는 중량감 있는 국제기구를 처음 유치하는 역사적인 성과를 이룬 것으로 평가되며, 특히, 기후변화 분야 원조규모 세계 2위인 독일의 전방위적인 유치활동을 극복하고 유치에 성공했다는 점에서 의미가 있다. 이는 환경관련 기구가 유럽에 편중되어 있는 상황에서 우리나라가 그동안 추진한 녹색 성장 정책과 노력이 국제적으로 인정받고, 선진국과 개도국 간 가교역할을 할 수 있다는 점을 국제사회가 공감한 결과로 평가된다.

다. GCF 이사회의 논의

스위스 제네바에서 열린 GCF 1차 이사회(2012. 8. 23. ~ 25.)에서는 GCF 사무국 유치국가 선출방식, 공동의장 선출, 이사회 활동계획 등에 관한 사항이 논의되었다. 한국 정부는 1차 이사회에 교체이사국으로 참석하여 독일, 스위스, 멕시코, 폴란드, 나미비아 등 사무국 유치를 신청한 5개국과 더불어 24개 GCF 이사국 및 24개 교체이사국 등을 상대로 GCF 사무국 유치를 홍보한 바 있다.

인천 송도에서 열린 GCF 2차 이사회(2012. 10. 18. ~ 20.)에서는 GCF 사무국 유치도시로 대한민국 인천 송도가 확정되었으며, 독일 베를린에서 열린 GCF 3차 이사회(2013. 3. 13. ~ 15.)에서는 한국과 GCF 간 본부협정(Headquarters Agreement)이 승인되었다. 본부협정은 우리나라 정부와 GCF가 협정 발효에 필요한 내부절차를 완료하고 이를 상호간 통보하면 발효되도록 하였으며, 이에 따라 GCF와 직원이 특권과 면제권을 갖게 된다. 이러한 본부협정으로 GCF 사무국의 인천 송도 이전을 위한 법적 기반이 마련된 것으로 평가된다.

3차 이사회는 한국이 GCF 유치국으로 선정된 이후 최초로 개최되었으며, 동 이사회에서는 향후 운영 방향 및 사업모델 등이 광범위하게 논의되었다. GCF 사업모델과 관련하여 개도국의 수요가 반영될 수 있도록 국가 오너십(country-ownership)에 합의하고, GCF 성공을 위해 민간부문 참여 중요성을 재확인하였다. 특히, 투명하고(transparent), 책임성이 높으며(accountability) 상당한 규모가 조달될 수 있는(scalable) 사업모델의 개발이 필요함에 합의하였다. 재원조달과 관련되어 선진국은 사업모델이 확정되기 전 재원을 조성하는 것이 어렵다는 입장을 견지한 반면, 개도국은 신속하게 재원이 조달되어야 하며, GCF 운영 초기부터 우선적으로 능력배양 사업이 추진되기를 요구하였다.

인천 송도에서 열린 4차 GCF 이사회(2013. 6. 25. ~ 28.)는 헬라 체크로흐(Hela Cheikrouhou) 아프리카개발은행(African Development Bank: AfDB) 국장을 GCF 초대 사무국장으로 선출하고, GCF 사업모델의 주요 원칙 및 향후 일정에 대해 합의하였다. 3명의 최종 후보 중 GCF 초대 사무국장으로 선출된 헬라 체크로흐 국장은 튀니지 출신으로, 현재 AfDB의 에너지 · 환경 · 기후변화분야를 총괄하고 있으며, World Bank 및 씨티그룹에서 개발 금융 관련 업무를 담당한 바 있다.

사무국 행정체계에 관하여 UN체제와 다자개발은행(Multilateral Development Bank: MDB)의 특징을 융합한 복합모델(hybrid model)[2]을 GCF 사무국 기본 행정체계로 승인하며, GCF 사업모델의 ① 목표/결과/성과지표, ② 수원국 주인의식, ③ 접근방법, ④ 금융수단, ⑤ 민간투자기구, ⑥ 조직 및 구조 등 핵심 6개 항목에 대해 논의하기 시작하며, 기본 목표와 방향에 대해 합의하였다.

이후 2013년 12월 4일 인천 송도에서 개최된 GCF 사무국 출범식에 박근혜 대통령을 비롯해 김용 세계은행그룹(WBG) 총재, 크리스틴 라가르드 국제통화기금(IMF) 총재, 크리스티아나 피겨레스 유엔기후변화협약(UNFCCC) 사무총장 등 약 400명이 참석, 높아진 한국의 위상을 실감케 하였다.

GCF 사무국은 사업부서(적응 · 감축), 민간참여(PSF), 국가전략부서, 대외협력, 행정지원 부서 등 5개 부서로 구성되며, GCF 성공을 위한 가장 중요한 부분은 재원 마련이다.

녹색기후기금(GCF)이 인도네시아 발리에서 열린 제6차 이사회를 통해 사업모델 가운데 재원배분 원칙과 독립평가 감사기구 설립방안, 사무국 운영규칙 등을 승인하였고, 오는 5월 인천 송도에서 개최 예정인 제7차 회의에서 초기재원 조성을 위한 사업모델 최종 합의를 도출하기로 의견을 모았다. 한국은 사업모델에 대한 논의를 촉진하고 가능한 조기에 합의를 도출하기 위해 4월경 비공식 GCF 이사회를 긴급안건으로 제안하였으며, 선진 · 개도국의 전폭적인 지지속에 통과되었다. 한국은 GCF 공동의장 및 사무국과 비공식 이사회 일정 등을 조만간 논의할 예정인바, GCF 유치국으로서 GCF의 재원조성 등 성공적인 운영을 위한 선진 ·

---

2 특권 · 면제는 UN체제를 따르고, 인력 · 재정 등 행정절차는 ADB 체제를 적용하는 방식이다.

개도국간 가교역할을 지속적으로 수행해 나갈 예정이며, 아울러 6차 이사회에서 독일과 함께 능력 배양 사업에 대한 합의를 주도함으로써 재원조성이 본격화되기 전에 GCF의 초기사업 개시에 크게 기여하였다.[3]

2 기존 국제기후기금 개관 및 GCF 특성

가. 기존 국제기후기금

1) 지구환경기금(GEF)

지구환경기금(Global Environment Facility: GEF)은 1991년에 World Bank의 10억달러 규모의 파일럿 프로그램으로 설립되었으며 1992년 리우 정상회의를 통해 World Bank 체제와 독립되는 별도의 기구로 탄생하였다. 1987년 Brundland Commission 보고서에서는 환경보전을 위한 사업 및 전략사업에 자금이 부족함을 지적, World Resource Institute에 이에 관한 연구를 위임하였으며, 3차에 걸친 OECD 산하 개발원조위원회(Development Assistance Committee: DAC), 국제연합개발계획(United Nations Development Programme: UNDP) 및 UNEP 회의를 통해 GEF 목표, 조직 형태, 자금공여 방법 등을 검토하고 1991년 3월 World Bank 이사회에서 GEF의 설립을 승인하였다. 이후 1992년 리우 정상회의에서 세계은행 체제와 독립적인 기구로 승인되었다.

GEF는 지구환경 개선 및 지속가능한 발전을 위한 핵심적인 역할을 수행하는 금융기구로 개발도상국의 환경보호 프로젝트에 대한 무상지원 및 장기 저리의 양허성 자금을 지원하는 것을 목적으로 한다. 1991년 5월, 미국 워싱턴 DC에서 GEF 제1차 참가국 회의를 개최하고, 1991~1993년간 시험 운영(pilot phase)을 거친 후 1994년 3월, GEF를 발족하여, 초기 20억달러 재원을 조성하여 사업을 수

---

3 2014.2.24. 기획재정부(보도자료), 제6차 녹색기후기금(GCF) 이사회 결과—한국과 독일 주도로 GCF 능력배양 사업 개시의 기반 마련.

행하였다. 우리나라는 1994년 5월 GEF에 가입한 바 있다.

현재 GEF에서 승인하고 있는 기금은 GEF Trust Fund, 최빈국기금(Least Developed Countries Fund: LDCF), 특별기후기금(Special Climate Change Fund: SCCF)이다.

가) GEF Trust Fund

GEF Trust Fund는 지구환경 개선 및 지속가능한 발전을 위한 지원을 목적으로 하며, 주요 지원분야는 기후변화, 생물다양성, 국제 수자원 관리, 오존층 파괴 방지, 잔류성 오염물질저감, 토양보존 등이다.

GEF의 지원기준은 지구환경 개선에 기여하면서 지역적 차원에서 경제적 채산성이 없는 사업으로 현재 GEF는 생물다양성협약(Convention on Biological Diversity), UNFCCC, 사막화방지협약(United Nations Convention to Combat Desertification), 스톡홀름협약[4]의 재원 메커니즘 역할을 수행하고 있다. 또한 GEF의 지원 대상은 국제부흥개발은행(International Bank for Reconstruction and Development: IBRD), 국제개발협회(International Development Association) 융자 대상국 및 UNDP 기술지원 수혜국, World Bank 지원기준 1인당 GNP 4,465달러 이하 국가 및 개별 협약상의 수혜 대상국이다.

GEF 최고의사결정은 모든 회원국대표가 참가하는 총회(assembly)로 현재 183개국의 회원국 대표가 참가하고 있으며, 3~4년마다 회의를 개최하여 GEF 운영 전반에 관한 정책 검토·운영 및 평가를 담당한다. 총회는 GCF 수단, 규칙 등을 설정하고, 개정안에 대한 승인권을 가지고 있다. 이사회(council)는 32개 이사국 그룹으로 구성(개도국 16국, 선진국 14국, 전환국 2국)되며, 6개월마다 이사회를 개최하여, GEF 사업 승인 및 운영방향을 결정하는 주요의사결정기구이다. GCF 이사회는 다른 국제금융기구와 달리 NGO와 시민사회의 대표 등에 대하여 문호를 개방하는 정책을 취하고 있다. GEF 이행기구(implementing agency)는 GEF 프로젝트를 제안하고 관리할 책임을 지닌 기구로서, GEF 프로젝트 개발, 구현 및 관리에 있어서 적격 정부 및 NGO 등을 지원하고 있다. 아시아개발은행

---

4 스톡홀름협약은 잔류성유기오염물질(Persistant Organic Pollutants: POPs)의 국제적 규제를 위해 2001년 5월 채택된 협약으로, 'POPs 규제협약'이라고도 한다.

(Asian Development Bank: ADB), 국제연합식량농업기구(United Nations Food and Agriculture Organization: FAO), IBRD, 미주개발은행(InterAmerican Development Bank: IDB), 국제농업개발기금(International Fund for Agricultural Development: IFAD), UNDP, UNEP, 국제연합공업개발기구(United Nations Industrial Development Organization: UNIDO) 등 10개 국제기구가 이행기구로 공동재원 조성 및 사업 개발과 수행에 핵심적인 역할을 수행한다. 이행기구는 전문지식과 경험이 부족한 부문의 사업 개발의 경우 보완 역할을 하는 다른 가구와 공동으로 협업하기도 한다. 사무국(secretariat)은 이사회와 총회와 직접 교류하며, 이행기구의 작업 프로그램을 통합·조정함과 동시에 기타 기구와 정보를 교류하는 기능을 한다. 과학기술자문패널(Scientific and Technical Advisory Panel: STAP)은 분야별 과학자로 구성된 독립된 그룹으로 GCF의 전략적·과학적·기술적 부문을 자문하는 역할을 담당한다. 동 패널은 주요 분야의 6명 전문가를 중심으로 구성되며, 추가적으로 전문가들의 지원을 받도록 되어 있으며, 사업별 우선 순위 등 프로젝트 및 프로그램의 접근방식에 대한 기준 설정, 연구사업과 자료의 통합 등을 조정하는 기능을 수행하고 있다.

GEF의 재원은 국가 공여 재원조성(replenishment)과 공동재원조성(co-financing) 두 가지 방식으로 조달된다. GEF의 국가 공여 재원조성은 4년 단위로 이행되는데, World Bank가 GEF 기금의 신탁기관이며, 협상 기간에 각 공여국이 합의한 금액을 4년에 걸쳐 공여받게 된다.

새로운 공여기간에 대한 공여액은 이전 공여기간 동안의 프로젝트 이행 및 성과를 토대로 국가별로 자발적으로 결정되고, 국내의 정책적·법률적 한계로 인해 공약한 재원의 공여가 어려운 경우, 공약금액을 추후 완납하겠다는 보증문서를 제출하고, 최대한 빠른 기간 내에 공여이행 완료를 위해 노력해야 한다.

공여재원은 특별인출권(Special Drawing Rights: SDR) 또는 그에 준하는 국제통화로 공여되어야 하며, 2006~2008년도 사이에 연간 10% 이상의 물가상승이 있었던 공여국의 경우, 해당국 통화의 불확실성을 고려해 SDR의 형태로 공여액을 지불할 수 있도록 한다.

현재, GEF 제5차 국가 공여 재원조성 기간(GEF-5, 2010.7.1.~2014.6.30.)에 해당되는데, GEF-5는 신탁기관에 공여국의 기여분이 총 13억 7,000만SDR

이 넘는 시점부터 유효하며, 2011년 3월 31일 전까지 GEF-5가 발효되지 않을 경우, 신탁기관은 이를 공여국에 알리고, GEF 최고경영자와 이사회에 알리도록 하되, 신탁기관은 GEF-5 기금운영의 효율성을 극대화하기 위해 총 기여분이 4억 5,600만SDR 이상인 국가들이 공여이행 공식문서를 제출하는 경우, 해당 공약금의 25% 정도를 수탁한 것으로 간주하도록 하였다. 또한 2014년 6월 30일까지 공여이행 공식문서로 연기된 기여분을 제외한 나머지 공약금액이 신탁기관에 모이지 않을 확률이 높은 경우, GEF 최고경영자와 이사회와의 상의를 통해 이를 타개할 방안을 강구하도록 하고 있다.

GEF-5의 공여국들은 제4차 국가공여기간(GEF-4)에 비해서 54% 증가한 총 42억달러(27억 7,200만SDR) 공여에 합의하였고, GEF-5을 통해 마련되는 42억여 달러의 재원은 국가간 합의를 통해 기후변화, 생물종 다양성 부문 등 다음과 같이 분야별로 예산이 배정되었다.

공동재원조성(co-financing)은 정부, 양·다자간 기구, 민간부문, NGO, 프로젝트 수혜자 및 GEF 관련 기구들의 공여, 대출, 신용거래, 주식투자, 현물자산 지원을 통한 재원조성으로, 기존의 공여만으로는 재원충당이 어려워진 상황을 반영하여 2002년부터 GEF 이사회에서 이와 관련된 정책개발이 이루어져 왔다. 공동재원조성은 다양한 형태를 띠고 있는데, 현재 GEF의 공동재원조성은

표 4-3 제5차 국가 공여 재원조성기간 분야별 예산배정

분야	GEF-4 예산(백만달러)	GEF-5 예산(백만달러)
생물종 다양성	941	1,200
기후변화	941	1,350
국제 수역	332	420
토양 유실	279	400
화학물 관련 분야	319	420
민간부문 지원 프로그램	172	210
기타	149	200
총 재원	3,133	4,200

자료: World Bank(2010d)

GEF 이사회의 승인을 통해 할당되는 재원, 관련 기구 및 기관들로부터 직접 출자되는 재원, GEF 외의 출처(다자간 기구, 양자 개발원조 집행기관, 비정부기구(Non-government Organization: NGO), 민간 부문 등)를 통해서 마련되는 재원들, 정부재원 및 GEF 프로젝트 이행을 위한 인프라 마련에 쓰이는 기타 재원들로 이루어지고 있다.

개별 국제기구의 여건 및 능력에 따라 공동재원조성에 대한 선호도가 다르게 나타나며, 현재, ADB, FAO, IBRD, IDB, IFAD, UNDP, UNEP, UNIDO와 같은 이행기구가 공동재원조성에 활발히 참여하고 있다. 다만, GEF 체계에서 '관련금융(associated financing)'과 '레버리지 자원(leveraged resource)'은 협조융자에 포함시키지 않고 있는 실정이다.

평가 및 모니터링과 관련하여 GEF는 평가전담조직인 평가실(Evaluation Office)을 두고 있다. GEF는 1996년 사무국 내에 평가팀(Monitoring and Evaluations Unit)을 설치하였으나, 독립적 평가와 모니터링이 필요하다는 인식으로 2003년 평가팀을 독립평가실로 분리하여, GEF 위원회에 직접 보고하는 형태로 변경되었다.

평가실은 정책 수립이나 사업관리업무로부터 독립되어 평가업무를 수행하고 있는데, 평가 및 모니터링에 관한 원칙 및 기준 수립, GEF의 프로그램과 프로젝트에 대한 평가 및 모니터링 시스템의 수준 평가, GEF 평가 자료의 공유, 이행기구 또는 실행기구가 수행하는 프로젝트에 대한 독립적 평가 등에 관한 업무를 담당한다. GEF는 평가 및 모니터링에 있어 GEF 활동에 참가하는 파트너의 결과, 효율성, 과정 및 성과를 평가하여 GEF 목표 달성에 대한 책임성을 고취시키고, 지구 환경 개선에 기여하고자 평가 및 모니터링이 이루어지도록 하고 있다. 또한 GEF와 관련 파트너가 습득한 지식, 교훈 및 피드백을 향상시켜서 지식과 성과를 향상시키고, 프로젝트와 프로그램 관리, 전략 및 정책적 결정을 할 수 있도록 하고 있다.

평가실은 평가이사와 운영지식팀(operations and knowledge team), 국가포트폴리오 평가(country portfolio evaluations), 임팩트 평가(impact evaluations), 성과평가(performance evaluations), 평가팀(performace team), 테마팀(thematic team)에 소속된 15명의 전임직원으로 구성되어 있으며, GEF 위원회에서 평가이사를 임명

하게 된다.

GEF 평가실이 독립적인 평가를 수행하는 중추적 기구이지만, 평가실 이외에도 위원회(council), 사무국 등 GEF 내 다양한 조직이 모니터링 평가 관련 활동에 참여하고 있다. GEF의 위원회(council)는 모니터링 평가 전반에 대한 정책을 수립하고 기능을 감독하며, 모니터링 평가 활동을 위한 재원배분을 담당한다. GEF 사무국(secretariat)은 위원회에서 결정에 따라 지역별·기업별 성과프레임워크를 수립하고, GEF의 주요 사업 및 관련기관에 대한 포트폴리오를 점검한다. 또한 지식공유 활동을 통해 파트너십을 조정하는 역할을 수행한다.

이외에도 GEF의 사업수행기관인 World Bank, UNDP, UNEP 등은 사업수행기관 GEF 포트폴리오를 모니터링하고, 사업에 대한 프로젝트, 프로그램, 성과 등을 보고하며, 프로그램과 프로젝트 시행을 조정·관리하며, 국가 차원에서 프로젝트의 평가 및 모니터링 관련 정보를 공유하며, 국가 파트너와 교류하게 된다.

과학기술자문패널(STAP)은 모니터링과 평가와 관련된 과학기술적 측면을 자문하고, 과학기술 관련 지표 개발 등을 지원하며, 정보 및 지식 공유를 지원하는 역할을 담당한다. 그 외 국별 사무소는 프로젝트, 프로그램, 포트폴리오에 대한 모니터링과 평가 활동에 대해 협력하며, 시민사회, 민간부문 등은 평가에 대한 의견을 제시하는 등 모니터링과 평가활동에 참여한다.

GEF의 모니터링과 평가는 각 프로젝트와 프로그램 등을 대상으로 결과 중심의 성과기반관리(Risk-Based Management: RBM) 체계를 사용하고 있다. 모니터링은 프로젝트 및 프로그램 수준, 포트폴리오 수준 및 국가와 글로벌 수준 등 3가지 수준에서 이루어진다. 개별 프로젝트 및 프로그램 수준에서 활동과 금융자원, 결과 도출을 위한 진행 과정 등을 추적하며, 과정의 실행을 주요하게 모니터링하고, 포트폴리오 수준에서는 개별 국가별 포트폴리오, 이행기관 포트롤리오 등에 대한 모니터링을 포함하여 성과 도달 과정, 실행 결과, 산출물 등의 경향성을 주요하게 모니터링한다. 또한 국가 및 글로벌 수준에서 객관적 데이터를 기반으로 지구 환경 상태, 경향성 등을 모니터링한다.

GEF의 평가는 성과평가(performance evaluations), 국별 포트폴리오평가(country portfolio evaluations), 영향 평가(impact evaluations), 주제별 평가(thematic evaluations) 및 이에 대한 종합성과연구 등으로 이루어져 있다.

성과평가는 이행기구가 실시한 사업에 대한 종료평가(terminal evaluation)를 종합하여 GEF가 지원한 사업의 결과를 평가하게 된다. 이는 GEF 포트폴리오를 지속적으로 개선하고 이해관계자에 프로젝트에 대한 모니터링과 평가 결과를 제공하는 것을 목표로 한다. 이는 사업성과의 달성 정도와 이에 미치는 영향 요인 분석, 종료된 사업에 대한 모니터링의 질적수준 평가 등을 포함하며, GEF 사업수행 기관의 사업결과, 사업수행의 효율성 및 모니터링 평가과정의 질적 수준에 대한 성과를 보고한다. 국별 포트폴리오평가는 개별 국가 차원에서 GEF의 지원 현황 및 성과를 검토하고, 국가 차원의 전략과 우선순위에 부합하는 사업 여부 등을 평가하게 된다. 영향평가는 GEF 지원의 장기적 영향력을 파악하는 것을 주요한 목표로 이루어지며, 주제별 평가는 프로그램, 주요 분야 및 다부문 평가 등을 통해 특정 주제별 사업에 대한 교훈 사항을 도출한 후 GEF 위원회에 주제별 평가보고서가 제출된다.

종합성과연구(Overall Performance Studies)는 GEF의 재원 보충(replenishment) 과정에서 공여국에 GEF 사업의 성과를 종합적으로 평가하고, 그 결과는 제시하기 위하여 실시된다. 이는 GEF의 재원 보충과 관리 현황 등 운영에 관한 평가와 GEF의 주요 사업분야에 대한 성과 평가, 사업 성과에 영향을 미치는 주요한 요인에 대한 평가 등 다각적인 차원에서 이루어진다.

GEF는 평가와 모니터링은 독립성, 신뢰성, 유용성, 형평성, 투명성, 정보공개, 윤리성, 참여 등을 주요 원칙으로 삼고 있다. 평가팀의 구성원이 정책결정과정, 지원의 전달과 관리로부터 독립적이여야 하고, 평가는 신뢰할 수 있는 데이터와 관측치를 바탕으로 이루어져야 하며, 평가는 의도한 사용자의 정보와 요구사항을 충족해야 한다. 또한 평가에서는 정책, 프로그램 및 기관의 장·단점 등이 포괄적이며 균형적으로 제시되어야 하고, 평가의 모든 과정에서 주요 이해관계자들에게 투명성이 보장되어야 하며, 일반 대중을 포함한 정책입안자, 수혜자, 기관 운영자 등과 효과적인 의견 교류를 통해 국제적으로 부합되는 기준에 따라 성과 평가의 교훈이 전파될 필요가 있다. 평가는 이해상충 문제를 회피하고, 관련된 복지, 신념 및 문화 등과 일치할 필요가 있으며, 다양한 국제기구, 정부 및 NGO와 협력하여 평가가 이루어져야 한다.

더불어 평가기준에서는 적절성, 효과성, 효율성, 영향력, 지속가능성을 기준으로 한다. 이에 따라 ① GEF 활동이 지역과 국가의 환경적 우선순위와 정책과의 부합정도와 GEF가 추구하는 전세계적 환경적 수혜 정도를 적절성으로 평가하며, ② 목적 달성 정도 및 이에 대한 근접성을 효과성으로 평가하며, ③ 결과 도출을 위하여 가능한 한 저비용으로 달성할 수 있는지를 효율성으로 평가하며, ④ 프로젝트 성과, 단기·중기적 성과 및 지구 환경적 수혜 정도, 반향 효과(replication effects), 기타 지역별 효과를 포함한 장기적 영향과 과정 등이 영향력으로 평가되며, ⑤ 사업 완료 후 개입으로 인하여 환경적·금융적·사회적 지속가능한 영향력이 이루어지는 정도를 지속가능성 항목으로 평가하게 된다.

나) 최빈국기금(LDCF)

최빈국기금(Least Developed Countries Fund: LDCF)은 기후변화적응 역량이 부족한 최빈국(LDCs)에 대한 지원 필요성에 따라 UNFCCC 2001년 제7차 회의에서 설립되었으며, 최빈국이 국가적응행동계획(National Adaptation Programmes of Action: NAPA)에 명시된 긴급하고 즉각적인 기후변화 적응 프로그램의 수립과 이행을 지원하는 것을 목적으로 한다.

각 최빈국이 국가적응행동계획(NAPA)을 통해 제안한 사업을 대상으로 기후변화 적응, 온실가스 감축, 기후변화 피해 복원력 증진, 해안관리, 농업, 재해피해 감소, 어업, 산림, 지속가능한 토지사용, 수자원 관리 분야를 중점적으로 지원하고 있다.

지원기준으로 국가적응행동계획(NAPA)의 설정을 완료한 48개 최빈국이 LDCF 수혜국의 자격을 지니며, 해당 국가의 정부가 공동참여하기로 약속하는 환경개선에 사업을 시행하고 있다.

최빈국기금은 GEF가 운용을 담당하며, 자금의 보관 및 집행(trustee)은 AfDB, FAO, UNDP, UNEP, World Bank 등이 담당한다. LDCF와 타 기금 간의 연계를 통해 최대의 효과를 추구하는데, 상기 이행기관이 관할하는 타 기금 재원과의 철저한 독립과 분리를 하여 사용하도록 하며, 최빈국들이 쉽게 기금을 운용하고, 투명한 재무관리를 할 수 있는 시스템을 구축해야 한다. 또한 이행기관은 기금을 투명하고 공정하게 운영하고, 해당 지역 또는 국가의 전문가들을 적재적소에 활용하고, 시행기관은 COP에 재원의 이행단계를 충실히 보고하여야 한다.

표 4-4 LDCF 국가별 공여금액

(단위: 백만달러, %)

국가	공여금액	비중
호주	42.97	5.5%
오스트리아	0.58	0.1%
벨기에	50.23	6.4%
캐나다	27.36	3.5%
체코	0.03	0.0%
덴마크	30.23	3.9%
핀란드	29.40	3.8%
프랑스	14.62	1.9%
독일	221.17	28.3%
헝가리	1.34	0.2%
아이슬란드	0.28	0.0%
아일랜드	14.00	1.8%
이탈리아	1.00	0.1%
일본	0.25	0.0%
룩셈부르크	5.70	0.7%
네덜란드	75.27	9.6%
뉴질랜드	5.81	0.7%
노르웨이	28.75	3.7%
포르투갈	0.06	0.0%
루마니아	0.21	0.0%
스페인	1.77	0.2%
스웨덴	75.94	9.7%
스위스	8.46	1.1%
영국	66.03	8.4%
미국	80.00	10.2%
계	781.46	100.0%

주 : 2013년 9월 말 기준
자료: The World Bank Group(2013a)

LDCF의 재원은 공여국의 ODA 및 기술지원을 포함한 공여로 이뤄지고 있다. 2012년 9월 말까지 7억 8,147만달러의 재원이 LDCF에 공약되었으며, 이 중 6억 2,930만달러는 현금으로 수취될 예정이다. 독일, 미국, 스웨덴, 네덜란드, 스웨덴 등 5개국의 공여액이 전체의 66.3%를 점유하고 있으며, 독일이 2억 2,117만달러 (총공여액의 28.3%)로 가장 많은 금액을 공여하였다.

2013년 10월 4일 기준 51개국 174개 프로젝트에 대하여 6억 4,254만달러가 승인되고, 29억 3,790만달러가 공동재원으로 조성되었다. 또한 GEF CEO가 승인 또는 보증한 프로젝트는 65개로 총재원은 2억 6,558만달러이며, 이에 대하여 12억 4,170만달러가 공동재원으로 조성되었다. 승인금액 기준 지역적 배분 현황은 사하라 이남 아프리카 지역에 4억 2,898만달러(69%), 아시아 태평양지역에 1억 8,396만달러(29%)로 아프리카 지역의 최빈국에 집중적으로 투자되고 있다. 또한 농업부문(32%), 기후 정보 서비스(14%), 해안지역 관리(16%), 수자원 관리(16%) 부문에 대하여 투자되고 있다.

다) 특별기후기금(SCCF)

특별기후기금(Special Climate Change Fund: SCCF)은 개도국의 기후변화 적응 뿐만 아니라 기술 이전, 역량 강화 등 온실가스 배출 감축 관련 사업을 지원하기 위하여 2001년 설립된 GEF 내의 기금으로 비 부속서 Ⅰ 국가들 중 아프리카, 아시아, 군소도서국(SIDs)을 중심으로 기후변화 적응, 탄소배출 감축, 기후변화 피해 복원력 증진, 해안관리, 농업, 재해피해 감소, 어업, 산림, 지속가능한 토지사용, 수자원 관리 등의 분야를 지원하고 있다.

SCCF의 재원조달은 국가들의 공여에 대부분 의존하고 있으며, 주로 선진국들이 SCCF를 지원하되, COP의 지침하에 금융기관이 신탁을 받아 운영하도록 하고 있다. 2013년 9월 말 기준 공여국들은 SCCF에 3억 3,224만달러를 공여하였으며, 독일, 벨기에, 미국, 노르웨이, 영국 등 5개국의 공여액이 SCCF 재원의 76.1%를 차지하고 있다.

SCCF의 재원조성은 적응창구를 통한 재원조성(Adaptation Window)인 SCCF-A 와 기술이전창구를 통한 재원조성(Technology Transfer Window)인 SCCF-B를 통하여 이루어지고 있다. 2011년 기준 SCCF의 기금의 약 96% 가량이 적응창구를

표 4-5 SCCF 국가별 공여규모

(단위: 백만달러, %)

국가	공여금액	비중
독일	120.72	36.3%
벨기에	41.13	12.4%
미국	40.00	12.0%
노르웨이	32.27	9.7%
영국	18.60	5.6%
핀란드	13.97	4.2%
캐나다	12.89	3.9%
스페인	12.35	3.7%
이탈리아	10.00	3.0%
덴마크	9.04	2.7%
스위스	8.59	2.6%
스웨덴	6.12	1.8%
네덜란드	3.13	0.9%
아일랜드	2.13	0.6%
포르투갈	1.30	0.4%
계	332.24	100.0%

주 : 2013년 9월 말 기준
자료: The World Bank Group(2013b)

통해 재원을 조성하고 있다. SCCF−A에는 9억 380만달러가 공여되어 27개 프로젝트에 재원을 조달하며, 이 중 총 7억 9,610억달러의 협조융자를 받았다.

반면에 SCCF−B에는 약 2,800만달러가 공여되어, 기술이전 분야의 4개 프로젝트에 지원하였으며, 이 중 절반 가량인 1,270만달러가 협조융자 형태로 지원되었다. 특히, SCCF−B의 경우 "포즈냑 전략 프로그램"을 통한 기술이전 지원을 시행하며, 이에 해당하는 기술필요평가(Technology Needs Assessments) 및 이와 관련되어 우선순위가 높은 기술이전 프로젝트 지원, 기술이전이 필요한 국가들에게 GEF의 우수 프로젝트 사례를 보급하고 있다.

📋 표 4-6 **2011년도 SCCF 재원조달 분야별 공여규모**

Window/Agency	프로젝트수	SCCF Grant	Co-Financing	Total Financing	Average SCCF	Average Co-Financing	Average Total
a. Adaptation							
UNDP	14	49.7	254.9	304.6	3.6	18.2	21.8
World Bank	6	35.3	261.7	297.1	5.9	43.6	49.5
IFAD	3	7.6	33.7	41.3	2.5	11.2	13.8
UNEP	1	1.1	3.6	4.7	1.1	3.6	4.7
EBRD	1	2.7	23.0	25.7	2.7	23.0	25.7
Joint-Implementation	2	11.3	219.2	230.5	5.6	109.6	115.2
Total Adaptation	27	107.7	796.1	903.8	4.0	29.5	33.5
b. Transfer of Technologies							
UNDP	2	3.8	3.6	7.4	1.9	1.8	3.7
IFAD	1	2.4	6.2	8.6	2.4	6.2	8.6
UNEP	1	9.0	2.9	11.9	9.0	2.9	11.9
Total TT	4	15.2	12.7	27.9	3.8	3.2	7.0
Total UNDP	16	53.5	258.5	312.0	3.6	16.1	19.5
Total World Bank	6	35.3	261.7	297.1	5.9	43.6	49.5
Total IFAD	4	10.0	39.9	49.9	2.5	10.0	12.5
Total UNEP	2	10.1	6.4	16.5	5.1	3.2	8.3
EBRD	1	2.7	23.0	25.7	2.7	23.0	25.7
Total Joint-Implementation	2	11.3	219.2	230.5	5.6	109.6	115.2
Total SCCF	31	123.0	808.9	931.8	4.0	26.1	30.1

자료: GEF(2011)

2) 적응기금(Adaptation Fund)

적응기금은 개도국들의 기후변화 영향을 줄이기 위하여 설립되어 2009년부터 운영되고 있는 교토의정서에 따른 재정수단으로 개도국의 적응 비용 지원을 주요한 목적으로 설립된 기금으로 UNFCCC의 교토의정서 당사국에 속하는 개도국의 적응 사업을 지원하고 있다.

적응기금은 COP의 지도하에 기금을 감독·관리하게 되며, 이사회는 16개국 대표와 16개국 대리이사로 구성되며, GEF를 사무국으로 World Bank가 수탁을 담당하고 있다.

적응기금은 청정개발체제(Clean Development Mechanism: CDM)로부터의 수익, 국가들의 공여, 투자수익금으로부터 재원을 조성하고 있는데, CDM의 탄소배출권(Certified Emission Reductions: CER) 판매수익의 2%가 적응기금으로 조성된다. 2011년 12월 기준 총 2억 7,300만달러의 적응기금을 마련하였으며, CER 수익을 통한 재원은 1억 6,800만달러, 국가 공여 등을 통한 재원은 1억 300만달러, 투자수익금을 통한 재원은 100만달러가 마련되었다. 이를 통하여 2011년 12월 기준, 6,000만달러 규모의 개도국의 각종 프로젝트 지원을 공약한 바 있다.

적응기금은 프로젝트 또는 프로그램 수준에서 장기목표, 성과, 산출물, 지표 등에 따라 평가하는 시스템을 지니고 있으며, 교토의정서 당사국들 중 기후변화의 악영향에 특히 취약한 개도국들이 기후변화에 강한 조치를 이행할 수 있는 적용 프로젝트와 프로그램 비용을 충당할 수 있는지 여부를 목적으로 판단하고 있다.

영향력 측면에서 지역사회, 국가, 지역수준에서 기후 변이와 변화에 대한 회복력 증가를 판단하며, 기후변화 영향에 대응할 수 있도록 취약성을 줄이고 적응역량을 제고하는 것을 목표로 한다. 성과를 평가하는 지표로 ① 국가수준에서 기후관련 재해와 위험에 대한 노출 감소, ② 기후변화에 따른 사회경제적 손실과 환경피해 위험감소를 위해 강화된 기관의 역량, ③ 지역수준에서 기후변화 적응과 위험감소 과정에 관한 인식 및 주인의식 강화, ④ 기후변화 관련 개발 및 천연자원 분야 내의 증가된 적응역량 등을 지표로 삼고 있다.

3) 기후투자기금(CIF)

기후투자기금(Climate Investment Fund: CIF)은 2005년 G8 글레니글스 정상회담에서 개도국 내 청정에너지투자에 World Bank의 주도적 역할을 요청함에 따라 논의되기 시작하였으며, 개도국의 기후변화 대응 지원을 목표로 2008년 7월 1일

 그림 4-2 CIF 구성

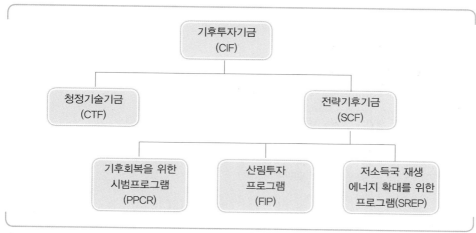

자료: www.climateinvestmentfunds.org

World Bank가 발족한 투자기금이다.

　　World Bank의 CIF는 개도국에 대한 저탄소 기술개발과 이산화탄소 배출저감에 투자하기 위한 '청정기술기금(Clean Technology Fund: CTF)'과 기후변화에 대한 혁신적인 접근방식을 취하는 실험적 사업에 투자하기 위해 조성된 '전략기후기금(Strategic Climate Fund: SCF)' 등 2개의 신탁기금을 운영하고 있다.

가) 청정기술기금(CTF)

　　CIF의 청정기술기금(CTF)은 중소득국들 대상 온실가스 배출 감축을 위한 저탄소 기술 보급 및 이전을 목표로 저탄소 성장을 위한 재생에너지 및 고효율기술 등 재생에너지 부문, 지속가능교통, 산업 및 건축 부문의 에너지 효율 사업을 대상으로 하고 있다. 지원 국가는 칠레, 이집트, 인도네시아, 멕시코, 나이지리아, 남아프리카, 터키, 베트남 등 16개국으로 증여(grant), 양허성 차관, 보증, 위험공동부담 등의 금융방식을 사용하고 있다. CTF는 8개 공여국 대표, 8개 적격 수원국 대표, World Bank와 MDB senior representative 포함한 CTF Trust Fund Committee를 중심으로 AfDB, ADB, 유럽부흥개발은행(European Bank for Reconstruction and Development: EBRD), IDB, 국제금융공사(International Finance Corporation: IFC), World Bank 등이 이행기구로 활동하고 있다.

표 4-7 CTF 주요 성과 지표

	지표
B1	저감 온실가스 배출량(톤)
B2	CTF 자금을 통한 레버리지 직접금융 규모(공공 및 민간 재정으로 세분화)
B3	CTF 개입의 결과로서 설비 용량(MW)
B4	CTF 개입의 결과로서 저탄소 대중 교통 수단 사용 추가 승객수
B5	CTF 개입의 결과로 연간 에너지 절감(GWh)

자료: https://www.climateinvestmentfunds.org

재원은 호주, 캐나다, 프랑스, 독일, 일본, 스페인, 스웨덴, 영국, 미국 등의 공여를 기반으로 2012년 말 기준 52억달러가 공약된 상태이며, 공공민간파트너십(Public-private partnerships), 개발은행과의 협업을 통한 공공부문 투자 등을 통해 민간부문과의 협업을 추구하며, 이를 통한 레버리지 비율이 1:8.4에 달하는 것으로 보고되고 있다.

2012년 말 23억달러 CTF 자금과 188억달러 공동재원조성을 통해 14개 투자 플랜 중 41개 프로젝트를 승인하였으며, 저탄소, 기후대응력 개발 개선을 평가의 주요 목표로 설정하고 있다. 핵심 성과 지표는 연간단위로 개별 CTF 프로젝트/프로그램에 적합한 지표를 변형하여 적용하고 있다. 이외 에너지 안보, 저탄소 기술 비용 감소, 고용, 건강, 에너지 접근성 등 추가적 효익에 대한 성과를 측정하고 있으며, 국제적 평가 및 모니터링 시스템(National monitoring and evaluations system)을 통한 유연하고 실용적인 접근 방식을 추구하고 있다.

나) 전략기후기금(SCF)

현재 CIF의 SCF는 기후회복을 위한 시범 프로그램(Pilot Program for Climate Resilience: PPCR), 산림투자프로그램(Forest Investment Program: FIP), 저소득국 재생에너지 확대를 위한 프로그램(Scaling Up Renewable Energy Program in Low Income Countries: SREP) 등 3개의 기금을 운용하며 기후변화에 대한 혁신적인 접근방법을 시행중이다.

기후회복을 위한 시범 프로그램(PPCR)은 기후변화에 강한 국가개발계획을 위

표 4-8 **PPCR 주요 성과 지표**

구분	지표
1	부문, 계획 및 국가에서의 기후 변화 통합 정도
2	기후 복원력 강화를 위한 정부 역량과 조정 메커니즘 강화의 증거
3	개발 및 테스트된 기후 적응 수단 및 투자의 품질과 범위
4	기후취약성 또는 기후변화에 대응하기 위한 PPCR 지원 수단, 도구, 전략 및 활동을 활용한 취약가구, 지역사회, 사업 및 공공부문 정도
5	기후변화의 영향력에 대처하기 위해 시행된 PPCR 지원받은 사람 수

자료: http://www.climateinvestmentfunds.org

한 프로그램 지원을 목적으로 2008년 7월 CIF 산하에 설립된 기금이다. 이는 국가 또는 분야별 개발계획에 기후회복력을 통합할 수 있도록 기술 지원을 목적으로 국가 또는 분야별 개발계획 전략에 명시된 공공·민간부문의 기후변화 대응 관련 투자를 지원한다. 지원국가는 방글라데시, 볼리비아, 캄보디아, 모잠비크 등 11개국으로 증여(grant), 양허성 차관 형태로 지원을 하고 있다.

기구로서 6개 공여국 대표, 6개 수원국 대표 및 적응기금 이사회 고위급 대표로 구성된 PPCR Subcommittee를 구성하고 있으며, AfDB, ADB, EBRD, IDB, World Bank를 이행기구로 삼고 있다.

재원은 호주, 캐나다, 덴마크, 독일, 일본, 노르웨이, 스페인, 영국, 미국 공여를 중심으로 하며, 2012년 12월 말 13억달러를 공약받았으며, 3억 600만달러의 펀드 자금과 3억 6,580만달러 공동재원조성(co-financing)을 통해 9개 전략 프로그램의 20개 프로젝트를 승인한 바 있다.

평가 및 모니터링과 관련하여 개별 프로젝트/프로그램에 따라 다음의 핵심 평가 지표를 개발·활용하되, 구체적 지표는 개별 파일럿 국가와 MDB의 협력으로 개발하여 적용하도록 하고 있다.

산림투자프로그램(FIP)은 개발도상국의 벌채 방지에 대한 온실가스 감축(Reducing Emission from Deforestation and Degradation in Developing countries: REDD+) 및 지속가능한 산림관리 증진 사업 투자를 위하여 2009년 7월 CIF 내 설립된 기금으로 산림 생태계 개선을 통한 감축 노력에 대한 투자, 대안적 생계활동, 빈곤감소를 위한 활동 등 산림 분야 외 분야를 지원, 산림 위험 저감, 기후탄력에 대한 고려 확대 사업, 생물다양성 보존에 지원하고 있다.[5] 지원국가는 브라질, 콩고, 가나, 인도네시아, 멕시코 등 8개국으로 증여(grant), 양허성 차관 형태로 지원하고 있다.

6개 공여국 대표와 6개 수원국 대표로 이루어진 FIP Subcommittee를 두고 있으며, AfDB, ADB, EBRD, IDB, World Bank를 이행기구로 하고 있다. 다른 CIF 기금과 마찬가지로 호주, 덴마크, 일본, 노르웨이, 스페인, 스웨덴, 영국, 미국 공여를 기반으로 재원을 조성하고 있으며, 2012년 말 기준 6억 3,900만달러를 공약한 상태이다.

FIP 프로그램은 REDD+ 재정지원 메커니즘과의 협업 구조를 통해 지원하고 있으며, 이를 통한 레버리지 비율은 1 : 3.2인 것으로 나타나고 있다. 2012년 말 기준 5,700만달러 FIP 자금과 7억 300만달러 공동재원조성(co-financing)을 통해 멕시코 2개 프로젝트를 지원한 것으로 보고된다.

평가 및 모니터링의 주요 목표는 온실가스 감축으로 국가별 상황, 접근방법, 우선순위 설정 측면에서 다양성을 반영한 평가 방식을 활용하도록 하되, 프로젝트 수준에서 ① REDD+ 영역 변화와 온실 가스 배출량 또는 저감 수준, ② 산림 관리, ③ 산림 지배구조, ④ 토지 보유 및 재산권, ⑤ 생계, 빈곤과 소득, ⑥ 생물 다양성과 기타 환경 영향, ⑦ 기술 및 인적 능력 등 7개 부문에 대한 측정, 모니터링과 보고를 권고하고 있다. 이러한 성과 측정 지표는 시범프로젝트 시행 국가 정부 및 MDB와의 협력을 통해 프로젝트 수준의 핵심 성과 지표 및 성과 모니터링 테이블 등을 개발하여 적용하도록 하여 탄력적으로 활용하고 있다.

저소득국 재생에너지 확대를 위한 프로그램(SREP)은 저소득국 재생에너지 보급 및 시장 확대를 통한 저탄소사회 전환 가능성 시험 및 실증을 위하여 2009년 12월 설립하였다. 지원 분야는 재생에너지 사용과 생산 지원, 기술 지원계획 및 투자의 사전조사로 설정하고, 네팔, 라이베리아, 말리, 몰디브, 에티오피아, 온두라스, 케냐, 탄자니아 등 8개국을 지원하고 있다. 더불어 몽골, 바누아투, 솔로몬 군도, 아르메니아, 예맨을 예비시범국가로 정하고 다양한 사업 시행을 모색중으

---

5 REDD는 개도국의 산림 파괴를 막고 탄소 흡수원을 보호하는 개발도상국 산림훼손방지사업으로, REDD+는 REDD를 산림 보전과 지속가능한 산림경영활동까지 확대한 사업을 말한다.

로 증여(grant), 양허성 차관의 형태로 이를 지원하고 있다.

　SREP는 6개 공여국 대표와 6개 수원국 대표로 이루어진 SREP Subcommittee 를 두고 있으며, AfDB, ADB, IDB, World Bank를 이행기구로 사업을 시행중이 다. 재원은 호주, 덴마크, 일본, 한국, 네덜란드, 노르웨이 스페인, 스웨덴, 스위 스, 영국, 미국의 공여로 이루어지며, 2012년 말 5억 500만달러가 공약된 상태이 다. 2012년 말 기준 4,600만달러 SREP 자금과 5억 2,700만달러 공동재원조성(co-financing)으로 케냐, 네팔 및 온두라스 3개 프로젝트를 지원하며, 기금의 레버리 지 비율은 1 : 7.4인 것으로 파악된다.

　평가는 에너지 빈곤 감소 및 에너지 안보 증진에 따른 저탄소개발을 주요 목표 로 삼고 있으며, 핵심 성과 지표로 ① 연간 국가별 목표부문 공공 및 민간 투자 증 가분(달러), ② SREP 개입의 결과로서 RE로부터 연간 발전량(GWh), ③ SREP 개 입의 결과로서 전기 및 연료 접근성 개선 수혜 여성, 남성, 기업 및 지역서비스 수 를 측정하여 평가하고 있다. 이외 온실가스저감, 건강, 고용, 신뢰성(reliability), 경제자립성(economic viability) 측면에서 추가적 효익에 대한 성과를 측정하고 있 으며, 개별 사업 및 국가별로 주요 성과 지표를 확장 · 적용하도록 하고 있다.

나. GCF 논의사항 및 특성

1) GCF 논의사항

　UNFCCC 제11조에서 선진국의 개도국에 대한 재정지원 메커니즘(financial mechanism)을 규정하면서 이 메커니즘의 운영은 하나 이상의 국제기구에 위임할 것임을 명시하고 있으며, 칸쿤 합의를 통하여 그동안 협약 재정 메커니즘의 유일 한 운영주체(operating entity)인 GEF와 더불어 GCF가 새로운 운영주체로 지정되 었다. 또한 UNFCCC의 3조 1항 기후변화에 대한 공통적이면서도 차별화된 책임 은 선진국이 후진국의 완화와 적응에 관련된 기후변화 대응에 대한 재정지원의 근거가 되고 있다.

　GCF는 이러한 기후변화 대응을 위해 UNFCCC가 중심이 되는 기후재원이자 개발도상국의 온실가스 감축과 기후변화 적응을 지원하는 최초의 기후변화 특화

■ 표 4-9a **선진국의 단기재원 공약 이행 현황**

국가	2010~2012년 공약액		확약현황 (2011년 기준)		분야별 지원내역 및 지원 목적
	mn USD	mn original currency)	mn USD	mn original currency)	
European Commission	189	€150	126	€100	• 적응: €25mn • 감축: €18mn • REDD+: €7mn
벨기에	189	€150	75	€60	• 적응: €10mn • 역량구축: €2mn • 지속가능한 산림자원 및 REDD+: €10mn
덴마크	203	DKK1,200	75	DKK308	• 감축: 52% • 적응: 42%
핀란드	138	€110	52	€15	• 적응: 39.4% • 감축: 29.9% • REDD+: 10.7%
독일	1,585	€1,260	1,412	€1,122	2010~2012년 • 최소 €350mn 이상 REDD+ 지원 및 1/3은 적응을 위한 단기재원 조성 2010~2011년 • 적응: €238.9mn(28%) • 감축: €420.6mn(48%) • REDD+: €177mn(21%) • 공동: €22.4mn(3%)
프랑스	1,585	€1,260	1,057	€840	2011년 • 적응: 11% • 감축: 45% • REDD+: 20% • 기타: 24%
아일랜드	159	€100	29	€23	–
룩셈부르크	11	€9	4	€3	• 적응: €2mn • REDD+: €1mn

표 4-9b 선진국의 단기재원 공약 이행 현황(계속)

국가	2010~2012년 공약액		확약현황 (2011년 기준)		분야별 지원내역 및 지원 목적
	mn USD	mn original currency)	mn USD	mn original currency)	
몰타	1	€1	€0	0	2010년 • 적응: €25,000 • 에너지효율: €125,000
네덜란드	390	€310	132	€105	2010~2012년 • 감축: 최소 €280mn
포르투갈	45	€36	15	€12	–
슬로베니아	10	€8	1	€0	2010년 • 에너지: 100%
스페인	472	€375	296	€235	2010~2012년 • REDD: 20% 2010년 • 적응: 최소 45%
스웨덴	1,007	€800	357	€284	–
영국	2,380	£1,500	1,682	£1,060	2010~2011년 • 감축: £387mn • 적응: £313 mn • REDD+: £140mn
나머지 EU 13개국	696	–	519	–	–
EU 전체 약정액	9,060	€7,200	5,776	€4,590	2011년 • 적응: €750mn • 감축: €1,150mn • REDD+: €311mn 2010년 • 적응: €735mn(37%) • 감축: €946mn(47%) • REDD+: €313mn(16%)
호주	619	AUD599	582	AUD563	• 적응: 52% • 감축: 48%

표 4-9c 선진국의 단기재원 공약 이행 현황(계속)

국가	2010~2012년 공약액		확약현황 (2011년 기준)		분야별 지원내역 및 지원 목적
	mn USD	mn original currency)	mn USD	mn original currency	
캐나다	1,217	CAD 1,200	989	CAD 975	2012년 5월 말 기준 • 청정에너지: CAD 302.8mn • 적응: CAD 89.6mn • 산림 및 농업: CAD 71.5mn
아이슬란드	1	1	1	1	—
일본	15,000	$15,000	13,200	$13,200 (leveraged private finance $3,100 포함)	• 감축(REDD 불포함): $8,988M • REDD+: $991M • 공동: $ 1,528M • 기타 $1,530M
리히텐슈타인	1	CHF 1	2	$2	—
뉴질랜드	72	NZD 89	42	NZD 53	2012년 6월 말 기준 • 적응 및 회복적 배양: 30.0mn • 감축: 54.5mn • 다자간 및 부문별 (예: 농업): 4.9mn
노르웨이	1,000	$1,000	382	$382	2010년 • 적응: $62mn(10%) • 감축: $585mn(87%) • 적응과 감축: $27mn(3%)
스위스	147	CHF 140	108	CHF 103	2010~2012년 • 적응: 20~30% • 산림: 20~30% • 에너지: 35~55%
미국	7,500	$7,500	7,500	$7,500	2010~2012년 • 청정에너지: $2,435mn • 지속가능한 경관: $886.7mn • 적응: $1,395.8mn
총계	$33,921	—	$28,063	—	

자료: WRI(2012)

기금으로, 칸쿤 당사자총회에서 단기재원(fast-start finance)으로 2010~2012년 총 3년 동안 300억달러의 재원을 조성하고, 점차 규모를 늘려(scale-up) 2020년까지 연간 1,000억달러에 이르는 재원을 장기재원(long term finance)으로 조성하기로 합의하였으며, 칸쿤 합의문에서 개도국의 기후변화 적응을 지원하기 위해 장기재원 중 일부를 새로 설립되는 GCF를 통해 조달할 것을 명시하고 있다.

단기재원 공여금액은 신탁기금을 통하지 않고, 공여국 정부의 예산안 편성을 거치는 방식으로 공공부문에서 조달되며, 이는 공여국의 단기재원 공여는 공약(pledge), 확약(commitment), 할당(allocation), 지불(disbursement)의 4단계에 걸쳐 진행된다. 2011년 12월 기준, 선진국은 단기재원으로 총 339억달러가 공약되었으며, 실제 280억달러 공약이 이행되었으며, 〈표 4-9〉는 2012년 11월말 기준 선진국의 단기재원 공약 이행 현황을 정리한 것이다.

장기재원의 경우 공공자금뿐만 아니라 민간, 양자 및 다자는 물론 대안적 재원까지 포함하고 있으며, UN 사무총장은 고위급 자문그룹(AGF)을 구성하고, 잠재적 출처에 관한 연구를 수행하도록 지시하였다.[6] 그러나 재원 출처를 둘러싼 선진국과 개도국의 대립은 지속되는 상황으로 장기재원 조성 및 운영을 위한 구체적 방안들은 이러한 연구를 중심으로 작업 프로그램(Work Programme)을 통해 고안되고 있는 상황이다.

GCF 거버넌스는 설계과정에서 논쟁이 가장 컸던 이슈이다. 세부 쟁점은 GCF와 당사국총회(COP)의 관계, GCF의 법적 위상, 이사회의 절차규정(rules of procedure), 이사회의 역할과 기능, 사무국 설치 등이다. 각 지역그룹은 2012년 3월 말까지 이사 지명을 마치고, 4월 30일 이전에 첫 회의를 개최하기로 하였으며, 이사 임명기간은 3년으로 이사회는 선진국, 개도국 각각 1인의 공동의장을 선출하도록 하였다.

GEF의 경우 COP와 양해각서(MOU)를 체결하고 있는 반면, GCF와 COP의 관계는 정해지지 않은 상태이다. GEF와 COP의 MOU는 GEF 자금 지원 결정이 COP의 정책 방향과 일치하지 않는 경우 COP가 GEF 위원회에 확인을 요구할 수

---

6 AGF(2010)은 기존에 제안된 다양한 재원의 출처에 대하여 ① 재원 출처별 동원 가능한 재원의 규모, ② 조성방식의 효율성, ③ 재원 출처별 부담(incidence)의 형평성, ④ 실행 가능성, ⑤ 정치적 수용 가능 여부, ⑥ 해당 방식으로 조성된 재원이 기존 재원에 추가적인지 여부, ⑦ 해당 방식으로부터의 재원이 예측 가능하고 신뢰할 만한지의 여부 등을 고려하여 평가하였다.

📑 표 4-10 AGF 논의 장기재원 조성방안

조성방안	내용
공여국 정부의 예산편성을 통한 재원조성 방안	• 정부의 예산편성 과정을 통해 조성된 재원은 보통 양·다자간 채널을 거쳐 사용 • UN Secretary-General's High-level Advisory Group on Climate Change Financing에 따르면 부속서 I 국가들이 매년 GDP의 0.5~1%를 장기재원으로 할당시, 2020년까지 총 2,000~4,000억달러의 재원 조성 예상
정부 정책을 통한 추가재원 마련 방안	• 탄소세 또는 탄소거래시스템 관련 정부정책 시행 • 부속서 II 국가의 화석연료 보조금 단계적 폐지 • 화석연료 사용료(Fossil fuel royalty) 부과 • 전력생산 과정에서 발생하는 이산화탄소 배출에 '선로부과금(wire charge)' 도입
국제조세제도를 통한 재원마련	• 금융거래세(Financial Transactions Tax) • 국경탄소가격평준화(Border Carbon Cost Levelling) • 탄소수출최적화세금(Carbon Exports Optimization Tax)
국제협약체제를 통한 재원마련	• 국제 시장 메커니즘을 통해 추가적으로 재원마련 가능 • 국제민간항공기구(International Civil Aviation Organization), 국제해사기구(International Maritime Organization) 등의 기구들과의 협의를 통해 항공기나 선박 사용에 따른 탄소배출에 과세하는 방안
민간자금 유입 활성화를 통한 재원마련	• 민간부문 투자자들에게 인센티브 및 이익을 제공할 수 있는 사업모델 개발과 이에 상응하는 정책 변화 필요

자료: UN(2010)

있도록 하고 있으나, 재정 메커니즘을 GEF에 위임하는 형태를 지니고 있으므로 GEF에 대한 COP의 권한이 제한적이다. GCF의 경우, GCF의 독립적 운영을 원하는 선진국과 COP 감독하의 GCF 운영을 원하는 개도국의 입장이 상이하다. GCF 설계위원회에서 GCF와 COP의 관계를 핵심 쟁점으로 논의 중이며, GCF와 COP의 관계 설정에 따라 GEF와 GCF의 관계 및 업무 분담이 확정될 것으로 예측된다.

현재 COP와 GCF 간 관계 협정(arrangement)에 포함될 전문, 목적 등 11개의 요건(elements)에 합의가 이루어진 상태로, 제19차 당사국총회(COP 19)에서 추가

그림 4-3 GCF의 구성

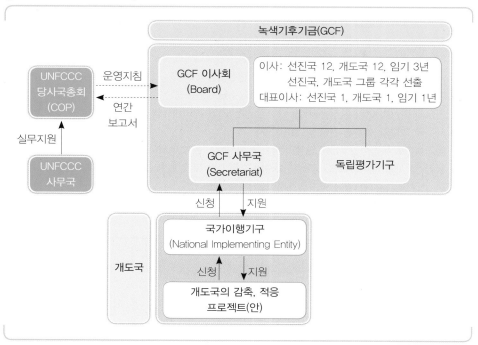

자료: 청와대(2012)

적 논의가 이루어질 것이다.

　GCF 관련 칸쿤에서 결정된 사항은 이사회 구성, 임시 수탁자 지정, 독립적인 사무국 설치, GCF 설계를 위한 임시위원회 구성 등이다.

　이사회는 선진국과 개도국 동수로 총 24인으로 구성되며, 정식이사와 투표권이 없는 대체 이사(alternate member)가 함께 선출된다. 기금의 수탁자(trustee)는 국제적 수준의 신탁기준과 자금운용능력을 갖춘 기관으로 선정하되, 초기 3년간은 World Bank가 임시(interim) 수탁자로서 기능을 수행한다.

　한편 GCF 설계주체에 대해서 크게 미국, 일본, EU, 개도국의 입장으로 구분되었다. 미국과 일본은 각국의 재무부처 출신과 국제기구 및 민간 전문가가 기금을 설계해야 한다는 입장인 반면, 개도국은 임시 위원회(ad-hoc committee) 구성을 주장하였다. EU는 선진국과 개도국 대표, 국제기구 및 민간 전문가 등 15인으로 구성된 임시전문가그룹(ad-hoc expert group)을 제안하였다. 결과적으로

표 4-11 GCF 설계를 위한 위임사항

(a) GCF 설립과 운영을 위한 법적 · 제도적 사항

(b) 절차(rules of procedure)와 거버넌스

(c) 다양한 출처의 대규모 재원관리방식과 금융수단(financial instruments), 지원창구(funding windows), 기금에 대한 접근방식을 통한 기금전달방식

(d) 기금의 우선적인 목표를 달성하기 위한 금융수단

(e) 기금의 활동과 여타 양자 · 지역 · 다자간 재원 조달 메커니즘과의 보완방안

(f) 사무국 역할과 사무국 선정 및 설치 절차

(g) 정기적으로 독립적인 기금운영성과 평가를 실시하기 위한 메커니즘

(h) 환경 및 사회 세이프가드, 국제적 수준의 수탁기준 및 건전한 재정관리를 고려한 재정 책임성 보장과 기금지원활동 평가를 위한 메커니즘 개발

(i) 협약 산하 주제별 기구로부터 기술적 자문 메커니즘

(j) 이해관계자의 참여 보장 메커니즘

자료: UNFCCC(2011)

개도국의 주장이 반영되어 선진국 15인, 개도국 25인으로 이루어진 임시위원회 (Transitional Committee)가 구성되었으며, 임시위원회의 설계를 위한 위임사항 (terms of reference)은 칸쿤 합의문 부록에 포함되어 있다.

GCF를 위해 구성될 상설위원회에 개발과 금융 전문가가 반드시 포함되어야 한다는 조항을 포함시키는 선진국의 주장만 관철되고, 대부분의 내용은 개도국이 제안한 대로 더반 결정문에 반영되었다.

한편, GCF 설계위원회 총 40인 중 개도국에 배정된 수는 25인으로, 이는 아시

표 4-12 상설위원회의 역할

• 기후변화 재원 관련 기구 간 정보 교환 및 의사소통을 위한 포럼 조직

• 협약 이행을 위한 부속기구 및 협약 산하 주제별 기구와의 관계 유지

• 당사국총회에 재정 메커니즘의 운영주체에 대한 지침(안) 제출

• 재정 메커니즘 운영주체의 일관성, 효과성, 효율성을 제고하기 위한 권고 제시

• 당사국총회가 재정 메커니즘에 대한 정기적인 검토 진행을 위한 독립적 평가 등을 통한 전문적 근거자료 제공

• 기후변화 재원 흐름에 관한 격년 보고서 마련

자료: UNFCCC(2012)

표 4-13 GCF 설계위원회 구성

작업분과	의제
GCF 목적과 운영원칙	기금의 활동과 여타 양자, 지역, 다자간 재원조달 메커니즘 보완 방안
거버넌스 구조	• GCF 설립과 운영을 위한 법적 · 제도적 사항 • 절차와 거버넌스 • 사무국의 역할과 설치 절차
GCF 운영방식	• 다양한 출처의 대규모 재원 관리 방식과 금융수단, 지원창구, 기금의 접근 방식 및 전달방식 • 기금의 우선적 목표 달성을 위한 금융수단 • 협약 산하 주제별 기구로부터 기술적 자문 메커니즘
모니터링 및 평가	• 정기적 · 독립적 기금운영성과 평가 실시를 위한 메커니즘 • 환경 및 사회 세이프가드, 국제적 수준의 수탁기준 및 건전한 재정관리를 고려한 재정적 책임성 보장과 기금지원활동 평가를 위한 메커니즘 개발

아 7석, 아프리카 7석, 중남미 7석, 군소도서국(SIDs) 2석, 최빈국 2석으로 세부 배정되었다. 또한 개도국간 위원회 활동을 지원하기 위해 기술지원단(Technical Support Unit: TSU)이 구성되었다. TSU의 역할은 개도국간 위원회 회의 및 워크숍 관련 각종 자료를 정리 · 제공하는데, UNDP와 UNEP, World Bank와 지역개발은행으로부터 총 7명의 전문가가 TSU에 파견되었다.

설계위원회는 GCF 목적과 운영원칙, 거버넌스 구조, GCF 운영방안, 모니터링 평가 등 작업 분과로 구성되며, 분과별 선진국과 개도국 1인을 논의 조정자(co-facilitator)로 지정하였다.

한편 사무국은 법적, 재정적 전문성 제공을 통해 기금의 일상적인 운영에 대한 책임을 수행하는 것을 골자로 구체적 기능을 다음과 같이 정하였다.

는 기금의 성과에 대한 독립적 평가와 평가 조직이 필요하다는 인식을 바탕으로 기금 지원 프로젝트와 프로그램뿐만 아니라 기금의 이사회, 사무국, 수탁기관 및 이행기관 등 기금의 포괄적인 사항에 대하여 논의하고 있다. 평가의 기본원칙으로 독립성, 투명성, 책임성, 이해관계자의 참여, 효과성, 국가전략과의 부합성 등이 필요하며, 모니터링의 효과성과 효율성 제고를 위해 GCF 지원 프로젝트

표 4-14 GCF 사무국의 기능

사무국은 행정적, 법적, 재정적 전문성 제공을 통해 기금의 일상적인 운영에 대한 책임을 지며, 특히 사무국은 다음과 같은 기능을 수행한다.
(a) 모든 행정적 의무의 구성과 실행
(b) 기금활동에 관한 정보 보고
(c) 회원국, 이행기구, 양자 및 다자 협력기관의 연계
(d) 기금활동에 관한 성과보고서 준비
(e) 사무국과 수탁기관의 작업프로그램과 연간 행정예산의 담당
(f) 프로젝트 및 프로그램 사이클에 관한 절차 준비
(g) 이행기관과 특정 금융수단에 대한 계약 관계 준비
(h) 기금 포트폴리오의 금융위험 모니터링
(i) 수탁기관과의 협업
(j) 모니터링 및 평가기능 수행
(k) 재원 보충 절차를 위한 이사회 지원
(l) 효과적인 지식관리관행 구축과 운영
(m) 이사회가 지정한 다른 기능 수행

자료: UNFCCC(2012)

와 프로그램에 대한 이사회의 규칙과 절차를 정기적으로 모니터링이 필요하다는 의견을 제시한다.

GCF 모니터링 및 평가의 평가 주체로 ① GCF 핵심조직의 일부분으로서 평가체제를 구축하되, 외부의 공정한 전문가들을 영입하여 구성하는 방안, ② 공개경쟁입찰과정을 외부 독립 기구를 선정하여 관련 기능을 위탁하는 방안이 제시되었으며, 이 중 기금의 핵심조직으로서 독립적인 평가부서를 설립하기로 결정되었다.

평가방식은 공통적으로 독립성을 최대한 확보하는 것이 필요하다는 것에 공감대가 형성되었으며, 이를 위하여 평가결과가 이사회, 위원회 등의 최고 의사결정권자에게 직접 보고되도록 하고 있다.

이사회는 적절한 가이드라인과 성과지표를 포함하는 결과측정 프레임워크(results measurement framework)를 승인하게 되고, 이에 따라 GEF 지원 프로그램 및 프로젝트 등 모든 활동의 영향, 효율성, 효과성에 대한 모니터링이 주기적으로 이루어지게 된다. 이에 대한 평가보고서는 UNFCCC에 제출된다.

GCF 설계위원회에서 기금의 효율성과 투명성을 위해 일정 수준의 수탁기준을

갖추어 기금을 운용할 역량을 지닌 이행기구가 사업을 수행하도록 하기 위하여 수탁기준(fiduciary standard)을 제정할 필요성이 있다는 인식하에 이에 대한 논의를 진행하고 있다. 이에 대하여 모니터링 평가 설계는 기금 지원 프로그램과 프로젝트, 기금 전반, 이행기구, 사무국 등 모든 수준에서 GCF 수탁기준에 적합한 활동이 이루어지도록 점검하는 것을 기본 기조로, 적절한 수준의 높은 수탁기준을 모든 국가에 일관되게 적용해야 한다는 의견과 유연성을 확보하여 최빈국(LDCs)과 군소도서국(SIDs) 등 개별 국가의 상황과 적용 대상의 특성을 반영하여 유연한 수탁기준이 적용되어야 한다는 의견이 제시되고 있다.

2) PSF 설치

GCF 운영은 협약의 기본 원칙인 '공통의 그러나 차별된 책임(common but differentiated responsibilities)'에 기초하며, 자금 출처는 공공과 민간부문, 대안적 출처가 포함된다. 초기에는 감축과 적응의 두 가지 지원창구(funding window)를 설치하되, 이후 이사회가 추가적인 지원창구 설치 여부를 결정한다. 역량개발과 기술개발 및 이전에 대한 지원이 고려되어야 하며, 특히 개도국의 민간부문 감축과 적응 활동을 지원하기 위한 별도의 기능(facility)을 두어야 한다. GCF 설계과

표 4-15 PSF 활동 및 운영과 관련된 이슈

구분	내용
활동 관련 이슈	• PSF 자금(직접, 간접, 혹은 혼합형) 공급을 위한 모델 • 활동 및 파트너의 범위 • Financial Inputs • 국가의 오너십 확인 및 국가별 계획과정과의 연계성 구축 메커니즘 • 다른 기금활동과의 연계성
운영 관련 이슈	• 지배구조 • 금융수단과 조건 • 펀딩 승인 절차와 기준 • 결과측정 • 정보공개 • 이해상충

정에서 개도국은 수원국이 자국 내 국가 또는 지역 차원의 이행기관(implementing entities)을 지정하고, 그 기관이 여타 국제기구를 거치지 않고 직접 자금을 수령하고 지출하는 권한을 갖는 형태를 요구하였다.

이에 GCF는 민간부문의 감축과 적응활동에 직·간접적으로 금융을 지원할 수 있도록 하는 PSF(Private Sector Facility)를 설치하여 국가, 지역, 국제적 차원에서 민간부문의 감축과 적응활동에 직·간접적으로 금융지원을 담당하도록 기구화하였다. PSF는 완화(mitigation)와 적응(adaptation)의 초기 펀딩시 윈도우 역할을 담당하게 되며, 개도국의 민간부문의 참여, 특히 중소기업과 지역 금융기관 등 지역기관들의 참여를 촉진하며, 민간부문이 군소도서국 또는 최빈국에 참여하는 것을 가능하도록 하는 활동을 지원하며, PSF의 운영은 국가 주도의 방향과 일치하도록 한다.

■ 표 4-16 개발도상국에서 완화와 적응 부문 PSF투자에 대한 금융과 기술적 지원시 고려요인

고려 요인	비고
초기비용 (up-front cost)의 증가	대부분의 기후 관련 투자는 높은 초기비용(up-front cost)을 부과하고 있으며, 장기간의 상환기간과 낮은 이자율이 투자 관심을 더욱 저조하게 만듦
기술적 위험	대부분의 기후 관련 기술은 개발도상국 현지 시장에 투입되지 않아, 민간 투자의 기술적 위험이 높을 수 있음
참여 주체의 역량과 전문성 부족	
기후 관련 기술 자체의 초기 개발 단계	대부분의 기후 관련 기술에 대한 공급 체인이 개발 초기상태로 대부분의 국가에서 미개발되어 있으며, 이로 인하여 거래비용이 높고, 민간투자의 신뢰성이 낮음
인식의 부족	
제한된 자본시장의 금융수단	
제3자 리스크 (third party risk)	외환 가용성, 규제 불확실성, 에너지/수자원 기관 등 지역 기관의 부도 위험
적절한 지역 기관 역량의 부재	기후변화에 대응하는 지역 기관의 부재 또는 이러한 기관의 차별적 기술 및 재정 능력 부족

민간부문의 투자 관련 장벽을 해결하기 위해 PSF의 개입은 국가 전략이나 계획을 지원하면서 추진되어야 하는데, 개발도상국에서 완화와 적응 부문 PSF투자는 투자에 비호의적 환경, 저개발·비경쟁적 상품과 서비스 시장, 제한적 사적 참가가 가능한 자본시장 미발달, 법률 미정비 등의 다양한 경제·법률·사회적 문

📄 **표 4-17 PSF 목적에 대한 옵션 논의 사항**

구분	옵션명	내용
옵션 1	투자 가능성 증대	• PSF는 민간 부문의 행위자 행동과 혁신을 장려하는 메커니즘의 다른 유형을 제공할 수 있음 • PSF는 투자가능성을 높이는 다양한 금융상품을 제공하여 중개역할을 가능하게 하여 특정 활동의 경제성을 개선하여 증분원가(incremental costs)를 낮추어, 동 활동의 민간부문 투자를 매력적으로 만들 수 있음
옵션 2	투자 위험 감소	• PSF는 인수에 참가하거나 역내 상황에 따라 가능한 기술 능률을 설정하여 시범 프로젝트에 착수할 수 있음 • PSF는 역내 상황에 따라 사용 가능한 기술을 작용하여 투자할 수 있음 • PSF는 제한적 손실 책임을 져서 민간 보험역할 수행 가능 • PSF는 부분적/선택적으로 민간 기후 관련 투자의 수준을 높이는 정책과 규제 불확실성과 지역 기관의 부도 위험을 낮출 수 있음 • 에너지 부문에서는 PSF는 전력 구매 계약을 보장하여 제품을 제공하는 민간 보험으로 역할 가능
옵션 3	역량과 준비 구축	• 필요에 따라 PSF는 각 국가별 상황에 따라, 적절한 역량 강화를 위해 노력할 수 있음 • 이러한 역량 강화 활동은 기후 관련 기회를 추구하기 위하여 다양한 이해관계자에 필요한 도구 제공을 목표로 함 • PSF는 기후 변화를 해결하기 위한 노력을 주도하여 다른 기관으로의 확장을 지원할 수 있음
옵션 4	기술 개발 지원	• PSF는 관련 분야에서 지역별 기술 이니셔티브 구축 • 완화와 적응 부문의 기후변화 투자의 기술 개발 지원을 위한 생태계 조성에 기여할 수 있음
옵션 5	정보 전달 지원	• PSF는 전자 및 인쇄 등 모두 매체를 통해, 영세산업 및 중소산업을 대상으로 주요 정보의 전달 이니셔티브에 투자할 수 있음 • 이니셔티브는 모범 사례 제시, 행위자가 필요로 하는 가치 사슬의 모든 요소를 연계하고, 성공적인 이니셔티브의 세부 사항을 전파, 적응 및 지역 환경 관련 완화 옵션에 대한 정보를 제공하는 플랫폼을 제공

제에 당면하게 된다. 따라서 PSF 지원은 다음과 같은 투자 장벽을 완화하는 형태로 금융과 기술적 지원으로 다뤄질 필요가 있다고 강조되고 있다.

한편 PSF에 대하여 GCF 4차 이사회 이후 목적, 결과 부문(result area), 활용방식, 성과지표(performance indicator), 설립방식 등에 대한 사항이 논의되고 있다.

PSF가 취할 수 있는 목표에 대해서는 투자 가능성 증대, 투자 위험 감소, 역량과 준비 구축, 기술 개발 지원, 정보전달 지원 등 5개의 옵션이 제시되고 있다.

PSF 결과 영역(result area)에 대해서는 완화와 적응 그리고 완화 – 적응의 횡단적(cross-sectional) 부문이 논의되고 있으며, 완화부문의 경우 탄소 배출을 감축시킬 수 있는 건물, 산업시설, 운송 시설에 대한 투자부문이 주를 이루는 반면, 적응부문의 경우 선택적 투자 활동으로 구성되는 특징을 지니고 있다.

표 4-18 PSF 결과영역(result area)에 대한 논의 사항

구분	옵션명	내용
완화 (Mitigation)	옵션 M1	건물 및 가전제품의 에너지 사용 감소
	옵션 M2	산업 생산의 배출 수준(emission intensity) 저하
	옵션 M3	저탄소 연료 사용을 통한 운송 가능성 증가
	옵션 M4	가정의 저탄소/현대적 에너지 접근성 제공
	옵션 M5	저탄소 발전 시설의 개발, 이송 및 배치 지원
	옵션 M6	농업과 관련 토지 이용 관리로부터 배출 감소
	옵션 M7	REDD에 대한 단계별 접근 구현 지원
횡단적(cross- sectional) 부문	옵션 C1	지속 가능한 도시 설계 및 계획 촉진
	옵션 C2	지속가능한 산림 관리 및 통합을 위한 공동의 완화와 적응 방법
적응 (Adaptation)	옵션 A1	적응 결과 영역의 모든 범위에 걸친 지원
	옵션 A2	부문별 결과 영역의 선택적 집합 지원
	옵션 A3	결과 영역에 걸쳐 선택적 테마 선택하여 지원
	옵션 A4	계획적이며 변형적 활동을 위한 역량 촉진
	옵션 A5	효과적인 지역사회 기반 적응 활동 확대 촉진
	옵션 A6	"지식 허브"와 같은 공공재의 조직화 지원

완화 및 적응부문 모두에 민간 자본 촉진을 위해 사용할 수 있는 금융수단에 대한 논의 사항도 있다. 마이크로 파이낸싱이나 크라우드 펀딩과 같은 새로운 형태의 금융수단을 사용할 수 있으며, 최빈국과 군소도서국 지역과 같은 지역의 민간 자본 유입을 위한 글로벌 탄소시장을 활용할 수 있는 것으로 보고하고 있다.

첫째, 소규모 신재생에너지에 대한 보증을 통해 자금 조달을 촉진하는 방안이 논의된다. PSF는 누진세(incremental tariff)로 자금을 조달할 수 있으며, PSF 파트너 기관에 보험 수단을 제공하여, 전력 구매 지불에 대한 균형을 위하여 상대방신용 위험을 커버해둘 수 있을 것이다.

둘째, 저탄소 전력부문 인프라를 위한 실행가능성 갭을 지원할 수 있다. PSF는 탄소 배출 저감 비용이 낮은 경우 석탄과 석유 의존도를 줄이고 저렴한 비용으로 전력 공급을 안정화시키기 위하여 현재의 대규모·저개발 수력자원과 상호 연계하여 증분원가를 지원할 수 있다. 또한 PSF 금융 수단 파트너는 프로젝트를 재정 지원하고 구현하기 위해 필요한 보조금을 위하여 경쟁 입찰방식을 사용할 수 있다.

셋째, 위험한 국가 사업이나 환경에서 저탄소 인프라에 대한 국가 위험에 대한 보험상품을 개발할 수 있다. PSF는 다자간투자보증기구(Multilateral Investment Guarantee Agency)의 보험 및 재보험 등의 사례와 같이 저소득, 위험한 비즈니스 환경에 우선적 손실 부담 자본(first loss capital)을 제공할 수 있으며, 이러한 보험을 통하여 필요시 민간부문의 위험을 인수하여 저탄소 인프라 개발에 자본 유입을 증대시킬 수 있다.

넷째, 탄소가격에 대하여 보증 제공하는 방안이다. PSF는 CDM 프로젝트로부터 CER 가격을 보증하거나 CER 재사용에 의한 이중계산을 피하기 위하여 CER을 폐기하도록 금융상품을 제공할 수 있다.

또한 경쟁 방식을 통해 관리할 수 있는 적응 자금은 기후관련 위험 보험, 기후 복원력을 높일 수 있는 농업, 임업 및 기타 토지 이용 프로젝트에 대한 자금 공급 및 PSF 보증, 마이크로 크레딧 시장의 PSF 활용, 크라우드 소싱(crowd sourcing) 플랫폼을 활용할 수 있다.

PSF 지원(투자) 결과로서의 탄소 부문으로 논의되고 있다. 기후관련 위험 보험으로 PSF 파트너 금융상품은 새로운 제품 개발과 농민들의 산출물 증대 관련 기술 패키지와 관행을 통해 리스크를 감내할 수 있도록 우선손실 조항(first-loss provision)을 포함한 보험에 대하여 입찰할 수 있으며, PSF는 협력개발금융기관을 통하여 소액금융기관이나 농업관련 비정부기구로 자금을 공급하는 역할을 수행할 수 있다.

기후 복원력을 높일 수 있는 농업, 임업 및 기타 토지 이용 프로젝트에 대한 자금 공급 및 PSF 보증은 CDM 프로젝트에 대한 탄소가격 보증과 유사한 측면이 있으나, 이는 적용부문을 기후 복원력을 높일 수 있는 농업 시스템, 농림업 설비 등의 부문을 포괄적인 대상으로 하되, 이때 PSF는 개별적인 프로젝트에 대하여 민간 자금을 공급해야 할 것이며, 민간 개발자보다 앞서서 이러한 프로젝트를 사전 승인 또는 선별해주어야 한다.

PSF는 마이크로 파이낸스 금융기관을 지원하는 파트너 금융기관을 통해 유동성 공급, 상품에 대한 리스크 관리 및 역량 강화에 기여할 수 있으며, 온라인을 통한 자금 조달 플랫폼이 증가하고 있으므로, PSF 파트너 금융기관을 통해 PSF는 기후 친화적 소규모 프로젝트를 중심으로 크라우드 소싱 플랫폼을 활용하여 다양한 투자 자산과 시장에 민간 투자가 증대될 수 있도록 자금을 지원할 수 있다.

PSF 성과지표(performance indicator)와 기준은 PSF를 위해 선택된 결과 영역에 따라 결정되어야 하며, 상호적 과정을 거치며 PSF가 정의한 특정목적과 개발 상황에 따라 재검토할 수 있어야 한다.

성과지표 선택은 이사회의 주요한 정책적 문제로, 산출 단위(달러와 탄소), 개발 효과에 대한 가중치, 동 정보에 대한 정보공개 문제를 고려해야 한다. 산출 단위로서 달러와 탄소는 모든 종류의 활동, 국가·지역 내 기금의 차원으로 확대할 수 있는 민간 자금의 기금 규모를 극대화하기 위하여 PSF 자원을 활용하고, 신규의 예측가능한 민간 자본에 대하여 달러 기준으로 결과를 보고하기에 용이한 수단이다.

저감에 대한 투자의 경우, 전체 저감으로 인한 비용(CO_2/e로 환산)을 실제 감소된 보조금(CO_2/e로 환산한 달러)으로 나눈 값을 기준으로 해야 할 것이다. 개발 효과에 대한 가중치와 관련하여 국가 또는 지역 수준에서 완화와 적응 투자로 인한 모든 개발 이익에 대하여 달러 기준으로 가중치를 포함한 매트릭스를 활용하는 것이 필요하다. 또한 개별 완화와 적응 사업 투자시 달러 기준의 모든 탄소 성과 지표 정보를 공개하는 것이 선행되어야 할 것이다.

PSF의 기구 설립 형태와 관련하여 이사회가 위임 권한을 보유한 관할 기구를 가진 펀드의 사업단위로서의 PSF와 펀드의 지배구조와 경영 구조 내 통합된 사업 구조로서의 PSF 설립 방안이 논의 중이다. 이사회가 위임 권한을 보유한 관할 기구를 가진 펀드의 사업단위로서의 PSF는 이사회의 구성원과 민간부문의 대표자로 구성된 신용위원회(Credit Committee)와 같은 관할 기구를 보유하며, 특정 범위 내 PSF의 프로젝트와 프로그램을 승인할 권한을 위임할 수 있어야 한다.

자금 승인 지침과 목표 등에 대한 사항 및 일정 기간 내 할당할 수 있는 자금 풀의 한계 등의 사항을 포함하고, 이사회는 관리 기관에 민간부문의 대표자의 역할 범위에 대하여 결정해야 한다. 더불어 PSF는 이사회에 직접 보고할 독립적인 사무국의 일부로 CEO를 고용할 수 있어야 하며, 별도의 PSF 인증위원회는 전 세계·지역·국가 수준에 따라 민간 부문자금 중개기관을 승인할 수 있는 권한을 보유해야 한다.

반면 펀드의 지배구조와 경영 구조 내 통합된 사업 구조로서의 PSF는 이사회가 PSF의 프로젝트와 프로그램을 승인에 대한 전체 책임을 보유하며, CEO는 기금 사무국의 사무총장에게 보고할 수 있되, PSF의 민간부문 자금 중개기관 인증은 펀드의 인증위원회의 소관이 되어야 한다.

3) GCF의 특성

GCF는 여타의 기후재원에 비하여 대규모로 성공적인 자금 조달이 이루어지는 경우 총 기금액은 상당한 규모에 도달할 것으로 예측되고 있으며,[7] 세계 최대의 기후변화 자금을 종합적·체계적으로 운영할 수 있는 새로운 재정지원 체계로 발전할 가능성을 지닌다.

국제통화기금(International Monetary Fund) 및 아시아 국가 중심의 지역기구인 ADB의 규모와 비교할 경우, GCF는 아시아 국가가 유치한 최대 규모의 글로벌 국제기구로 거듭날 가능성이 있다. 기존 기후기금이 인센티브 또는 수익률에 기초한 방식 대신 무상원조 또는 양허성 차관 방식으로 운영되었던 점, 주요 부문별 우선순위에 있어 기금 간 중복 가능성이 있으며, 동일한 분야에서 서로 다른 기금

---

7 2020년까지 연간 1,000억달러의 재원 조성시, 기금의 규모는 상당할 것으로 예상된다.

간 경쟁을 유발할 수 있었던 점 등을 고려시, GCF는 규모 측면에서 세계 최대의 기후변화 자금으로 활용될 가능성뿐만 아니라 종합적·체계적으로 운영할 수 있는 새로운 재정지원 체계로 발전할 가능성을 지닌다.

GCF를 비롯한 기후기금은 선진국의 재원을 중심으로 개도국의 입장을 적극적으로 반영한 재원 사용으로 인하여 개도국과 선진국의 이해관계가 대립되는 측면이 존재한다. 그러나 이러한 점을 보완하는 차원에서 GCF는 공적 자금 이외, 혁신적인 재원 조성을 논의하고 있으며, 민간부문의 투자를 촉진하기 위한 PSF를 설치하도록 하고 있다. 다양한 금융상품과 혁신, 그리고 민간부문의 참여를 통하여 다양한 리스크를 지닌 개도국의 완화 및 적응부문 사업을 투자하는 경우 GCF는 선진국과 개발도상국 간 기후변화 이슈에 관한 타협 기구로의 역할을 할 수 있을 것이다.

GCF는 온실가스 감축·적응과 지속가능개발을 함께 추구하며, 수원국 중심의 기금 운영을 목표로 하기 때문에 수원국의 국가개발 전략에 일조하며, 개별 개도국의 경제성장과 기후변화 대응을 동시에 추구할 수 있다. 기존 기후변화 기금의 국별 지원은 주로 무상원조의 형태이나, 기금 규모가 큰 일본과 영국의 경우 차관 위주로 지원되고 있다.

수원국 입장에서 차관 위주의 기금을 선택할 경우 부채 증가를 우려하거나 고채무빈곤국의 경우 차관 형태의 기금을 선택하기 어려우므로 원조 형태를 고려할 수밖에 없다. 또한 많은 기금이 시범적인 프로그램 형태로 추진되어 수원국 입장에서 중장기적 계획을 세울 수 없다는 단점이 존재한다. 특히 기존의 기금은 탄소배출권 거래, 항송 또는 운송 연대, CDM 등 시장기반 경제활동에 기반하지 않고 개별 국가 예산에서 책정되는 경우가 다수 있으므로 기금의 예측 가능성이 낮은 상태이다.

더불어 기금 집행에 있어 기후변화 적응 사업은 개도국의 국가개발전략에 통합되어 이루어지는 것이 보다 효율적임에도 불구하고 이에 대한 통합적 고찰이 이루어지지 않고 수원국이 선정되는 문제점도 지니고 있다.

그러나 GCF의 경우 각 국가는 국가지정기구(National Designated Authorities: NDA) 지정이 가능하며, NDA는 자국 내 사업에 대해 국가전략 부합여부를 검토한 후 GCF 이사회에 사업을 추천하는 집행 역할을 수행하여 수원국의 국가개발

그림 4-4 GCF의 지원 범위

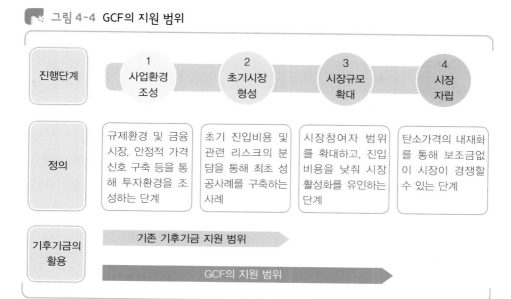

자료: 김성우(2012)

전략에 일조할 수 있다. 따라서 개발재원적인 성격을 지니며 개도국 요구에 부응한 지원을 모색하고 있다는 장점을 지닌다. 더불어 수원국 입장이 반영되기 위해서는 사업 수행에 있어 개도국의 역량이 중요한 성공 요인이므로 기금의 운용에 있어서 개도국 기관에 일정 수준의 수탁 및 운용기준 등이 적용·준수되어야 할 것이다.

또한 GCF는 국가, 지역, 국제적 차원에서 민간부문의 감축과 적응활동에 직·간접적으로 금융지원을 담당하는 PSF를 기구화하여 기존 기후기금과 차별성을 가지고 있다. PSF가 공적자금과 민간자금의 공동재원조성의 핵심적 기구로, 민간의 기후변화 관련 개발도상국의 사업에 대한 참여 활성화에 기여할 수 있을 것이다.

재원 용도에 있어 GCF는 다른 기후재원에 비하여 더 많은 개발재원의 속성을 지니고 있다. GCF는 온실가스 저감 및 적응사업과 지속가능성장을 도모하는 다양한 사업을 투자대상으로 범위를 넓히고 있으며, 원조 또는 양허성 차관의 범위를 넘어 투자의 개념을 도입하여 다양한 금융수단을 활용할 예정이다. 이를 통해 시장참여자 범위를 증대시켜 초기 사업환경 조성과 시장 형성에 기여할 뿐만 아니라 시장규모 확대에도 활용될 것으로 예측된다.

3 재원 조성 및 운용

가. 공공부문

기본적으로 GCF는 선진국이 출연하는 공적자금이 중요한 초기자금(seed money)이 될 것이며, 국가별 배분 방안은 GCF 이사회에서 논의될 주요 사항이

표 4-19 국가별 GDP 규모

국가	2012년	국가	2012년
미국	15,684.75	인도네시아	878.19
중국	8,227.04	터키	794.47
일본	5,963.97	네덜란드	773.12
독일	3,400.58	사우디아라비아	727.31
프랑스	2,608.70	스위스	632.40
영국	2,440.51	이란	548.89
브라질	2,395.97	스웨덴	526.19
러시아	2,021.96	노르웨이	501.10
이탈리아	2,014.08	폴란드	487.67
인도	1,824.83	벨기에	484.69
캐나다	1,819.08	아르헨티나	474.95
호주	1,541.80	타이완	473.97
스페인	1,352.06	오스트리아	398.59
멕시코	1,177.12	남아프리카	384.32
한국	1,155.87	베네수엘라	382.42

주 : 2012년 기준
자료: IMF, World Economic Outlook Database, April 2013

표 4-20a 국가별 GHG 배출량 및 기준연도 이후 감축비율

	온실가스배출량 (excluding LULUCF, in Gg CO$_2$ eq.)	기준연도(baseyear) 기준 감축비율(%)
호주	552,286	32.2
오스트리아	82,842	6.0
벨라루스	87,320	−37.2
벨기에	120,172	−16.0
불가리아	66,133	−45.8
캐나다	701,791	18.7
크로아티아	28,256	−10.7
키프로스	9,154	50.3
체코	133,496	−31.9
덴마크	57,748	−17.6
에스토니아	20,956	−48.3
EU(15)	3,630,657	−14.7
EU(27)	4,550,212	−18.4
핀란드	67,019	−4.9
프랑스	491,497	−12.2
독일	916,495	−26.7
그리스	115,045	10.0
헝가리	66,148	−43.2
아이슬란드	4,413	25.8
아일랜드	57,512	4.1
이탈리아	488,792	−5.8
헝가리	66,148	−43.2
아이슬란드	4,413	25.8
아일랜드	57,512	4.1
이탈리아	488,792	−5.8

표 4-20b 국가별 GHG 배출량 및 기준연도 이후 감축비율(계속)

	온실가스배출량 (excluding LULUCF, in Gg CO_2 eq.)	기준연도(baseyear) 기준 감축비율(%)
일본	1,307,728	3.2
라트비아	11,494	−56.3
리히텐슈타인	222	−3.6
리투아니아	21,612	−55.7
룩셈부르크	12,098	−6.2
몰타	3,021	50.6
모나코	85	−21.0
네덜란드	194,379	−8.2
뉴질랜드	72,835	22.1
노르웨이	53,364	6.0
폴란드	399,390	−29.0
포르투칼	69,986	14.8
루마니아	123,346	−54.9
러시아	2,320,834	−30.8
슬로바키아	45,297	−36.9
슬로베니아	19,509	−3.4
스페인	350,484	23.9
스웨덴	61,449	−15.5
스위스	50,010	−5.6
터키	422,416	124.2
우크라이나	401,576	−56.8
UK	556,458	−27.8
USA	6,665,701	8.0

주 : LULUCF(Land Use, Land Use Change, Forestry)는 토지 이용 및 토지 이용 변화와 삼림을 의미하며, 2011년 기준임

자료: http://unfccc.int/ghg_data/ghg_data_unfccc/items/4146.php

될 것이다. 공적자금의 할당을 위해서는 다양한 논의가 있을 수 있으나, 선진국에 대한 할당 기준을 설정하여 재원 조성의 장기지속성을 높이는 것이 중요할 것으로 판단된다.

GCF는 기존의 기후기금 재원체계를 종합적·체계적으로 바꾸는 측면이 있으므로 할당기준에도 이를 반영하는 방안을 검토할 필요가 있으며, 공여 가능성, 기후변화에 대한 원인 제공 등을 고려하여 국가별 GDP 규모와 배출량을 기준으로 나라별 가중치를 달리하는 방안을 검토할 수 있다. 특히, 선진국의 GHG 배출의 역사적 책임과 관련하여 기후변화와 관련된 기본적 변수는 개별 국가의 GDP와 배출량일 것이다. 이 두 변수에 대하여 적절한 가중치를 두어 개별 국가에 대한 할당 기준을 마련해야 할 것이다.

특히, 선진국의 공적 자금이 장기재원의 주요 원천이므로 선진국의 합의에 바탕한 공정한 기준이 제시되어야 장기적으로 안정적 재원 조달이 가능할 것이다. 따라서 국가별 GDP 규모와 배출가중치를 기준으로 정하여 UNFCCC 회의에서 다자협상을 통하여 GCF 장기재원의 분담율을 조정해 나갈 수 있을 것이다.

다만, 국가별 GDP 규모와 배출치 간 상관관계가 높기 때문에 선진국의 이견이 존재할 가능성이 있으므로, 기준연도(base year) 이후 감축비율 등을 통해 GHG 감축 의지를 보이는 국가에 대한 부담 비중을 조정하는 방안도 고려해 볼 수 있다.

또한 우리나라에 유리한 기준 설정에 대한 논리를 개발하는 것도 필요할 것이다. 예를 들어 배출권 거래법제가 완비된 국가에 대해서 재원 공여 부담을 완화하는 방안에 대한 의제를 개발하는 것도 필요할 것으로 판단된다.

나. 민간부문

1) 민간재원 투입 확산 방향

PSF의 기능과 구조에 대한 다양한 논의가 GCF 이사회에서 진행 중으로, 민간 금융과의 협업 매개체인 PSF의 역할 및 성격 정립을 통하여 민간 금융의 참여를 촉진하여야 한다. 이를 위해서는 PSF의 주요 목적을 투자 가능성 증대와 투자 위험감소로 설정하고, 역량과 준비 구축, 기술개발 지원 및 정보 전달 지원은 부차적 목적으로 삼는 것이 필요하다. 또한 결과 영역과 관련하여 완화부문은 일정 수익률이 창출될 가능성이 존재하는 부문이므로, 민간 투자 참여를 촉진하는 역할로 활용하되, 적응과 완화의 횡단적 부문 사업 개발에 주안점을 두어, 적응 부문에 대한 장기 투자를 유도해야 할 것이다. 이를 위해서 GCF의 펀드 사업 단위로서의 PSF 설치, 신속 · 효율적 PSF 설립과 진화 추구, 다양한 금융수단의 활용이 추구되어야 한다. 바람직한 PSF 설계 방안을 다음과 같이 제시한다.

첫째, PSF의 기구 구조에 대한 논의 사항 중 이사회가 위임 권한을 보유한 관할 기구를 가진 펀드의 사업단위로서의 PSF 설립이 필요하다. 동 방안은 민간과 공공 파트너십 사이 학습효과와 정보 축적이 난해하며, 펀드 전체와 하위 구조 내 숙련된 직원(완화–적응–지역 전문가 등) 사이 학습효과를 제한할 수 있다는 단점을 지니지만, 다양한 개별적 상황에 따른 전략 추구 가능 및 자금 운용과 조달의 자율성이 높다는 장점을 지니고 있다. 이러한 구조로 PSF를 설치하여 성공적으로 운영하기 위해서는 민간부문과의 소통과 참여를 유인하는 구조를 설계하는 것이 중요하다.

PSF는 은행과 투자기관의 경영진으로부터의 조언과 적극적 참여에 따라 행동할 수 있는 지시 체계와 권한 등을 보유하여 정보 교류 및 소통이 원활한 조직 구조를 마련해야 할 것이다. 이사회는 전체적 권한 구조를 고려하여 최적의 PSF의 지배구조를 마련해야 하되, PSF만의 특정 목표, 결과 및 금융상품 등에 대한 특성, 형태 및 업무 수행 방식에 대하여 이사회의 동의를 얻는 것이 필요하며, 민간부문에 의사결정과 참여를 위임한 PSF는 펀드의 민간부문 참여를 신뢰해야 한다.

또한 민간부문의 투자(사모 펀드, 프로젝트 금융, 민간부문의 프로젝트 개발, 에너지 무역, 특히 신흥 시장에서 민간 투자) 보유 기술, 인재 및 경험이 중요한 성공 메커니즘이므로 민간부문의 최고의 인재, 경험과 실천에 대한 경쟁력 있는 보상 패키지를 제공해야 할 것이다.

둘째, 초기 PSF는 금융중개기관과 협업을 통하여 신속히 설립되고, 효율성을 추구하되, 중장기적으로 직접 금융형태로 진화하는 것이 필요하다. 초기 PSF는 공인 파트너 금융 기관(금융중개기관)을 통해 전체적으로 작업하며, 전문적이고 민첩한 사업 단위로 설립되어야 한다. 이때 소수의 상임 핵심 직원을 고용하고, 자본 시장과 개별 민간부문 개발금융기관과 단기 계약을 체결한 다수의 직원을 고용하도록 하며, 초기 기금은 PSF가 사용하는 금융상품에 대한 이사회 결정에 따라 보조금 및 양허성 부채로 파트너 금융 중개 기관에 기금을 전달하는 형태가 되어야 할 것이다.

이는 자금지원방식을 제한하는 측면이 있지만, 단기적으로 PSF 역할이 단순화되어, 개별국가의 파트너 금융기관과의 교류에 집중할 수 있도록 도와줄 것이다. 또한 PSF가 소규모로 재무관리 업무에 집중시, PSF는 초기 공인 금융중개기관에 자금을 즉각적으로 전달하여 자금을 효율적으로 활용하는 데 기여할 수 있을 것이다. 초기에는 잠재적 금융중개기관의 수는 상대적으로 적을 것이지만, 시간이 지남에 PSF의 가용 자원이 증가하고, 지역과 상품 증가에 따라 금융중개기관의 수와 범위가 증가할 것으로 예상된다.

반면, 일정 정도의 경험과 역량이 쌓이게 되면, PSF가 모든 서비스를 제공하는 형태로 진화하는 방안을 모색해야 한다. 이때 개별 금융기관의 종류와 규모가

표 4-21 **프로젝트 단계별 민간참여자 지원가능 분야**

부문	활동분야
개발과정	• 벤처캐피탈, 사모투자펀드(Private Equity Fund) 등 위험자본에 적합 • 초기개발비 지원 필요 • 초기프로젝트 개발지원 투자펀드(Developer 지분투자 등) • F/S지원을 위한 매칭펀드 조성 • CDM 사업의 경우 배출권구매조건부 투자(PSF에서 투자 후 배출권 확보)
금융과정	• 프로젝트 파이낸싱 • 금융보증보험 서비스 확대 • 개도국 정부의 신재생에너지 인센티브 개발 및 자금 지원 • 개도국 전력구매기관(전력공사–정부)의 신재생전력 구매 관련 신용 보증 • CDM 담보부 대출을 위한 기금 조성
건설과정	• 국내건설사 + 개도국 현지건설사 컨소시엄(기술이전 포함)시 수출금융지원 • 민간부문의 기술 이전시 교육훈련비용 지원 등
운영과정	• 개발된 프로젝트 운영을 위한 사회적 인프라 구축 지원 • 예를 들어, 바이오매스 연료 공급을 위한 지원: 지역개발(도로정비, 연료보관시설 설치 등), 일자리 창출, 신재생 에너지확보 등을 위한 지역개발사업 지원

다양하기 때문에, 완전 자급형태로 민간자금을 직접 전달하는 금융중개기관뿐만 아니라 IFC와 같이 역량을 갖춘 공인된 금융중개기관을 통해 간접적으로 자금을 제공할 수 있다. 즉, 장기적으로 포괄적 서비스(full-service) 모델로 전환시, PSF 는 개도국과 군소도서국(SIDs)을 포함한 모든 대상 국가에 대하여 직접적·간접적으로 자금을 제공하고, 이와 관련된 다양한 범위의 업무를 직접 수행하게 된다.

셋째, 프로젝트 단계별 민간 참여자 지원 가능분야와 PSF와의 협업 가능 분야에 대한 탐색을 통하여 다양한 금융수단을 활용할 필요가 있다. 개발과정, 금융과정, 건설과정 및 운영과정 등 프로젝트 단계별 민간참여자를 지원할 수 있는 다양한 분야를 탐색할 수 있으며, 개별 단계별 다양한 리스크 – 리턴 프로파일에 적합한 금융상품을 공동으로 개발할 수 있을 것이다.

또한 매칭펀드 등을 통한 사업투자, 기반시설 구축, 보증, 탄소배출권 투자 등 PSF와 협업이 가능한 분야를 적극 개발하는 전략이 필요하다. 다만, 이때 GCF에서 수행하는 모든 프로젝트와 프로그램의 영향력과 효과성에 대한 정기적 모니터링 체계를 구축해 나가야 할 것이며, 특히 결과측정 프레임워크(results

표 4-22 PSF와의 협업 가능 분야

부문	협업가능분야
매칭펀드 등을 통한 사업투자	• PSF와 정부 및 민간금융기관 간의 매칭펀드 등을 통해 벤처캐피탈, PEF 및 금리가 좋은 대출, 프로젝트 파이낸싱, 리파이낸싱, 수출금융 등 각종 자금공급 • 민간금융기관과 PSF 간 사업 예비타당성평가 지원을 위한 매칭펀드 조성
기반 시설구축	• 수익사업에 도움이 되는 사회간접자본 무상원조 – 예: 바이오매스 발전의 경우 원활한 연료 공급을 위해 도로, 집하장, 지역사회 교육, 일자리 창출 등 지원
보증 및 지원	• 개도국 온실가스 감축, 저감사업 투자 사업에 대해 투자, 대출하는 금융기관들에 대한 지급 보증, 대출이자 지원 등 • 특정사업을 위해 개도국 정부나 국가기관(전력구매회사 등) 등의 신용 보강 • 신재생에너지의 경우 개도국의 발전차액지원제도(feed in–tariff) 등에 자금 지원
탄소배출권 투자	• 개도국의 온실가스 저감실적에 대해 PSF의 단독구매, 배출권 담보부 대출 및 투자 등 금융적 인센티브 제공(2012년 이후 유럽에서는 최빈국 탄소배출권만 거래 허용)

measurement framework)를 위한 지침과 지표가 개발되어야 할 것이다. 기금에 대한 직접적 접근 방식이 도입되었으므로, 국제적 수탁기준과 환경과 사회적 세이프가드 등이 GCF의 성과 평가체계 내에서 통합적으로 반영되어야 할 것이다.

GCF는 산하에 독립적인 평가 조직을 설치하기로 합의하였으며, 기금 성과에 대한 평가에 대해서는 COP 외부주체에 의한 독립적인 평가를 의뢰할 수 있다고 명시하고 있다. 사무국의 기능에 모니터링과 평가 기능이 포함되어 있으므로, GCF가 외주를 줄 가능성이 높은 기금 성과부문과 독립 평가기구가 사무국, 민간금융기관 등과 협업이 가능한 구조로 가도록 유도할 필요가 있다.

2) 민간자금 활용을 위한 투자모델 검토

GCF의 PSF는 초기에는 이행기구 및 중개기관을 통한 간접투자를 실시하되, 차후 직접투자가 가능한 투자방법을 모색하며, GCF 이사회가 민간분야기구를 감독하여 적응과 감축 분야에 대한 민간투자 장애요인을 제거하는 역할을 수행할 예정이다.

GCF가 PSF를 통하여 자금 조달의 규모를 확대하기 위해서는 여타 기금과 다른 사업모델을 활용하여 사업의 리스크－리턴 프로파일을 조정해주는 것이 필요하다. 사회적 필요성이 존재하나 공적 재원의 한계로 민간 재원과 공동 투자를 하는 다양한 국제적인 투자모델이 존재한다. 이러한 모델의 투자 대상은 대부분 벤처기업, 중소기업, 사회적 기업 등 일반 민간 투자자금이 지원되기 어려우나 공적자금을 마중물로 하여 민간자금을 추가적으로 지원하는 투자기법으로 GCF의 PSF 투자모델과 유사하다.

본 보고서에서는 이러한 유형의 투자 행태를 5가지 유형으로 분류한다. 모태펀드(한국형), 보증형(한국형), SIBC(미국형), 요즈마(이스라엘형), SIB(영국형)의 5가지 투자모델은 공통적으로 정부의 지원 등을 통해 민간투자를 확대할 수 있는 대표적 민간투자 개발모델로, PSF의 차별적인 역할과 이를 통한 민간투자의 확대를 주요한 메커니즘으로 활용하고자 하는 GCF가 벤치마킹할 수 있는 사례이다. 따라서 각 모형의 장·단점을 보다 상세히 검토·비교하여, 선진국의 지원 자금을 마중물로 하여, 후진국의 기후변화사업에 투자하되, 민간자금을 효율적·대규모로 모으기 위하여 어떤 모델이 바람직한가를 검토하고자 한다.

가) 모태펀드 모델(한국형 모델)

모태펀드(Fund of Funds)는 정책자금을 마중물로 활용하는 펀드이다. 개별기업에 대한 직접적인 투자를 지양하고 기업에 직접 투자하기보다는 개별펀드(투자조합)에 출자하여 직접적인 투자위험을 감소시키면서 수익을 목적으로 운영하는 펀드로서, 전체 출자자금을 하나의 펀드(母펀드)로 결성하고, 母펀드를 통해 펀드 운용사가 결성하는 투자조합(子펀드)에 출자하는 펀드이다.

모태펀드는 초기자금(seed money)을 바탕으로 모태펀드를 구성하고, 이를 투자조합 등의 자펀드를 통해 개도국의 사업 또는 기업에 투자하는 형태로 구성할 수 있다. 이 경우 무한책임사원(General Partner: GP)인 다수의 투자자와 협상할 필요 없이 자신이 필요로 하는 자금을 모태펀드로부터 보다 용이하게 출자를 받을 수 있으며, 자금조달에 따르는 비용과 시간을 절감하면서 대형 펀드를 결성하기에 용이한 측면이 있다.

📷 그림 4-5 **모태펀드 운용 구조**

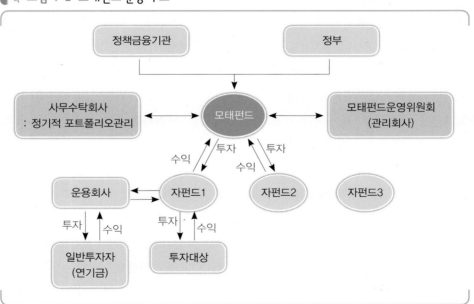

자료: 김성우(2012)

자금 공급자 역할을 하는 GCF 기금 등은 기금의 목적에 맞는 사업을 선정·제시하여 출자기관으로서의 정책적 목적을 추구할 수 있으며, 펀드 운용사는 GCF의 지침에 맞춘 출자사업을 운영하고, 간접투자를 통해 투자 승수효과를 창출하여 GCF가 추구하는 공공성과 수익성을 조화롭게 운용할 수 있다. 특히, 자펀드의 존속기간을 장기로 설정할 경우 개별국가전략에 맞춘 장기간 운용이 가능할 수 있다. 한국형 모델의 경우 모태펀드의 출자와 일반투자자의 출자는 차별하지 않지만, 민간투자의 유입을 위해 민간투자에 유리한 인센티브 구조를 설계할 수 있다.

나) 보증형 모델

신용보증제도는 물적 담보력이 부족한 소기업이나 소상공인에게 신용보증기관의 보증을 통하여 경제주체 간 신용거래에 개재되어 있는 채무불이행의 위험을 경감시켜주는 공적 금융시스템으로 활용되고 있다.

운용 주체에 따라 공공기관 보증제도, 상호보증제도, 융자 보증제도 등으로 나뉘며, 우리나라는 대출 손실을 정부가 인수하는 점에서 공공기관에 의한 공적 보증제도를 운영하고 있다.

공공기관 보증제도는 신용보증기금과 같은 독립된 보증기관이 중소기업에 대한 신용조사 및 심사 등을 독자적으로 수행하는 것으로 보증대상을 폭넓고 공신력과 보증금액이 크다는 장점을 지니지만, 보증기관, 중소기업 및 금융기간 사이에 정보비대칭성에 의한 역선택과 도덕적 해이가 발생할 수 있다.

신용보증재단 등 공공기관이 운용하고 있는 보증제도는 통상 「중소기업기본법」상의 중소기업을 대상으로 하되, 재단, 중앙회, 신용보증기금 또는 기술신용보증기금이 보증채무를 이행한 후 채권을 회수하지 못한 기업 또는 이러한 기업의 이사 또는 업무집행사원 중 과점주주와 GP가 영위하는 기업 또는 이들이 대표자로 되어 있는 기업 등은 보증이 금지된다. 또한 ① 휴업중인 기업, ② 금융기관 등의 대출금을 빈번히 연체하고 있는 기업, ③ 전연체정보, 대위변제(대지급 포함)정보, 부도정보(이상 관련인정보 포함), 금융질서문란정보 및 공공기록정보 등 록사유가 발생한 기업, ④ 재단, 중앙회, 신용보증기금 및 기술신용보증기금이 보증채무를 이행한 후 채권을 회수하지 못한 기업의 연대보증인인 기업 및 연대보

📑 **표 4-23 신용보증제도의 유형별 비교**

	공공보증제도	상호보증제도	융자보증제도
운용주체	독립된 보증기관	기업단체(공제조합)	은행
보증주체	독립된 보증기관	기관보증 및 정부 재보증	은행과 정부 공동 보증
보증대상	불특정기업	회원기업	불특정기업
공신력	높음	낮음	중
보증금액	높음	낮음	중
신용조사·보증심사	필수적	형식적	없음
감시기관	정부 및 독립된 보증기관	정부, 회원기업 상호 감시	정부, 은행
보증활용	높음	중	낮음
운용국가	한국, 일본 등 아시아국가	유럽국가	미국, 캐나다 등

자료: 신용보증기금(2012), p.23 수정

증인이 대표자로 되어 있는 법인기업, ⑤ 재단, 중앙회, 신용보증기금 및 기술신
용보증기금의 보증사고기업(사고처리유보기업 포함) 및 동 기업의 연대보증인인 기
업 또는 연대보증인이 대표자로 되어 있는 법인기업 등은 보증이 제한되며, 담배
중개업, 주류도매업, 금융업, 골프장 운영업, 유흥업 등의 업종 등은 보증이 제한
된다.

보증의 종류는 대출보증, 이행보증, 어음보증, 지급보증의 보증, 시설대여 보
증, 납세 보증 등의 종류가 있으며, 개별 기업 상황에 따라 신용보증 한도와 보증
료를 납입하는 구조이다.

GCF를 보증주체로 활용하면 민간금융기관의 기후변화 관련 사업 지원을 크게
확장할 수 있을 것이다. 이는 보증은 운용배수만큼의 승수효과를 창출하기 때문
이다.

표 4-24 **보증의 종류**

구분	내용	보증대상채무	대상기관
대출보증	은행을 비롯한 금융기관으로부터 각종 자금을 대출받을 경우 담보로 이용되는 보증	할인어음, 당좌대출 등을 포함한 금융기관의 운전자금 및 시설자금 대출	시중은행 등
비은행 대출보증	비은행 금융기관 또는 기타 대출기관으로부터 각종 자금을 대출받을 경우 담보로 이용되는 보증	할인어음, 당좌대출 등을 포함한 비은행 금융기관의 운전자금 및 시절자금 대출	농협/수협/중소기업진흥공단 등
이행보증	기업이 공사, 물품의 공급, 용역의 제공들을 위한 계약의 체결을 수반하여 부담하는 지급채무에 대한 보증	이행입찰보증	정부/지방자치단체/정부 투자기관 등
어음보증	기업이 상거래와 관련하여 주고받는 지급어음, 받을어음 및 담보어음에 대해 지급을 보증하여 기업이 편리하고 안전하게 상거래를 할 수 있도록 도와주는 보증제도	받을어음보증 지급어음보증 담보어음보증	상거래 상대처
지급 보증의 보증	기업의 채무를 금융기관이 보증하는 경우에 그 보증채무의 이행으로 인한 구상에 응하여야 할 금전 채무에 대한 보증	금융기관의 지급 보증	비은행금융기관/기타대출기관/시설대여회사 등
시설대여 보증	기업이 시설대여업자 등으로부터 기계, 기구 등의 시설을 대여받는 경우 담보로 활용되는 보증	기업이 시설대여 계약에 의해 시설대여업자 등에 부담하는 규정손해금의 70% 이하	중소기업진흥공단 등
납세보증	기업이 납부해야 할 국세, 지방세를 대상채무로 하는 보증	기업이 납부해야 할 국세와 지방세	세무서/지방자치 단체장

자료: 서울신용보증재단 홈페이지(www.seoulshinbo.co.kr)

다) 요즈마펀드 모델(이스라엘형 모델)

요즈마펀드는 이스라엘에서 벤처캐피탈(Venture Capital) 산업 육성 및 벤처투자 활성화를 통한 수출지향적 첨단기술산업 성장을 위해 1993년 이스라엘 수석

표 4-25 요즈마펀드 추진경과

구 분	운영기간	조성규모 (백만달러)	특징
요즈마 Ⅰ	1993~2003년	263	정부 1억달러 출자 (1997년 1억 1,500만달러 회수)
요즈마 Ⅱ	1998~2008년	80	민영화, 모태펀드에서 직접투자로 전환
요즈마 Ⅲ	2002~2012년	50	

자료: 기획재정부(2013)

과학관실(Office of Chief Scientist: OCS) 주도로 설립되었다. 1996년 OCS가 자펀드 10개 출자(8,000만달러) 및 16개 기업에 직접투자(2,000만달러)를 하였으며, 정부의 투자자금 지원의 한계 및 벤처캐피탈 시장기능의 활성화에 따라 1998년 민영화되었으며, 이후 요즈마펀드Ⅱ, Ⅲ이 설립·활용되었다. 요즈마펀드 이후 이스라엘의 벤처캐피탈 시장은 급속도로 발전한 것으로 평가된다. 1990년대 초 1개에 불과했던 벤처캐피탈이 요즈마 이후 88개로 증가하였으며, 1993~2000년 사이 약 100억달러를 유치하였으며, 벤처캐피탈 투자금액이 2000년에는 GDP 대비 2.7%로 세계 최고 수치에 달하는 성과를 창출하였다.

요즈마펀드는 모태펀드(Fund of Funds) 형태를 지녔지만, 정부의 운영방식과 민간자본에 대한 인센티브 방식에서 그 특징을 찾을 수 있다. 요즈마펀드는 '이스라엘 정부 + 해외 유한책임사원(Limited Partner: LP) + 자국 LP 및 GP'가 공동으로 펀드를 조성하게 된다. OCS는 정부출자를 담당하며 펀드관리자로서 자펀드 GP 및 직접투자 대상 기업 선정 등에 관여하지만, 실질적 펀드의 의사결정 과정에는 관여하지 않음으로써 시장원리에 의해 작동할 수 있는 환경을 조성하였다.

무엇보다 요즈마펀드와 벤처캐피탈 산업 부흥의 가장 직접적인 원인이 된 것은 GP에게 유리한 환매 조건을 부여했다는 점이다. 정부는 벤처캐피탈의 해외유치 및 공적 펀드의 조성시 일정기간 후 민영화를 통해 정부지분을 시장에 이양하겠다는 의지를 사전에 명백히 하여 신뢰성을 높였으며, 정부는 새로운 펀드의 지분을 보유하지만 파트너들에게 향후 사업 성공시 정부 소유 지분을 싸게 살 수 있는 옵션을 부여했다. 또한 펀드가 성공적일 경우 5년 후부터 매년 이자를 지급해

주는 구조를 취함으로써 정부가 리스크를 나누어 분담하면서도 투자자들과 이익을 공유하는 방식을 취하였다.

높은 투자 수익률이 시현됨에 따라, 미국 및 유럽 펀드들의 대거 이스라엘 기업 투자가 자발적으로 이루어지게 되었으며, 방산, 항공–우주, IT 분야의 우수한 기술력이 창업지원 및 육성 환경과 맞물려 우수한 창업초기 기업들이 다수 탄생하게 되었다.

또한 요즈마펀드의 매칭 방식의 장점도 있다. 초기 요즈마펀드는 1.5대 1의 매칭방식을 채택하였으며, 이후 투자 기준을 강화하여 후기에는 2대 1의 방식으로 변경하였다. 즉, 이스라엘 파트너들이 새로운 이스라엘 기술에 투자하기 위해 1,200만달러를 자금 모집할 경우 정부 지원은 초기 800만달러, 후기 600만달러를 지원하는 방식을 적용하였고, 이러한 매칭 방식에 따라 투자 자금을 확대할 수 있었다. 매칭 비율은 시장 상황을 고려하여 조정해 나갈 필요가 있으며, 신청자가 많으면 민간부문을 상향 조정하고, 신청자가 적으면, 하향 조정할 수 있을 것이다.

GCF의 경우 가변적 매칭방식의 이용, GCF 소유 지분의 매각 옵션 부여 등을

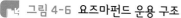
그림 4-6 요즈마펀드 운용 구조

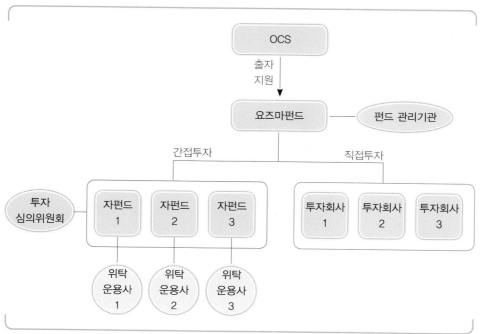

통해 민간자금 유입을 보다 활성화할 수 있을 것이다.

라) SBA 모델(미국형 모델)

미국의 중소기업 정책금융제도는 연방정부와 주정부의 지원이 병존하는 구조로, 연방정부의 지원은 민간금융기관에 의한 대출 보증을 중심으로 이루어지며, 주정부 지원은 각 주별 경제상황이나 중소기업 상황에 따라 다양한 제도로 운영되고 있다. 연방정부 차원의 중소기업 정책은 중소기업청(Small Business Administration: SBA)을 중심으로 구체적인 프로그램들이 제시·시행되고 있다.

1953년 설립된 SBA는 미국 연방정부의 중소기업 금융지원을 담당하는 핵심기관으로 ① 대출, 보증 등의 금융업무, ② 기술 지원 및 정보제공 관련 업무, ③ 중소기업 사업환경 등의 조사업무, ④ 정부 물자의 조달지원업무 등을 수행하고 있다. 중소기업 금융지원 프로그램은 대출 보증이 중심이며, 그 중에서도 일반대출보증프로그램인 7(a) Loan의 실적이 주류를 이루고 있으며, 재해 피해기업을 대상으로 하는 재해지원론(직접대출), 지역개발공사 등을 통해 소액 간접융자를

ꀥ 그림 4-7 미국 중소기업 정책 금융제도 구조

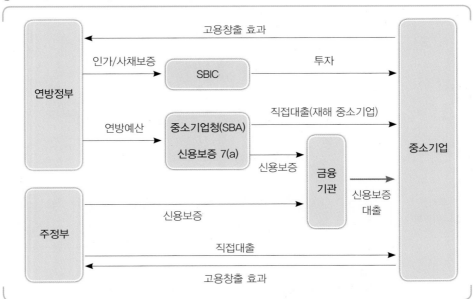

자료: 금융연구원(2005)

지원하는 마이크로론, 민간의 벤처캐피탈을 통한 투융자프로그램인 SBIC(Small Business Investment Companies) 프로그램이 있다.

7(a)의 대출보증 프로그램은 SBA의 주요 융자 프로그램 중 하나로 일반 대출기관에서 적절한 조건으로 융자를 받을 수 없는 중소기업으로 하여금 자금을 빌릴 수 있도록 지원하며, 크게 기본 프로그램과 특별 프로그램으로 나뉘게 된다.

7(a)의 대출보증 프로그램은 SBA가 보증을 하면 민간 대출기관이 자금을 공여하는 형식을 취하는 구조를 지니므로 대출자금이 정부가 아닌 민간금융기관으로부터 나온다.

7(a) 대출은 기업 규모, 업종, 자금 용도, 여타 자금의 활용가능성 등을 심사하여 대출 자격 요건을 심사하게 되는데, ① 기업규모는 독립적으로 소유·경영되고 시장지배적이지 않으며, 중소기업법이 정하는 산업별 종업원수 또는 매출액 기준에 부합하는 기업으로, ② 업종은 모든 중소기업을 대상으로 하되, 부동산의 판매 또는 투자를 위한 자금, 비영리단체, 도박, 투자, 대부 또는 투자업, 독점기업이나 피라미드식 판매기업, 불법활동 영위기업이나 위헌적인 기업은 제외된다. ③ 자금의 용도는 새로운 기업의 창업이나 기존 기업의 운영·인수·확장 등을 목적으로 하므로 사업용토지, 건물 구입, 시설 확장 도는 건축, 장비, 기계 또는 원재료의 구입, 자급어음의 지급, 재고자산의 구입 등 장기운전자금, 기존 부채 상환 또는 변제자금, 기존 기업의 인수 등을 목적으로 하지만, 대출기관이 손실을 입을 가능성이 높은 대출자금의 상환을 위한 융자, 사업상의 개선이 없이 기업 소유관계의 변동만을 발생하는 융자, 당해 기업 소유자에 대한 부채의 변제, 건전하지 않은 사업 자금 등은 지원하지 않으며, ④ 아울러 신청 기업의 주요 임원이 과거 부채 상환내역이나 법규 준수 여부를 심사하여 대출을 결정하게 된다. 대출조건은 신청 기업과 대출 금융기관 간 협의로 결정되는데, 자금의 용도 및 구입 자산의 내구연한, 신청기업이 변제 능력에 따라 차등화하되, 최대한 단기로 변제하는 것을 원칙으로 하며, 우대금리와 연동하여 고정 또는 변동 금리를 적용하게 된다. 통상 보증 비율은 50~75%의 보증비율이 적용된다.

7(a) 특별 프로그램은 에너지 보존대출(Energy Conservation Loan Program), 오염관리대출(Pollution Control Loan Program), 군수물 민간활용 지원(Defense Economic Transition Assistance), 지역조정투자대출(Community Adjustment and

Investment Program), 종업원신탁기금 보증대출(Guaranteed Loans to Qualified Employee Trusts), 무역대출프로그램(International Trade Loan Program) 및 수출용 운전자금 프로그램(Export Working Capital Program)이 있다.

에너지보존대출은 에너지 자원을 절약하기 위한 장비나 기술을 고안, 개발하거나 제조, 배포, 판매, 설치, 또는 서비스하는 중소기업에 대한 대출 또는 보증 프로그램으로, 태양열 장비, 화석연료 사용체제 운전방법, 목재, 생물학 폐기물, 곡식 등 친환경 물질로부터 에너지를 추출하는 정비, 에너지 발생 장비, 수력발전 장비 등 및 이러한 장비나 기술을 개발하기 위한 엔지니어링, 건축, 컨설팅, 전문 서비스도 포함된다.

오염관리대출은 오염관리설비를 디자인하거나 설치하는 기업이 이용할 수 있으며, 자금 용도가 고정자산 용도로만 사용된다. 군수물 민간활용지원은 적격 중소기업이 물품공급시장을 군수시장에서 민간시장으로 전환하는 것을 지원하는데, 국방부 프로그램 종료 또는 감축으로 영업에 심각하게 영향을 받는 주계약자, 하청계약자 또는 부품 공급자인 중소기업이 지원대상이 된다.

지역조정투자대출은 미국 재무부와 북미개발은행에 의해 지정된 지역에 있는 중소기업을 지원대상으로 별도의 고용기준을 적용하고 있다. 고용기준으로 모든 신청기업은 대출 후 24개월 이내 창출되거나 유지되는 일자리 추정치를 제출해야 한다.

종업원신탁기금 보증대출은 종업원 신탁기금이 기업에 대출을 하거나 기업을 양수할 수 있도록 보증하는 것으로, 신탁기금은 SBA 규모 기준과 정책요건에 부합해야 하며, 동시에 국세청의 우리사주계획이나 노동부의 퇴직수익안전법에 의해 자격을 갖춰야 한다. 신탁기금은 ① 고용주의 주식을 양수함으로써 기업의 성장이나 개발을 위한 자금, ② 소유주 대출을 대환함으로써 이자 수입을 발생할 수 있는 자금, ③ 고용주 자산을 포함한 담보 설정으로 활용될 수 있다.

무역대출 프로그램은 중소기업이 기계 장비나 업무용 부동산의 구입 및 수입 증가로 인한 경쟁력 약화 상황 개선 등을 위해 운영되며, 신청기업은 대출이 수출시장의 개척 및 확대에 기여하거나 당해 기업이 수입품에 의해 영업상 애로가 발생함을 증명하며, 시설이 경쟁력 강화에 도움이 된다는 것을 입증해야 한다. 수출시장의 개발 또는 확대를 위한 경우 신청기업은 수출 확대 가능성을 보여줄 정보

를 포함한 무역계획서를 제출하도록 하고 있다. 수출용 운전자금 프로그램 중소
기업이 다른 금융기관으로부터의 수출을 위한 자금 공급이 제한되어 있을 때 이
들을 지원할 목적으로 수출기업을 위한 단기운전자금을 제공한다.

SBIC 프로그램은 SBA 인가를 받은 벤처캐피탈이 합자회사 또는 유한책임회
사 형태로 설립한 SBIC를 통해 중소기업에 대한 출자나 회사채 인수를 지원하는
프로그램으로 SBIC가 자금조달을 위해 발행한 회사채를 SBA가 보증하는 구조이
다. 즉, SBIC는 SBA의 인가와 금융지원을 받아 미국 내 중소기업에 투자하는 공
적 벤처캐피탈로 역할하므로 SBA의 지원과 규제를 받는다는 점 외에는 민간 벤처
캐피탈과 조직 및 운영체계가 동일하다고 볼 수 있다. SBIC는 일반 SBIC(regular
SBIC), 특수 SBIC(special SBIC), 신시장벤처금융(New Market Venture Capital)으로
분류된다.

SBIC 프로그램 운영을 위하여 총 프로그램 수준, 보조비율, 정부지출액 등이
예산안을 통하여 제안되면, 의회의 최종 지출이 확정되고, SBIC 지원 기업은 인
가 전 자본금을 모집하게 된다. SBA 인가를 받으면 투자신탁사로부터 자금 대부
가 가능해지며, 융자신청이 있을 경우 신용상태 및 규제 충족 여부가 검토되고,
SBIC에 대부된 자금은 증권 조건에 따라 상환하게 된다. SBA는 자본시장에서 매
각된 증권의 원금과 이자의 투자신탁사에 의한 지불을 보증하고, 융자금은 SBA
보증 10년 만기 채권의 분기별 판매에 따라 조달되며, 이익배당부 증권을 통해
자금을 조달하는 SBIC는 이윤의 약 10%를 SBA에 지불하게 된다. SBIC 인가요건
은 자본금, 경영능력, 소유와 경영의 분리, 조합형 SBIC에 대한 특별 규정 요건이
적용된다.

표 4-26 SBIC의 종류

종류	내용
일반 SBIC	일반 중소기업에 대한 투자를 목적으로 하는 프로그램
특수 SBIC	소수민족, 장애인 등이 51% 이상의 지분을 보유한 중소기업에 대한 투자를 목적으로 하는 프로그램
신시장벤처금융	미국 중저소득지역(low and moderate income zone) 중소기업에 대한 투자를 목적으로 하는 프로그램

그림 4-8 SBIC 업무 흐름도

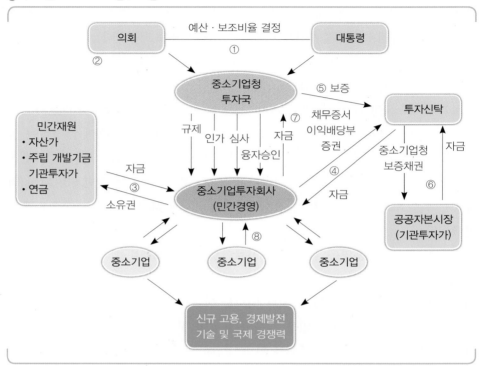

자료: 한국개발연구원(2006)

　　자본금 요건은 이익배당부 증권 발행 여부에 따라 상이하며, 이익배당부 증권 미발행시 500만달러, 이익배당부 증권 발생시 1,000만달러의 자본금 요건을 적용하되, 레버리지 가능 자본금은 250만달러 이상으로 정하고 있다. 경영능력을 위하여 중소기업에 대한 투자와 관련하여 SBA 기준에 부합하는 지식, 경험, 역량을 갖추도록 하고 있으며, 특정 개인이나 이해관계자 집단이 자규정 자본금의 70% 이상을 소유하거나 통제하지 못하도록 하여, 소유와 경영을 분리하고 있다. 조합 형태의 SBIC는 최소한 2명 이상의 개인 또는 하나 이상의 법인 · 유한책임회사 · 조합 또는 이들의 연합을 GP로 두어야 한다.

　　SBIC의 투자 방법은 지분증권(주식, 스톡옵션, 신주인수권, 유한조합의 지분, 유한책임회사의 지분), 대출, 채무증권, 보증 등의 다양한 방식을 택할 수 있으며, 투자수익이 발생할 경우 배당은 해당투자의 원금을 SBA와 민간투자자에게 지급하고, SBA에 이자 또는 배당 지급, GP 및 LP에 대한 배당 순서로 진행된다. SBIC는 SBA의 자금에 대한 제한된 수준의 이자 및 배당을 우선적으로 지급해야 하는 구조이므로, 투자 수익이 높은 경우 일반투자자에게 보다 많은 수익이 배당될 수 있지만, 투자수익률이 낮은 상황에서는 SBA에 우선적으로 이자 및 배당을 지불해야 하므로 투자자에게 불리할 수 있다.

이상의 SBA 모델에서 일자리 창출, 탄소 배출 감축 등 오염물질 저감 사업, 지역개발 등 사회적 긍정적 영향을 지닌 중소기업에 민간 금융기관을 통해 자금을 공급해 줄 수 있는 구조를 취하고 있다는 점을 벤치마킹할 수 있다. 또한 SBIC는 위험자본의 중추적 역할을 수행하는 PEF나 벤처캐피탈의 전문적 역량을 활용하여 민간의 정부 정책에 부응한 적극적 투자 결합 모델로 활용할 수 있다. 무엇보다 SBIC 프로그램의 성공은 정부의 민간자본에 대한 적절한 인센티브 제공 방식에 좌우된다.

GCF의 경우 CDM사업으로부터의 탄소배출권, 개발도상국의 경제 발전이나 기후 적응 부문을 투자 대상으로 PEF나 벤처캐피탈을 지원하여 동 부문에 다양한 투자가 이루어지도록 유인할 수 있다. 이때, 이자 및 배당 지급 순서 또는 GCF에 대한 이자율 범위 설정 등을 통해 투자 사업 성공시 민간투자자에 높은 수익을 제공할 수 있다면, 큰 폭으로 레버리지를 활용할 수 있을 것이다.

또한 GCF에 동 모델을 적용시 제한된 수준의 이자 및 배당을 우선적으로 지급하는 구조는 다른 투자모델과 차별화되는 모델이다.

마) SIB 모델(영국형 모델)

사회영향채권(Social Impact Bond: SIB)은 외부투자자를 투자 모형에 포함시킨 능률급지급(Payment by Results) 메커니즘의 한 종류로 정부의 지급 보증 약정을 바탕으로 사업 주체가 원리금의 상환이 사회성과와 연계된 채권을 민간 투자자에게 발행하는 내용의 투자 계약을 말한다. 이는 정부 서비스 제공자와 투자자의 협업을 통해 사회적 가치 또는 사회적 성과(social outcome)를 증진시키는 것을 목적으로 발행되며, 핵심적 요소는 약정된 성과 달성시, 사회적 가치 증진과 연계된 지급을 정부와 계약한다는 점이다.

SIB는 민간전문사업자가 정부와 공공서비스 · 사회적 사업 완수시 지급보증에 대한 이행을 약속받아, 민간 투자자를 대상으로 채권을 판매하여 자금을 조달하는 구조를 갖는다. 이때 민간전문사업자는 제공받은 재원을 토대로 사업을 수행하고, 투자자는 약정 기간이 되어 사업 목표 달성 성과에 따라 원금과 사회적 성과와 연동된 재무적 이윤을 받게 되며, 정부는 공공재원으로 관련 비용을 지불하게 된다. 이는 사회적으로 필요한 문제를 정부·투자자·영리단체나 사회적 기업 등 시민사회 등의 다양한 이해관계자들이 힘을 합쳐 함께 해결해나가기 위한 시도로 투자 수익이 측정가능한 사회적 성과와 연동된다는 측면에서 '성과보상 프로그램'이라는 특징을 지닌다. 즉, 일정 성과가 달성되었을 경우에 한하여 약정된 수익률을 보장하되, 사회적 성과가 클수록 채권자 지급액이 증가하므로 일반채권에 비하여 고위험−고수익의 성격을 지니며, 사업 성공에 대한 양(+)의 유인을 제공하고 있다.

SIB 발행의 주요 참가자는 정부, SIB 발행기구(Social Impact Bond Issuing Organization: SIBIO), 사회적 서비스 제공기관(service providers), 평가기관, 투자자로 구성된다. 정부는 사회적으로 필요한 현안 과제를 제시하고, SIB 발행기구인 SIBIO와 사회적 서비스 계약을 체결하며, SIB에 대한 최종적 지급 보증의 주체로·역할한다. SIBIO는 보증기관과 계약을 맺은 지원기관으로 보증기관의 지급보증을 담보로 투자자(investors)를 대상으로 SIB를 발행하게 된다. SIBIO는 SIB 발행자금을 활용하여 노숙인의 사회복귀율 회복 등의 사회적 문제를 해결할 능력을 갖춘 서비스 제공자를 선정하여 자금을 제공하게 된다. 사업자금을 제공받은 서비스 제공기관인 사회적 기업은 재활치료를 위한 강좌 개설, 주거 지원 및 일자리 창출 등 필요한 사업을 통해 사회적 문제 해결을 위해 노력하게 된다.

평가기관은 서비스 제공기관이 운영했던 프로그램에 대하여 객관적으로 평가하게 되며, 이때 성과는 측정가능한 지표를 활용하게 된다. 정부는 약정했던 목표치(break-even) 이상의 사회적 성과를 달성하는 경우 SIBIO에 자금을 지급하고, SIBIO는 투자자에게 원금과 이익금을 지불하게 된다.

SIB는 노숙자문제, 범죄나 다른 경제적·사회적 조건을 악화시키는 문제의 근본원인을 다루는 데 민간의 혁신적 아이디어와 효과적인 프로그램을 사용할 수 있게 되며, 성과에 따른 보상을 통해 정부가 갖는 재무적 리스크를 줄일 수 있는 방식으로 비용구조 측면에서 정부 예산을 절감시킬 수 있는 수단이 될 수 있다. 특

그림 4-9 SIB 자금 및 서비스 운용 흐름

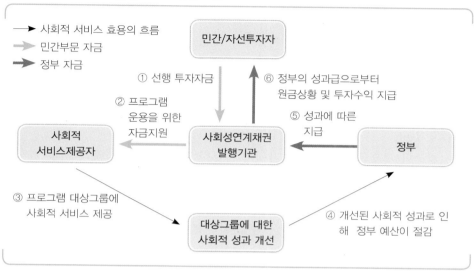

자료: Langford(2011)

히, SIB는 비영리 서비스 제공자, 투자자, 정부(보증기관)의 이해를 일관되게 하여, 사회에 꼭 필요한 변화를 효과적인 방법으로 이룰 수 있도록 유도할 수 있다.

서비스 수행자인 비영리단체나 사회적 기업은 자금을 모으기 위한 추가적인 시간과 노력을 기울이지 않고도 안정적인 수입원을 얻을 수 있으며, 투자자들은 사회적으로 유의미한 일에 동참하면서도 동시에 재무적인 성과도 기대할 수 있으며, 정부(보증기관)는 사업실패에 대한 리스크를 줄이면서 사회적 부문에 전문성을 갖는 서비스 제공자를 통해 현안과제를 해결할 수 있으며, 발행기관은 투자자 모집, 유가증권 발행 등의 업무를 통해 수수료를 수취할 수 있기 때문이다.

현재 영국, 미국, 호주 등에서 SIB는 공공부문의 영역에 해당하는 예방 및 조기치료적인 프로그램을 사회적 기업이 혁신적인 방법으로 실행하게 하고, 이후 이로 인해 발생하는 정부의 비용절감 효과를 평가해 이 중 일부를 투자자들에게 이익으로 되돌려주는 방식으로 사용되고 있다.

GCF의 경우 개발도상국 지원시 성과에 연동된 프로그램을 운용할 수 있을 것이다. 즉, 개발도상국 스스로 개별 국가의 예산이나 민간자금을 활용하여 기후변화 완화 및 적응사업을 실시하고, 이러한 사업이 성공적으로 수행되었다고 판단할 시 GCF가 인센티브를 더하여 사업비를 지원할 수 있을 것이다.

바) 기존 모델의 GCF 활용 가능성 검토

GCF가 표방하고 있는 투자 원칙은 수원국 중심으로 기금을 운영하고, 공여와 양허성 차관을 우선 활용하되, 차후 보증 등 다양한 금융수단을 활용할 가능성을 열어두었으며, 온실가스 감축·적응과 지속가능개발을 함께 추구하는 것을 목표로 삼고 있다.

선진국의 경우 물적·기술적 자원이 풍부한 반면, 개발도상국의 경우 기후변화에 취약하며 이에 대응할 수단이 부족하므로, 수원국은 대부분 개발도상국이될 것이다. 그러나 GCF는 개도국에 대한 일방적 지원과 적응을 위한 ODA라고보기 보다는 선진국의 탄소배출비용을 인식하고 적응과 감축 투자를 하는 구조이다. 따라서 GCF 투자 대상은 ① 기후변화 리스크 뿐만 아니라 기후변화와 연관도가 떨어지는 개별 국가리스크, 인프라 금융 등의 장애요인을 보유하고 있으며, ②적응과 감축 사업에 따른 상이한 리스크－리턴 프로파일을 가진다는 특징이 있다. 감축사업의 경우 저탄소 기술의 높은 도입 가격 등과 같은 초기 진입장벽이존재하지만, 사업 성공시 높은 수익률을 창출할 수 있는 반면, 적응 사업의 경우금융적 수익이 발생하기 어려운 구조를 지닌다.

또한 감축 사업의 경우 GHGs 감축량으로 판단이 가능하지만, 적응사업의 경우 하나의 잣대를 통해 평가하기 어려운 측면이 있다. 그리고 감축 사업의 경우효과가 장기간에 걸쳐 나타나는 반면, 적응 사업의 경우 효과가 상대적으로 짧은시간 내에 나타날 수 있다. 따라서 이러한 다양한 투자 장애 요인을 제거하고, 투자 대상의 장점을 살릴 수 있는 투자모델을 개발하는 것이 중요할 것이다.

모태펀드 모델과 요즈마펀드 모델의 경우 GCF를 출자기관으로 하여 자금 제공을 하도록 하되, 투자 정책을 제시하는 역할을 하고, 민간 금융기관에 자금 운용을 위임하여 하위펀드를 설정·운용하면 시장 원리에 따라 펀드를 보다 효율적으로 운용하며, 민간부문의 전문성을 활용할 수 있다. 이때 투자 대상은 감축 및적응부문 등을 통합적으로 허용하도록 하되, GCF와 민간투자자의 수익 및 이자배분 비율 및 순서 등을 차등적으로 적용하거나 민간투자자에 대한 GCF 지분의매입 옵션 등을 제공하면 다양한 투자자를 모집하는 데 보다 용이할 수 있을 것

📄 표 4-27 **완화와 적응의 비교 및 사업영역**

구분	완화(mitigation)	적응(adaptation)	출처
개념	온난화 가스의 방출을 감소시키고, 제거(격리)하기 위한 인위적 개입	새로운 환경 또는 변화된 환경에 대한 자연 시스템과 인류 시스템의 적응 조정	IPCC, 2001
	기상이변 및 기후변화를 방지하기 위하여 온실가스 배출량저감 등의 활동	기후변화의 파급효과와 영향에 대해 자연·인위적 시스템의 조절을 통해 회피하거나, 유익한 기회로 촉진시키는 모든 활동	환경부
역할	기후변화의 원인을 제거	기후변화의 영향을 제거	GGW
시공간적 규모	• 이행: 지역적, 국지적 • 효과: (공간)전지구, 　　　 (시간)수 세기 후	• 이행: 영향을 받는 지역적, 국지적 • 효과: (공간)지역적/국지적, (시간)즉시	Klein et al., 2005
효과 측정	GHGs 감축량으로 판단 가능	하나의 단위로 측정이 어려움(피해 감소액, 인명피해감소 효과, 문화 훼손방지 효과 등)	
적용 부문	제한된 부문(예: 에너지, 수송, 임업 (개도국) 부문, 농업부문)	기후변화의 영향을 받거나 받을 것으로 예상되는 광범위한 부문(예, 농업, 관광업, 보건, 수자원, 해안관리 등)	Klein et al., 2005
사업 부문	• 수자원: 우수활용, 물저장, 집중호우방지, 지하수 자원, 물재이용, 해수담수화, 물이용 및 관개 효율성 등 • 농업 및 식량: 다품종경작, 재배지역 변경, 토지관리, 토양과 물 보전 • 기반시설/거주: 방파제와 해일방파제, 해수면 상승, 취약성 조사 • 건강: 혹서 보건, 긴급의료 서비스, 재해관리 체계, 식수관리 • 생태계: 산림개간, 조림, 산림화재, 산림의 탄소저장 능력, 하천 및 습지복원, 해안생태계, 해안식생 • 에너지원의 다원화	• 에너지: 공급 및 배분 효율성, 연료전환, 신재생에너지 • 교통: 청정디젤차량, 바이오연료, 대중교통, 토지 및 교통계획 • 건축물: 조명, 고효율 제품, 냉난방장치, 단열 등 에너지효율 • 산업: 열과 전력 회수, 재활용, 탄소 등 배출원 관리 • 농업: 경작, 토지복원, 태양열 등 • 임업: 조림사업을 통한 탄소배출권, 부산물 연료 활용 • 폐기물: 매립지 메탄가스 회수, 소각시 에너지 회수, 폐기물의 퇴비화, 폐기물 감량화 등	

자료: 고재경·김희선(2011) 수정

이다. 또한 모태펀드나 요즈마펀드 모델의 경우 기존의 무상공여, 저리 대출지원 방식을 넘어 지분(equity) 투자를 할 수 있는 수단으로 프로젝트 개발뿐만 아니라 다른 기금과의 차별성을 확보할 수 있다.

SBA 모델의 경우 융자보증제도로, 중소기업 등 대출이 용이하지 않은 중소기업 및 지역개발 사업 수행 기관의 상환불능위험을 정부와 민간은행이 보증하고, 민간금융기관을 통해 대출이 발생하도록 지원해주는 형태이다. 이는 민간금융기관이 시장 원리에 따라 자발적인 금융중개기능을 수행할 수 있도록 하기 때문에 시장기능을 중시하는 반면, 대출 규모가 크지 않을 수 있다. 따라서 보증기관은 GCF 또는 이행기구가 담당하여, 중대형개도국에서 수행되는 사업 또는 적응과 감축이 동시에 이루어져 최소한의 수익을 실현할 수 있는 사업 등에 대하여 보증할 수 있을 것이다. 이러한 모델의 경우 수혜국으로서 최빈국과 중대형개도국의 서로 다른 요구를 동시에 충족시킬 수 있는 사업을 지원할 수 있을 것이다.

반면, 공공기관 보증제도 모델의 경우 공공기관이 대출 손실을 인수한다는 점에서 공공기관의 손실 위험이 매우 높으며, 이러한 모델을 활용하기 위해서는 독립된 보증기관이 설립되어야 하므로 절차상의 비용이 소요되는 측면도 존재한다. 그러나 공신력이 높으며, 보증배수가 높다는 장점을 지니고 있다. 따라서 GCF가 보증기구 역할을 하고, 수원국 금융기관이 지원을 하면 대출 규모를 크게 늘릴 수 있는 장점이 있다.

SIB 모델의 경우 사회적으로 필요한 부문에 전문적 서비스를 제공하는 사회서비스 계약자를 통해 실질적인 사업 수행을 맡겨 사업 수행의 효율성을 높이며, 정부와 투자자의 리스크 공유(risk sharing)를 통해 투자자 저변을 확대할 수 있으며, 성과에 기반한 보상 체계를 통해 사업의 성공적 수행을 도모하고, 조기개입으로 잠재적 정부 예산을 감축시키는 장점을 지닌다. 반면, 사업의 성과 또는 평가 기준이 측정가능해야 한다는 한계를 지닌다.

동 투자모델을 GCF에 적용시, 지급보증의 주체는 GCF 또는 이행기관이 담당하게 되며, 투자 대상은 통상 4~8년의 투자기간을 가진 장기적 프로그램으로 투자 성과가 보다 즉시적으로 발생하는 적응 사업 등을 그 대상으로 할 수 있다. 다만, 이러한 사업은 기후변화 영향 예측 및 취약성 진단 등을 바탕으로 한 개별 국가별 적응 전략에 대한 거시적 안목이 필요할 것이다. 구체적 사업 사례로, 기후

📁 표 4-28 **투자모델별 비교**

모델	특징	활용방안
모태펀드 모델 (한국형)	• 정부는 개별기업에 대한 직접적인투자를 지양하고 하위 펀드에 대한 출자 담당 • 민간 자금의 하위펀드 투자 유도	• 모태펀드 모델과 요즈마모델에서 정부의 담당은 출자에 국한됨 • GCF가 정부의 역할을 하여 출자를 담당하는 방향으로 활용 • 민간 투자자에 대하여 GCF 보유지분을 싸게 살 수 있는 권리 제공
요즈마 모델 (이스라엘형)	• 정부가 LP로서 자금을 제공했을 뿐, 펀드 의사 결정상에 관여하지 않아 시장원리에 의해 작동 • 투자자에 대해 정부 지분 매입 기회 제공	
SBA 모델 (미국형)	• SBA가 융자 기관에 보증을 공급하고 융자기관이 중소기업에 대출하는 방식 • 대출기관에 대해 대출자의 상환불능위험을 보증 비율만큼 덜어줌으로써, 상대적으로 자금대출이 용이하지 않은 중소기업에 대해 신용접근 가능성을 높임	• SBA 모델과 보증 모델에서 정부의 담당은 대출기관 및 사업 주체에 대한 보증 기능 수행 • 정부의 보증 제공 역할을 GCF가 담당하는 방향으로 활용
보증 모델 (한국형)	• 공공기관 보증제도 • 공신력과 보증금액이 높음	
SIB 모델 (영국형)	• 정부의 지급 보증 약정을 바탕으로 사회사업 주체가 원리금의 상환이 사회성과와 연계된 채권을 민간 투자자에게 발행하는 내용의 투자 계약 • 금융보증프로그램 + 성과기반 프로그램 • 재무적 성과를 사회적 성과에 연계시킴으로써 자본시장을 이용한 사회문제의 해결을 도모	• GCF는 개도국의 저탄소 사업성과를 지원 결과로 인식 • 성과가 만족할 만한 수준인 경우에 GCF는 개도국에 대한 민간자금의 참여인센티브 제공 및 프로젝트에 대한 높은 수준의 원리금 지급

변화 관련 감염병 대책 사업의 경우, 전문적 서비스를 제공하는 의료서비스 제공자를 선정하여 지역별 감염병 발병률 또는 발병자 수 등을 사업성과 측정지표로 활용하여 사업을 수행할 수 있을 것이다. 그 외에도 감축과 적응 사업에 활용할 수 있을 것이다.

　SIB 모델은 수원국이 자체 자금으로 우선 사업을 시행하고, 성과가 확인되면 GCF가 원금과 성과와 연계된 보수를 지급하는 모델이므로, 지원국의 자금을 효과적으로 집행하는 장점을 지닌다.

4 정책 및 활용 방안

가. 국내 금융기관 및 서비스산업의 활용

GCF 유치를 통해 처음으로 중량감 있는 국제기구가 국내에 설립됨으로써 상당한 유·무형의 효과를 기대할 수 있다. 우리나라는 녹색분야 핵심 국제기구의 유치로 국가 위상이 제고되고, GCF와 직원들에 의한 고용 및 부가가치 창출 효과 외에 국제회의 개최 등에 따른 MICE(Meeting, Incentive, Conference, Exhibition) 산업[8] 및 컨설팅 등 서비스산업이 발전될 수 있다. 또한 GCF 사업에 대한 우리나라 기업의 참여가 용이해지고, 기후변화 전문가·기관의 전문성 향상에도 기여할 것으로 예상된다.

무엇보다 이 과정에서 국내 금융기관들은 GCF를 활용하여 개발도상국 진출의 기회를 모색할 필요가 있다. GCF는 기본적으로는 선진국이 자금을 지원하여 민간금융기관과 공동으로 개발도상국의 기후변화 관련된 완화(mitigation)와 적응(adaptation) 프로젝트를 지원하는 데 주 목적이 있다. 국내 금융기관들도 이에 대비하여 개발도상국의 기후변화 관련 프로젝트의 개발 분야에 많은 관심을 가질 필요가 있을 것이다.

또한 재원 조달에 대한 지속적인 논의 및 현재 국제 경제 상황을 고려시 장기 재원을 개발도상국이 원하는 규모만큼 조달하지 못할 우려가 있으며, 이로 인하여 가능한 한 민간 분야의 참여를 이끌어내는 PSF의 역할이 중요해질 것으로 전망된다. 이 과정에서 자금 규모의 확충 및 운용의 효율성을 극대화하기 위한 민관 협력형 SOC 투자 및 공공민간파트너십(Public-private partnerships) 형태의 사업이 추진될 수 있고, 이는 곧 국내 금융기관의 새로운 사업 영역이 될 수 있다.

---

8 MICE 산업은 기업회의(Meeting), 부가가치 창출(Incentive), 국제회의(Conference), 전시사업(Exhibition)을 의미하는 영어 단어에서 첫머리를 따서 만든 용어이다. 종종 MICE에서 E가 행사(Event)를, C가 컨벤션(Convention)을 지칭하기도 하며, 광의로서 '행사 산업(Events Industry)'을 포괄하기도 한다.

실제로 2012년 9월 국내 기업이 수주한 '콜롬비아 보고타市 버스 교통카드 및 교통정보 시스템 사업'에 국내 민간은행과 국책은행이 공동으로 프로젝트 파이낸스(PF) 방식으로 1억 2,000만달러의 금융을 제공한 바 있다. 동 프로젝트는 인구 1,000만 명 규모의 보고타市에 '서울시 新교통카드'와 '국내 교통정보 시스템 기술'을 구축하는 국내 최대 규모의 지능형교통시스템(Intelligent Transport System) 수출사업으로 발주자는 Transmilenio S.A.(보고타市 산하 교통공사)이며, 콜롬비아 현지 파트너(80%)와 LG CNS(20%)가 사업주로, 총 사업규모는 약 2억 100만달러(자본금 24.9%, 차입금 75.1%)이다. 사업기간은 공사완공 후 15년이며, 시 정부는 발주자의 차주 앞 의무 지급금액 부족분 지원을 확약하였다. 동 프로젝트에서 국책은행은 시중은행에 채무보증 제공과 시중은행의 대출기간 축소를 통한 위험 완화 등의 역할을 담당하며 리스크−리턴 구조를 마련하여 민간 금융기관의 참여를 촉진하였다.

GCF는 UNFCCC 총회의 의결을 받아 사무국의 설립이 진행되고 있으므로, 향후 선진국으로부터의 상당한 지원 자금이 개발도상국의 기후변화 관련 프로젝트에 투자될 것이고 이 과정에서 민간금융기관의 참여가 활발해질 것이다.

GCF의 사무국이 한국에 있으므로 국내 금융기관의 GCF에 대한 접근성의 용이, 지방자치 정부의 GCF에 대한 실무적인 지원 등으로 국내 금융기관의 참여가 우호적으로 이루어질 가능성이 많다. 따라서, 국내 금융기관은 향후 해외의 기후변화 프로젝트에 대한 개발 및 평가에 대한 전문성을 확보하는 데 많은 노력을 기울여야 할 것이다.

이를 위해 세 가지 접근 방법이 있다. 첫째, 내부 역량을 키우는 방법이다. 내부직원의 자질 향상 및 내부 투자를 하는 방법이다.

둘째, 외부의 프로젝트 개발 전문기관과 협업하는 방법이다.

셋째, 금융기관들이 공동으로 전문회사를 만드는 방법이다. 개별금융기관의 경영 전략에 따라 적절한 방안을 택하면 될 것이다.

나. 국내 저탄소산업 기술개발단지 조성 및 창조경제 구현

GCF 자금 지원을 바탕으로 저탄소산업 기술개발단지를 조성하여 개발된 기술을 개발도상국에 지원하는 방안을 강구한다. 우리나라는 경제개발 노하우를 개도국과 공유하는 지식공유사업(Knowledge Sharing Program) 등을 통하여 개도국 지원 프로그램을 운영하고 있다. 이러한 사업의 대상을 보다 넓혀 기술을 개발하고, 개발개도국의 환경 및 기후변화 사업에 대한 지식 관리 체계를 구축·활용하는 방안을 고려해 볼 수 있다.

현재 국내외 저탄소·생태 산업단지 가운데 본래의 목적에 더하여 관광자원으로 활용되는 곳도 있어, 지역 소득증대와 지역 및 국가 이미지 제고에도 기여하고 있다.[9]

이러한 저탄소산업 기술개발단지 개발 사업이 개발도상국에 대한 저탄소기술 이전을 통하여 개발도상국의 저탄소경제 체제 구축을 위한 역량 강화 차원에서 설계될 경우, GCF의 투자 목적에 부합되므로 투자가 이루어질 가능성이 높다.

따라서 환경개선을 위한 GCF 자금을 국내 지방정부와 공동으로 국내 저탄소 산업 기술개발단지 조성에 투자하면 산업단지 클러스터 구축을 통해 탄소 저감 기술을 공동으로 개발하고, 저탄소산업 기술개발단지로부터 개발된 기술을 개도국에 체계적으로 지원할 수 있도록 GCF 및 개발도상국의 이행기관과 지속적 협의가 필요할 것이다.

또한 이러한 기술단지를 관광자원으로 활용하거나 기술단지개발 시스템을 개도국에 지원할 수도 있을 것이다.

국내 녹색전문 금융기관을 설립하여, 이러한 투자를 총괄하게 하는 방안을 검토할 필요가 있다.

또한 창조경제 활용수단으로 이용할 수 있다. 2013년 12월 4일 개최된 출범식에서 대통령께서 직접 축하 연설을 하셨다. 출범식에서 한국 정부는 GCF의 성공적 정착과 발전을 적극 뒷받침하고, 기후변화를 새로운 성장동력 창출의 기회로

---

9 다량의 에너지와 공업용수를 사용하고 폐부산물을 발생시키는 산업단지를 지속가능한 산업단지로 발전시키기 위해서 해외를 중심으로 친환경적 생태산업단지(Eco Industrial Park)가 조성되고 있다. 미국 버지니아의 경우, 주 내 가장 가난한 카운티의 하나인 노스햄턴 카운티(Northampton County)가 케이프찰스(Cape Charles)시를 시범 단지로 정하여 폐자원 재활용과 에너지 효율성 제고, 지속가능한 경제개발 등을 목적으로 570에이커의 공단을 '지속가능한 기술산업단지(Port of Cape Charles Sustainable Technologies Industrial Park)'로 조성한 바 있으며, 동 단지에는 양식업체, 광발전업체, 음식료 가공산업, 농업, 문화관광, 예술 및 지역특산품, 연구 및 교육기관 등이 입지하고 있다.

적극 활용하는 혁신적 경제 발전 모델을 제시해 나가고, 기후변화 분야의 창조 경제 구현 경험을 국제사회와 공유하면서 성장과 환경이 선순환하는 체제를 지구촌에 확산시키는 데 이바지할 것이라는 의사를 피력하였다. 대통령의 GCF 출범식 기념사를 책 부록으로 첨부한다.

다. 탄소배출권 거래시장과의 연계

탄소배출권 시장은 기업 스스로 시장 원리에 의해 탄소배출을 감축하는 주요한 수단일 뿐만 아니라 GCF의 재원 출연 원천이 될 수 있으므로 GCF에서는 재원 조달을 위하여 개별국가의 공적 자금의 출연 이외에 탄소배출권 거래시장을 활용하는 방안을 고려하고 있다. 이에 대하여 총량제한 배출권거래제하에서 경매 금액의 일정부분을 국제기금으로 출연하거나, CDM 사업의 국제 인증시 CER 매각의 일정 부분을 국제기금으로 출연하도록 하여 재원을 조달하는 방안이 고려될 수 있다.

현재 탄소배출권 거래제를 설립·운영하는 국가는 EU-ETS에 집중되고 있으므로, 그 외의 국가에서 탄소배출권 시장이 설립·운영되면 탄소배출권 거래시장과 연계된 더 많은 재원 수단을 확보할 수 있게 된다.

탄소배출권 거래시장이 세계적으로 확산·활성화되면, 온실가스 감축에도 기여하고, GCF의 재원 조성에도 일조할 가능성이 높아진다. 탄소배출권 거래시장의 세계적 활성화를 위하여, 탄소배출권 거래시장을 설립·운영하여 GCF 기금출연을 조성하는 국가에 대하여 국제 협약으로 인센티브를 제공하는 방안을 고려할 필요가 있다. 예를 들어, 해당 국가 기업의 무역관세의 일부를 국제적 협약에 의해 경감해주는 것이다. 2015년 배출권 거래제가 시행될 예정이며, GCF 사무국을 유치하는 한국의 입장에서 이러한 의제를 UNFCCC에 적극적으로 제안할 필요가 있다.

라. 향후 국제녹색은행 형태로 GCF 체계 개편 검토

기후변화 관련 적응 및 감축 관련 산업은 산업별로 발전단계가 상이하며 개별 단계에 적합한 자금공급 수단이 필요하므로, 동 산업 부문에 대한 전문성을 지니면서 다양한 자금운용 수단을 보유한 전담 금융기관이 필요할 것으로 예측된다. 저탄소 프로젝트에 대한 금융지원은 프로젝트 관련 리스크 및 수익성에 대한 불확실성을 파악할 수 있는 정보 및 네트워크, 전문 인력이 확보되어야 효율적으로 수행될 수 있는 특성을 지니고 있다.

환경분야의 World Bank로 발전시키기 위한 재원 모집, 운용 및 평가에 관한 지속적인 개선방안을 논의해야 할 것이다. 즉, 규모 확대 및 지속가능성을 높일 수 있는 방안을 검토하고, 공적자금 지원의 개념에서 수익성 있는 프로젝트 개발과 지속가능성 제고 시스템을 강구해야 할 것이다.

더불어 GCF가 향후 국제금융시장에서 자금 모집이 용이하도록 국제녹색은행(International Green Bank: IGB)으로 명칭 변경 또는 GCF를 지원하는 IGB의 설립을 검토할 필요가 있다. 장기적으로 국제금융시장에서 자체 채권발행 등을 통하여 자금을 조달할 수 있도록 하며, IGB의 지배구조는 공공재원 마련에 동참한 국가의 출연규모에 비례하여 설정하도록 하는 것이 타당할 것으로 판단된다.

마. 기타 활용방안 강구

GCF 사무국이 한국에 위치해 있기 때문에 가능한 많은 국내 인력이 GCF에 취업하여 환경금융전문가로 육성될 기회가 있다. 이러한 기회를 잘 살리도록 취업 대상자에게 홍보 활동을 강화할 필요가 있다.

또한 2007~2011년 DAC 회원국의 소득그룹별 ODA 지원 현황을 살펴보면 순지출 대비 31.6%가 최빈국에 지원되고 있고, 최빈국에 대한 지원 규모는 2007년 1억 2,100만달러(순지출 대비 24.7%)에서 2011년 3억 4,680만달러(순지출 대비 35.0%)로 증가하고 있다. 북한의 경우 최빈국의 범주에 포함됨에도 불구하고 핵, 인권 등의 정치적인 문제로 국제사회로부터 ODA를 제대로 받고 있지 못한 상황이다.[10]

북한의 국제사회로부터 지원(ODA 금액) 현황을 살펴보면 2004년도에 1억

---

10 OECD의 DAC는 ODA에 있어 주춧돌 역할을 하는 기관으로 3년마다 수원국 리스트를 발표하고 있다. 수원국은 1인당 국민총소득(Gross National Income: GNI)에 따라 최빈국, 기타 저소득국, 저중소득국, 고중소득국 등 4가지로 분류하고 있다. 최빈국은 GNI 905달러 미만으로 UN이 지정한 인적자원지수, 경제적 취약성 지수를 고려하여 선정된다.

📑 표 4-29 북한 ODA현황

Receipts (단위: 백만달러, %)	2009	2010	2011		순위	ODA 제공국가	규모 (백만달러)
Net ODA	65	79	118		1	Global Fund	16
Bilateral share (gross ODA)	69%	42%	57%		2	EU Institutions	16
					3	Russia	11
Net ODA/GNI	–	–	–		4	WFP	11
					5	Switzerland	9
					6	Sweden	7
Net Private flows	28	–7	7		7	Kuwait (KFAED)	6
					8	United States	4
					9	Australia	3
					10	UNICEF	3

자료: OECD(2013)

6,000만달러였으나 그 이후 감소하여 2006년도에는 5,500만달러가 지원되었다. 지원금액은 2009년부터 증가하고 있으며, 2011년 1억 1,800만달러가 지원되어 2004년도 수준을 회복하였으며, 현재 EU를 포함한 국제기구 및 국제 NGO들이 북한에 지원되는 물품의 지원대상과 지원집행과정의 투명성을 요구하고 있다.

GCF는 최빈국 및 군소도서국 등에 대한 금융지원을 촉진하기 위해 PSF 등을 활용하고 있으므로, 향후 최빈국에 속하는 북한에 GCF 자금이 유입될 수 있는 방안을 염두해 둘 필요가 있다. 현 시점에서는 북한이 가진 정치적 문제 및 국제 정세 등으로 GCF 및 ODA 지원이 제한적일 수밖에 없지만, 장기적으로 북한의 기후 변화 관련 완화와 적응 인프라, 즉 대체에너지 발전소나 기후변화 대응 인프라 구축 사업 같은 기반 사업, 빈곤 문제 해결 등 지속가능성을 증진시킬 수 있는 기반시설 등에 대한 투자 가능성을 열어 놓을 필요가 있다.

기후변화 문제는 정치적인 이슈를 떠나 전 세계가 공동으로 대처해야 할 문제이다. 이러한 북한사업에 GCF의 자금이 활용되면, 한국의 대북한 지원 부담을 경감시킬 수 있을 것이다.

제5장

기후금융의 국내 현황과
문제점

Climate Finance

1 국내 현황

가. 국내의 온실가스 감축을 위한 제도적 논의

국내 온실가스 감축을 위해 「저탄소녹색성장기본법」을 중심으로 다양한 제도가 설계되었다. 기업이 이러한 제도에 부합하여 탄소를 감축하기 위해서는 금융지원이 필요하고, 이러한 탄소 배출감축을 위해 지원되는 금융이 기후금융의 주요한 부분이다.

1) 저탄소녹색성장기본법

「저탄소녹색성장기본법」(이하 "녹색성장기본법")은 경제와 환경의 조화로운 발전을 위하여 저탄소(低炭素) 녹색성장에 필요한 기반을 조성하고 녹색기술과 녹색산업을 새로운 성장동력으로 활용함으로써 국민경제의 발전을 도모하며 저탄소 사회 구현을 통하여 국민의 삶의 질을 높이고 국제사회에서 책임을 다하는 성숙한 선진 일류국가로 도약하는 데 이바지함을 목적으로 2010년 4월 공포·시행되었다.

동법은 저탄소 녹색성장 국가 전략을 수립·시행(법 제9조), 기후변화 대응, 에너지 기본계획을 수립·시행(법 제40조 및 41조), 온실가스 배출량 및 에너지 사용량 등의 보고와 온실가스 종합정보관리체계의 구축(법 제44조 및 제45조) 등을 주요 내용으로 한다. 이외에도 시장기능을 최대한 활성화하여 민간 주도형 저탄소 녹색성장을 추진하며, 녹색기술과 녹색산업을 경제성장의 핵심 동력으로 삼고 새로운 일자리를 창출·확대할 수 있는 새로운 경제체제를 구축하기 위한 다양한 시책들을 법제화하고 있다. 특히, 금융지원을 활성화하기 위하여 녹색경제 및 녹색산업의 지원 등을 위한 재원의 조성 및 자금 지원, 저탄소 녹색성장을 지원하는 새로운 금융상품의 개발, 저탄소 녹색성장을 위한 기반시설 구축사업에 대한 민간투자 활성화, 기업의 녹색경영 정보에 대한 공시제도 등의 강화 및 녹색경영 기업에 대한 금융지원 확대, 탄소시장의 개설 및 거래 활성화 등의 금융 시책을 수립·시행하도록 규정하고 있다.[1]

또한 정부는 온실가스 감축에 적극 대응하고 저탄소 녹색성장을 효율적·체계적으로 추진하기 위하여 대통령령으로 정하는 기준량 이상의 온실가스 배출업체 및 에너지 소비업체(관리업체)별로 측정·보고·검증이 가능한 방식으로 목표를 설정·관리하도록 규정하여 에너지 목표 관리제도의 기본 체계를 규정하고 있다. 이 경우 정부는 관리업체와 미리 협의하여야 하고, 온실가스 배출 및 에너지 사용 등의 이력, 기술 수준, 국제경쟁력, 국가목표 등을 고려하도록 규정하고 있다.[2] 더불어 온실가스 배출허용총량설정 및 배출권을 거래하는 제도를 운영할 수 있도록 법제화하고, 제도의 실시를 위한 배출허용량의 할당방법, 등록·관리방법 및 거래소 설치·운영 등은 별도의 법률로 정하도록 규정하였다.[3]

2) 목표관리제

온실가스·에너지 목표관리제는 녹색성장기본법에 따른 국가 중기 온실가스 감축 목표(2020년까지 배출전망 대비 30% 저감)를 달성할 수 있도록 국가 온실가스 배출량의 약 60%을 차지하는 대규모 사업장을 관리업체로 지정하여 온실가스 배출량, 에너지 절약목표, 에너지 이용 효율화 목표를 설정하고 관리하기 위한 제도이다. 즉, 온실가스 다배출 및 에너지 다소비업체를 관리업체로 지정하고 온실가스 배출 및 화석에너지 사용량 목표를 부과하여 이행실적에 대한 검증을 통해 관리·지원하는 체계로 운영하고, 정부는 관리업체와 온실가스·에너지 목표를 상호협의하고 인센티브와 페널티(개선명령, 과태료 등)[4]를 통해 목표달성을 지원하는 구조이다.

총괄기관인 환경부는 종합적인 기준·지침의 마련, 부문별 관장기관 사무에 대한 점검·평가, 검증기관 지정·관리 등 목표관리 관련 총괄·조정 기능을 수

---

1 「저탄소녹색성장기본법」 제28조.
2 「저탄소녹색성장기본법」 제42조.
3 「저탄소녹색성장기본법」 제46조.
4 「저탄소녹색성장기본법」 제64조에 따라 목표관리 대상업체가 의무를 불이행한 경우 최대 1,000만원의 과태료를 부과할 수 있다.

그림 5-1 온실가스 · 에너지 목표관리제 추진 체계

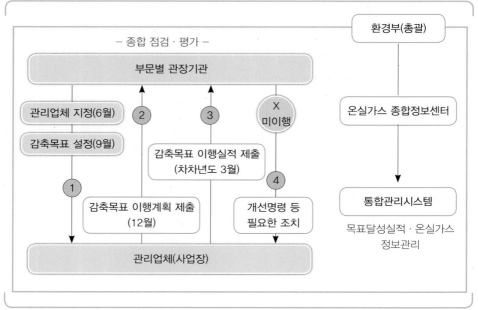

자료: 환경부 홈페이지

행하고, 관장기관(환경부 · 농식품부 · 지경부 · 국토부)은 관리업체 지정 및 목표설정, 이행실적 평가 및 행정처분 등 실제 집행을 수행한다.

온실가스 · 에너지 목표 설정 및 관리대상인 관리업체는 기업(법인) 단위와 사업장 단위로 구분하되, 연차적으로 적용대상을 확대하도록 규정하고 있다. 관리업체는 매년 조사를 통해 최근 3년간 평균값이 공표된 온실가스 배출량 및 에너지 소비량 기준을 동시에 충족하는 업체 또는 사업장을 대상으로 지정된다.

이러한 기준에 따른 2011년 목표관리 대상 관리업체는 총 468개로 산업부문(발전, 제조업 등) 338개, 건물부문(대학교, 병원 등) 46개, 폐기부문(소각, 하수, 폐수 등) 23개, 농업 · 축산부문 27개 업체가 선정되었다. 또한 2012년의 경우 관리업체는 2011년에 비해 94개 업체가 증가한 584개가 관리업체로 지정될 전망이다.[5] 관리업체를 부문별로 살펴보면, 업체수와 온실가스 배출량 모두 산업 · 발전

---

5 관리업체 지정 목록은 추가 확인절차 등을 거쳐 관장기관별로 고시될 계획이며, 관리업체 지정에 이의가 있는 업체는 「온실가스 · 에너지 목표관리제 운영 등에 관한 지침」에 따라 소관 관장기관에 서면

표 5-1 에너지 및 온실가스 목표관리 대상업제 지정 기준

구분	업체 기준 (단위사업장포함)		사업장 기준	
	온실가스 (CO$_2$-eq tons)	에너지소비 (terajoules)	온실가스 (CO$_2$-eq tons)	에너지소비 (terajoules)
2011년 12월 31일까지	125,000	500	25,000	100
2012년 1월 1일부터	87,500	350	20,000	90
2014년 1월 1일부터	50,000	200	15,000	80

표 5-2 목표관리 대상업체 지정 현황

	구분	관리업체 수		관리대상 사업장 수		온실가스 배출량 (천ton CO$_2$-eq)		에너지 소비량 (TJ)	
			비율		비율		비율		비율
2011년	농업 · 축산	27	5.8%	68	4.3%	2,238	0.5%	36,312	0.6%
	산업	338	72.2%	779	49.8%	239,542	54.2%	3,160,090	56.6%
	발전	34	7.3%	137	8.8%	186,372	42.2%	2,260,012	40.5%
	폐기물	23	4.9%	333	21.3%	7,578	1.7%	33,858	0.6%
	건물 · 교통	46	9.8%	247	15.8%	6,397	1.4%	96,217	1.7%
	합계	468	100.0%	1,564	100.0%	442,127	100.0%	5,586,489	100.0%
	구분	관리업체 수		관리대상 전체 사업장		온실가스 배출량 (천ton CO$_2$-eq)		에너지 소비량 (TJ)	
			비율		비율		비율		비율
2012년	농업 · 축산	30	5.1%	107	1.3%	2,730	0.5%	48,627	0.7%
	산업 · 발전	449	76.9%	2,145	26.9%	502,164	95.9%	6,546,872	96.1%
	폐기물	34	5.8%	457	5.7%	10,085	1.9%	61,452	0.9%
	건물 · 교통	71	12.2%	5,255	66.0%	8,736	1.7%	156,773	2.3%
	합계	584	100.0%	7,964	100.0%	523,715	100.0%	6,813,724	100.0%

자료: 환경부 홈페이지

으로 이의를 신청할 수 있으므로, 확정된 수치는 아니다.

부문이 각각 449개 업체, 502,164천톤 CO_2-eq로 가장 높은 비중을 차지하고 있으며, 농업·축산부문은 관리업체와 온실가스 배출량 모두 가장 적을 것으로 예상된다. 특히, 다수의 사업장을 가진 주요 은행이 신규 관리업체로 지정될 예정임에 따라 2012년 관리대상이 되는 전체 사업장은 7,964개에 달하고 있다. 관리업체 지정이 대폭 증가한 것은 녹색성장기본법 시행령에 따라, 2014년까지 관리업체 지정기준이 단계적으로 강화되기 때문으로 최초 지정되는 관리업체는 온실가스 배출량 산정 후 검증기관의 검증을 거쳐 명세서를 관장 기관에 제출하고 차년도 감축목표를 부여받는 등 2013년부터 목표관리제에 본격 참여하게 된다.

3) 신재생에너지공급의무화제도(RPS)

RPS제도는 일정규모 이상의 발전사업자에게 총 발전량 중 일정량 이상을 신재생에너지 전력으로 공급토록 의무화하는 제도이다. 정부는 매년 공급의무자를 선정하여 당해 의무공급량을 확정·공고하고 공급의무자는 당해 의무공급량을 공급·증명하여야 하며 의무를 다하지 못한 부족분에 대해서는 과징금을 납부토록 함으로써 제도의 실효성을 제고하고 있다. 또한, 정부는 의무이행분에 대해 적정수준에서 이행에 소요된 비용을 보전함으로써 공급의무자에게 과도한 경영부담을 주지 않으면서도 공급의무자들이 비용절감을 위해 노력할 수 있는 환경을 조성하고 있다.

「신에너지 및 재생에너지 개발·이용·보급촉진법」이 2010년 4월 12일 통과되고, 동년 9월 17일 시행령이 마련되어 2012년부터 시행되고 있다. 동법 제12조의8에 의거하여 RPS를 실질적으로 운영할 공급인증기관으로 에너지관리공단 신재생에너지센터를 지정하고, 공급의무자 범위는 설비규모(신재생에너지설비 제외) 500MW 이상의 발전사업자 및 수자원공사, 지역난방공사 등을 13개 발전회사를 대상으로 하고 있다.

연도별 총 의무공급량 수준은 공급의무자의 총 발전량(신재생에너지발전량 제외) × 의무비율로 연도별 의무비율은 3년마다 재검토하며, 개별 공급의무자별 의무량은 개별공급의무자의 총 발전량 및 발전원 등을 고려하여 공고하도록 규정하고 있다.

표 5-3 **RPS 연도별 의무비율**

연도	2012	2013	2014	2015	2016	2017	2018	2019	2020	2021	2022
의무비율(%)	2.0	2.5	3.0	3.5	4.0	5.0	6.0	7.0	8.0	9.0	10.0

유연성 메커니즘으로 공급의무량의 20% 이내에서 차년도로 연기하는 것을 허용하고 있으며,[6] 의무 공급량 미이행분에 대하여 공급인증서 평균거래가격의 150% 이내에서 불이행사유, 불이행 횟수 등을 고려하여 과징금을 부과하도록 하고 있다.

태양광 산업의 집중육성 측면에서 시행초기 5년간 할당물량을 집중적으로 배분하되, 2017년부터는 별도 신규할당 없이 타 신재생에너지원과 경쟁을 유도하도록 하고 있다. 신재생에너지원별 공급인증서의 가중치는 발전원가, 온실가스 감축효과, 산업육성효과, 환경훼손 최소화, 해당 신재생에너지의 부존잠재량 등을 고려하여 고시로 규정하고 있다.

4) 배출권거래법

우리나라는 온실가스 배출량을 2020년까지 배출전망치(BAU) 대비 30%를 감축한다는 자발적 감축 목표를 발표하였으며, 또한 전술한 바와 같이 제도적으로 저탄소 녹색성장을 추진하기 위하여 2010년 1월 녹색성장기본법을 제정하였다. 동법 제46조에서는 총량제한배출권거래제도 등의 도입을 명시하고 있는데, 정부는 시장기능을 활용하여 효율적으로 국가의 온실가스 감축목표를 달성하기 위하여 온실가스 배출권을 거래하는 제도를 운영할 수 있으며, 이는 온실가스 배출허용총량을 설정하고 배출권을 거래하는 제도 및 기타 국제적으로 인정되는 거래제도를 포함하도록 하고, 제도의 실시를 위한 배출허용량의 할당방법, 등록·관리방법 및 거래소 설치·운영 등은 따로 법률로 정하도록 하고 있다.

이에 따라 온실가스를 비용 효과적으로 감축하기 위한 배출권거래제의 제도적 기반으로서 「온실가스 배출권의 할당 및 거래에 관한 법률」(이하 "배출권거래법")

---

6 단, 2014년까지는 의무공급량의 30%까지 허용한다.

표 5-4 목표관리제와 배출권거래제도의 비교

구분	목표관리제	배출권거래제
감축목표 · 경로	국가 목표(2020년 BAU 대비 30%↓) – 부문별 · 업종별 감축목표와의 정합성을 유지하여 목표(= 배출권 할당량) 설정 ※ 목표관리제에서와 배출권거래제에서 감축목표 설정 방법 동일	
MRV	목표관리제하에서 구축되는 MRV(Measuring · Reporting · Verifying) 공통 활용	
작동방식	직접규제(Command and Control)	시장 메커니즘 또는 가격기능
이행경계	단년도 / 자기 사업장에 한정	다년도(5년) / 외부감축(상쇄)인정
목표달성수단	감축 실시(유일한 수단)	감축 또는 구매, 차입 · 상쇄
초과감축시	인센티브 無(목표달성으로 종료)	판매 또는 이월 가능
제재수준	최대 1천만원 과태료(정액)	초과 배출량 비례 과징금

자료: 녹색성장위원회(2012)

이 2012년 5월 2일 국회 본회의에서 거의 만장일치(찬성 148, 기권 3)로 통과되고, 5월 14일부로 공포되었다. 그리고 2012년 11월 15일 동법 시행령이 제정 · 시행됨으로써 탄소배출권거래제도의 구조와 내역이 확정되었다.

배출권거래법은 온실가스 배출권을 거래하는 제도를 도입함으로써 시장기능을 활용하여 효율적으로 국가의 온실가스 감축목표를 달성하는 것을 목적으로 제정되었으며, 제도의 실시를 위한 배출허용량의 할당방법, 등록 · 관리방법 및 거래소 설치 · 운영 등에 대하여 규정하고 있다.

배출권거래법은 2015년 1월 1일부터 3년간을 1차 계획기간, 2018년 1월 1일부터 3년간을 2차 계획기간으로 정하고, 이후 5년 단위로 계획기간을 정하고 있다. 정부는 5년 단위 계획기간별로 배출권의 총 수량, 대상 부문 · 업종 등을 포함하는 국가 배출권 할당계획을 수립하는데, 기획재정부 장관을 위원장으로 하는 배출권 할당위원회를 설치하여 배출권의 할당 및 거래에 관한 주요 사항을 심의 · 조정하고 배출권 할당계획을 수립하도록 한다. 대상 기업은 ① 녹색성장기본법에 따른 관리업체 중 연 12만 5천 CO_2톤 이상 배출업체 또는 연 2만 5천 CO_2톤 이상 사업장과 자발적으로 참여를 신청한 업체를 대상으로 하되, ② 할당 대상업체는 녹색성장기본법상 목표관리제를 적용하지 않도록 하였다.

표 5-5 배출권거래법 주요 내용

주요 조항	내용
배출권 할당계획 (법 제2조 및 5조)	• 정부는 5년 단위 계획기간별로 배출권의 총 수량, 대상 부문·업종 등을 포함하는 국가 배출권 할당계획수립
배출권 할당위원회 (법 제6조)	• 배출권의 할당 및 거래에 관한 주요 사항을 심의·조정하고 배출권 할당계획을 수립하기 위해 기획재정부 장관을 위원장으로 하는 「배출권 할당위원회」 설치
할당대상업체 (법 제8조)	• 녹색성장기본법에 따른 관리업체 중 연 12만 5천 CO_2t 이상 배출업체 또는 연 2만 5천 CO_2t 이상 사업장(의무적용)과 자발적으로 참여를 신청한 업체를 대상으로 지정 고시
배출권의 할당 (법 제12조 및 부칙)	• 할당 대상업체에게 계획기간의 총 배출권과 이행연도별 배출권을 할당하고, 무상할당 배출권 비율(1~2차 계획기간은 95% 이상)은 국내 산업의 국제경쟁력에 미치는 영향 등을 고려하여 대통령령으로 정함
배출권거래소 (법 제22조)	• 배출권의 공정한 가격 형성과 안정적 거래를 위하여 배출권거래소를 지정하거나 설치할 수 있으며, 거래소에서 부정거래행위 등에 관하여 자본시장법 관련 규정 준용
시장안정화 조치 (법 제23조)	• 배출권의 가격이 폭등하는 등 긴급한 사유가 있는 경우, 배출권예비분을 추가할당하는 방법 등으로 시장안정화 조치를 취할 수 있음
이월·차입 (법 제28조)	• 배출권은 주무관청의 승인을 받아 다음 연도 또는 다음 계획기간으로 이월할 수 있음 • 제출할 배출권이 부족한 경우 다음 이행연도의 배출권을 차입할 수 있음
상쇄 (법 제29조)	• 할당 대상업체가 국제적 기준에 부합하는 방식으로 외부사업에서 발생한 온실가스 감축량 등에 대해서는 주무관청의 인증을 거쳐 배출권으로 전환할 수 있음
과징금 및 벌칙 (법 제33조 및 제41조)	• 배출권을 제출하지 못하는 경우, 부족한 배출권 톤당 10만원의 범위에서 배출권 평균 시장가격의 3배 이하의 과징금을 부과
과징금 및 벌칙 (법 제33조 및 법41조)	• 거짓·부정한 방법을 통한 할당·상쇄, 거래소에서의 부정거래행위 및 거래소 관계자의 비밀준수 의무 위반 등에 관한 벌칙(형사처벌)과 각종 보고 및 신고 의무 위반에 대한 제재(과태료)를 규정
금융·세제상 지원 (법 제35조)	• 온실가스 감축설비 설치 사업 등에 대하여 금융·세제상의 지원을 하거나 보조금 지급 가능
시행시기 (법 부칙 제1조 및 제2조)	• 배출권거래제는 2015년 1월 1일부터 시행 • 제1차 계획기간은 2015.1.1.~2017.12.31., 제2차 계획기간은 2018.1.1.~2020.12.31.로 함(이후에는 5년 단위)

할당된 배출권은 매매 등의 방법으로 거래할 수 있으며, 배출권을 거래하려는 자는 배출권등록부에 배출권거래계정을 등록하여야 하며, 할당 대상업체에게 계획기간의 총 배출권과 이행연도별 배출권을 할당하고, 무상으로 할당하는 배출권의 비율은 국내 산업의 국제경쟁력에 미치는 영향 등을 고려하여 대통령령으로 정하도록 한다. 특히 배출권거래법은 산업의 경쟁력 및 시장 안정성을 고려하여 1·2차 계획기간 95% 이상 무상할당을 하도록 하며, 무역집약도, 생산비용 등을 고려하여 민감업종에 대하여 무상할당 근거를 마련하고, 2015년부터 6년 이내에는 제3자의 시장참여를 제한할 수 있도록 하고 있다.

할당 업체는 매 이행연도 종료 후 해당 이행연도의 실제 배출량을 전문 검증기관의 검증을 거쳐 보고하고, 주무관청은 적합성 여부를 평가하게 되며, 배출권은 주무관청의 승인을 받은 경우 배출권의 이월과 차입이 허용된다. 또한 할당 업체가 자발적으로 실시한 온실가스 감축사업을 통해 발생한 온실가스 감축량 등에 대해서는 주무관청의 인증을 거쳐 배출권으로 전환할 수 있도록 하였다. 실제 배출량에 해당하는 배출권을 제출하지 못하는 경우, 부족한 배출권 톤당 10만원의 범위에서 배출권 평균 시장가격의 3배 이하의 과징금을 부과하도록 하였다.

배출권거래소와 관련하여 배출권거래소를 지정하거나 설치할 수 있으며, 거래소에서 부정거래행위 등에 관하여 「자본시장과 금융투자업에 관한 법률」(이하 "자본시장법") 관련 규정을 준용하되, 배출권의 가격이 폭등하는 등 긴급한 사유가 있는 경우, 배출권 예비분을 추가 할당하는 방법 등으로 시장안정화 조치를 취할 수 있다.

또한 배출권거래법에서는 배출권거래제 도입으로 인한 기업의 경쟁력 감소를 방지하기 위하여 온실가스 감축설비 설치 사업 등에 대하여 금융·세제상의 지원을 하거나 보조금을 지급할 수 있도록 금융·세제지원을 규정하였다.

배출권거래법 시행령은 시행초기 제도적응과 산업계 부담완화를 위해 1차 계획기간의 무상할당 비율을 100%로 하고 유상할당 비율을 단계적으로 확대하며, 배출권의 이월·차입 및 상쇄를 인정하는 등 비용효과적인 온실가스 감축기반을 위한 세부적 지침을 주요 골자로 2012년 11월 15일 제정·시행되었다.

배출권거래법 시행령에서는 제도의 공정한 관리와 행정의 효율성 제고를 위해 주무관청을 단일화하여 환경부장관으로 확정하되, 집행과정에서 경제·산업정책

표 5-6a **배출권거래법 시행령 주요 내용**

주요 조항	내용
배출권거래제 기본계획의 수립 등(시행령 제2조)	• 기획재정부 장관은 공청회 등 이해관계자 의견 수렴, 녹색성장위원회 및 국무회의 심의를 거쳐 매 계획기간 시작 1년 전까지 수립
국가 배출권 할당계획의 수립 등(시행령 제3조)	• 주무관청은 관계 중앙행정기관의 장과 협의하여 할당계획을 수립하고 할당위원회 심의 · 조정, 녹색위 및 국무회의 심의를 거쳐 계획기간 시작 6개월 전까지 확정
할당위원회의 구성 및 운영 (시행령 제4조)	• 할당위원회 위원장은 기획재정부 장관이 하고, 위원은 기재부, 교과부, 외교부, 행안부, 농림부, 지경부, 환경부, 국토부, 총리실, 금융위, 산림청의 차관급 공무원 등으로 구성
할당대상업체의 지정 등 (시행령 제6조)	• 주무관청은 환경부 장관이 담당 • 주무관청은 ① 연평균 125,000 tCO_2-eq 이상인 업체 또는 25,000 tCO_2-eq 이상 사업장의 해당업체, ② 1회 이상 목표관리제에 따른 검증을 받고 자발적 참여를 신청한 업체를 매 계획기간 시작 5개월 전까지 지정 · 고시함 – 할당대상업체 기준을 충족하더라도 최소 1회 이상 목표관리제를 통해 측정 · 보고 · 검증을 거친 업체를 신규진입자로 지정함
배출권등록부의 관리 및 운영 등 (시행령 제9조)	• 국가 차원의 온실가스 정보관리를 위해 주무관청은 온실가스 종합정보관리체계와 연계하여 관리 · 운영함
배출권 할당의 기준 등 (시행령 제12조)	• 법 제12조제2항 각 호에서 정한 사항, 국가 및 부문별 온실가스 감축목표, 부문별 · 업종별 배출권 할당량, 할당대상업체의 과거 온실가스 배출량 또는 기술수준, 무상할당비율, 업종 또는 업체의 예상성장률 등을 고려함
배출권의 무상할당비율 등 (시행령 제13조)	• 1차 100%, 2차 97%로 하고, 3차 계획기간 이후는 90% 이하의 범위에서 할당계획에서 결정

무상할당 업종의 기준 (시행령 제14조)	• ① 무역집약도가 10% 이상이고 생산비용발생도가 5% 이상인 업종이거나 ② 무역집약도가 30% 이상인 업종 또는 ③ 생산비용발생도가 30% 이상인 업종에 속하는 할당대상업체에게 배출권을 100% 무상할당할 수 있음
	  – 무역집약도 = (해당 업종의 기준기간의 연평균 수출액 + 해당 업종의 기준기간의 연평균 수입액) / (해당 업종의 기준기간의 연평균 매출액 + 해당 업종의 기준기간의 연평균 수입액)
	  – 생산비용발생도 = (해당 업종의 기준기간의 연평균 온실가스 배출량 × 기준기간의 배출권 가격) / 해당 업종의 기준기간의 연평균 부가가치 생산액
	  – 기준기간(매 계획기간 시작 5년 전부터 3년간)의 배출권 가격은 국내외 배출권 가격 및 온실가스 감축을 위한 한계저감비용 등을 고려하여 할당계획에서 정함

표 5-6b 배출권거래법 시행령 주요 내용(계속)

주요 조항	내용
할당대상업체별 배출권 할당량 결정 (시행령 제16조)	• 온실가스종합정보센터에 관계부처의 추천을 받은 민간전문가로 구성된 공동작업반(반장: 온실가스종합정보센터장)을 설치하고, 공동작업반에서 작성한 할당량 결정안에 대해 관계 중앙행정기관의 장과의 협의, 할당결정위원회의 심의·조정을 거쳐 업체별 할당량을 확정하고 계획기간 시작 2개월 전까지 각 할당대상업체에 통보
조기감축실적의 인정 (시행령 제19조)	• 1차 계획기간에 할당된 전체 배출권 수량의 3% 범위 내에서 조기감축 실적을 인정하여 1차 계획기간의 3차 이행연도분 배출권으로 추가 할당함
신청에 의한 할당의 조정 (시행령 제21조)	• 배출권 할당시 예상하지 못한 시설의 신·증설, 일부 사업장의 양수 또는 합병으로 인하여 배출량이 증가된 경우 할당대상업체의 신청을 받아 추가 할당 사유가 발생한 이행연도분 배출권으로 추가 할당함 – 생산품목의 변경, 사업계획의 변경으로 이행연도에 할당된 배출권의 30% 이상 배출량이 증가한 경우에는 확정된 배출량 증가분의 50% 범위에서 추가 할당
배출권 할당의 취소 (시행령 제22조)	• 할당계획의 변경, 시설 폐쇄 또는 시설의 장기간 가동중지, 거짓이나 부정한 방법으로 배출권을 할당받은 경우 할당받은 배출권의 일부 또는 전부를 취소함 – 이 경우 온실가스종합정보센터에 설치한 공동작업반에서 할당량 취소안을 작성하고 할당결정심의위원회의 심의·조정을 거쳐 확정·시행토록 함
배출권 거래계정의 등록 등 (시행령 제24조 및 부칙 제2조)	• 초기에 거래시장 안정화를 위해 1차 및 2차 계획기간에는 할당대상업체와 공공성을 확보한 공적금융기관에 한정하여 거래계정을 등록할 수 있도록 함 – 공적금융기관은 한국산업은행, 중소기업은행, 한국수출입은행, 한국정책금융공사로 정함
배출권 거래소의 설치·지정 및 감독 (시행령 제26조)	• 주무관청은 배출권 거래업무 수행에 필요한 인력·기술·시설·장비 등 일정 자격을 갖춘 기관의 신청을 받아 녹색성장위원회 심의를 거쳐 배출권거래소로 지정할 수 있음
배출권 거래소의 업무 (시행령 제27조)	• 배출권거래소의 업무는 다음과 같음 – ① 배출권 거래시장의 개설·운영에 관한 업무, ② 배출권의 매매에 관한 업무, ③ 배출권의 거래에 따른 매매확인, 채무인수, 차감, 결제할 배출권·결제품목·결제금액의 확정, 결제이행보증, 결제불이행에 따른 처리 및 결제지시에 관한 업무, ④ 배출권 매매 품목의 가격이나 거래량이 비정상적으로 변동하는 거래 등 이상거래(異常去來)의 심리(審理) 및 회원의 감리에 관한 업무, ⑤ 배출권의 경매 업무, ⑥ 배출권의 매매와 관련된 분쟁의 자율조정(당사자가 신청하는 경우만 해당한다)에 관한 업무, ⑦ 배출권 거래시장의 개설에 수반되는 부대업무, ⑧ 그 밖에 배출권 거래소의 장이 필요하다고 인정하여 법 제22조 제2항에 따른 운영규정으로 정하는 업무

표 5-6c 배출권거래법 시행령 주요 내용(계속)

주요 조항	내용
배출권 파생상품의 거래 (시행령 제28조)	• 배출권을 기초자산으로 한 파생상품의 거래에 관하여는 「자본시장과 금융투자업에 관한 법률」의 파생상품에 관한 규정 적용

시장안정화조치 기준 등 (시행령 제30조)	• 주무관청은 배출권 가격의 상승·폭락 등 필요시 할당위원회 심의를 거쳐 시장안정화 조치를 취할 수 있음
	   - ① 가격상승: 평균가격의 3배 이상 ↑, ② 수요급증: 1개월간 거래량이 평균보다 2배 이상 증가하여 평균가격이 2배 이상 ↑, ③ 가격폭락: 1개월간 가격이 평균보다 60% 이상 ↓
	   - 시장안정화 조치: 배출권 예비분의 추가할당, 배출권의 최소·최대 보유한도의 설정, 배출권 차입한도의 제한, 상쇄배출권 제출한도의 제한, 일시적인 최고·최저가격 설정 등

배출량의 보고·검증·인증 등 (시행령 제31조 및 제33조)	• 할당대상업체는 매 이행연도 종료일부터 3개월 이내에 명세서를 외부 전문기관의 검증을 거쳐 주무관청에 제출함 - 주무관청은 명세서를 검증하는 외부 전문기관(검증기관)을 관계 중앙행정기관의 장과 협의하여 지정·고시함 • 주무관청은 인증위원회(위원장: 환경부차관) 심의를 거쳐 인증하되, 명세서를 제출하지 않은 경우 실태조사를 거쳐 해당 할당대상업체의 온실가스 배출량을 직권으로 산정하여 인증
배출권의 차입 (시행령 제36조)	• 주무관청의 승인을 받아 차입을 허용 - 단, 차입한도는 해당 할당대상업체가 주무관청에 제출해야 하는 배출권의 10% 범위 안에서 가능하도록 함

상쇄 (시행령 제38조)	• 인증위원회의 심의를 거쳐 상쇄등록부에 등록된 사업범위 내에서 발생한 감축량만을 배출권(상쇄배출권)으로 인정
	   - 상쇄배출권으로의 전환기준은 1:1로 하며, 그 제출한도는 주무관청에 제출해야 하는 배출권의 10% 범위에서 할당계획에서 정함
	   - 해외 상쇄는 상쇄배출권 제출한도의 50% 이내 범위에서 인정하되, 1차 및 2차 계획기간 동안은 불인정
	   - 상쇄로 인정하는 외부사업의 종류는 제한하지 않고 외부사업의 구체적인 기준 및 절차, 유효기간 설정기준 등은 고시로 정함

과징금 (시행령 제42조)	• 배출권 미제출에 대한 과징금은 이산화탄소 1톤당 해당 이행연도 배출권 평균 시장가격의 3배로 함(10만원 한도)
금융상·세제상의 지원 (시행령 제44조)	• 온실가스 감축 및 신재생에너지 관련 기술개발 및 설비 설치사업, 에너지 절약·효율 향상 등의 촉진 및 설비투자 사업 등에 정부가 금융·세제상 지원이나 보조금 지급 등의 지원을 할 수 있도록 함

적 상황을 고려하기 위해 할당결정심의위원회, 배출량인증위원회 등을 통해 관계부처의 참여를 제도적으로 보장하고 있다.

무상할당 비율과 관련되어 1차 계획기간(2015~2017년)에는 무상할당 비율을 100%로 설정하되, 2차 계획기간(2018~2020년)에는 97%, 3차 계획기간(2021~2025년) 이후 90% 이하로 정하여 점진적으로 유상할당 비율을 확대하도록 한다. 또한 100% 무상할당 업종기준과 관련되어 무역집약도·생산비용발생도가 일정비율 이상인 경우 100% 무상할당을 받을 수 있도록 규정하고, 배출권 거래제 시행 이전 기업의 온실가스 감축을 유도하기 위해 조기감축 실적에 대해서 1차 계획기간 전체 배출권 수량의 3% 이내에서 추가 할당할 수 있도록 조기감축실적을 인정하고 있다.

상쇄의 인정한도 및 범위와 관련하여 할당대상업체 외부에서의 온실가스 감축실적도 인증을 거쳐 배출권으로 활용하도록 하되, 한도는 제출해야 하는 배출권의 10% 이내로 하고 구체적인 비율을 할당계획에서 정하도록 하였다.

배출권 거래소는 주무관청이 관계부처 협의와 녹색성장위원회의 심의를 거쳐 배출권 거래소를 설치하거나 지정할 수 있도록 규정하였으며, 주무관청은 배출권 가격의 상승·폭락 등 필요시 할당위원회 심의를 거쳐 시장안정화 조치를 취할 수 있다.

5) 녹색인증제도 및 세제지원 제도

우리나라는 네덜란드의 Green Fund Scheme과 같이 국내 금융기관과 투자자 및 녹색산업에 대한 자금 선순환 구조를 만들기 위한 초석으로 녹색금융 지원을 위하여 녹색인증제도와 녹색세제제도를 마련하였다. 녹색인증제도는 2010년 4월 14일 녹색산업 지원 대상·범위의 명확한 규정 및 관련 금융상품 세제지원 등을 통한 민간투자 활성화 목적으로 녹색기술, 녹색기업 등 투자적격 대상을 지정하는 제도이다. 동 제도는 2011년 5월 개선 작업을 통하여 운영 요령을 개정하여 금융권 여신심사항목으로 대체할 수 있는 시장성 평가(성장률, 수익률 등)를 삭제하고 기술성·녹색성 배점을 확대하였으며, 그 결과 2013년 12월 말 기준 녹색기술 1,416개 녹색전문기업 172개, 녹색사업 30개가 인증받은 상태로 증가하였다.

표 5-7 **녹색인증제도 인증 현황**

구분	2011년 4월 말 기준		2012년 4월 말 기준	
	인증신청	인증확정	인증신청	인증확정
녹색기술인증	724	279	2,712	1,416
녹색기술제품	–	–	276	164
녹색사업인증	67	9	127	30
녹색전문기업	52	28	225	172
합계	843	316	3,340	1,782

자료: wwww.greencertif.or.kr

표 5-8 **비과세 녹색상품**

	녹색펀드	녹색예금	녹색채권
세제지원	배당소득 비과세 소득공제(10%, 300만원)	이자소득 비과세	이자소득 비과세
가입한도	1인당 3천만원	1인당 2천만원	1인당 3천만원
만기	3년 이상	3년 이상	3년 이상

자료: 녹색금융 포털사이트

　이러한 녹색인증을 얻은 녹색사업 및 녹색전문기업 지원을 위한 금융상품에 대한 세제지원을 목적으로 금융회사가 녹색인증을 얻은 녹색사업 및 녹색전문기업에 투자(대출)하는 것을 조건으로 고객(개인)에게 배당이나 이자에 대한 소득을 비과세 대상으로 녹색세제제도를 운영하고 있다. 소득세 면제를 통하여 금융회사가 그만큼 저리로 자금을 조달할 수 있으며, 이를 통해 녹색전문기업은 상대적으로 저리로 대출을 받을 수 있지만, 2012년 5월 말 현재 비과세 녹색상품 혜택을 받을 수 있는 금융상품은 전무한 실정이다.

나. 국내 기후금융실적

　기후금융과 탄소금융 및 녹색금융의 관계는 전술한 바 있다. 기후금융과 탄소금융 및 녹색금융은 개념적으로 차이가 있으나, 현재 금융권에서 녹색금융으로 지원되고 있는 금융이 기후금융의 실적과 거의 차이가 없게 이루어지고 있으며, 실제적으로 에너지 효율화, 대체에너지, 탄소저감기술 및 포집기술에 집중되어 있다. 따라서 국내 녹색금융의 현황을 기후금융의 현황으로 간주할 수 있다.

다만, 전술한 바와 같이 기후금융은 녹색금융보다는 좀 더 포괄적이다. 예를 들어 대체에너지 시설을 위한 인프라 건설이나 기후변화에 대한 적응을 위한 시설물 건설시 금융지원은 녹색금융의 범주에는 포함되지 않으나 기후금융에는 포함될 것이다. 이러한 분야에 대한 국내 금융지원에 대한 자료 수집의 미비로, 기존의 녹색금융을 기후금융으로 갈음하고자 한다.

녹색산업은 투자의 위험이 크고 회수기간도 장기여서 다른 산업에 비하여 투자자금 확보가 용이하지 않기 때문에 정부는 녹색산업에의 자금유입을 확대하기 위한 녹색금융 · 재정지원 대책을 발표 · 추진하였다. 그러므로 녹색금융은 주로 정책기관에 의하여 집행되고 있으며, 정책대출, 정책펀드 및 정책보증의 형태로 이루어지고 있다.

민간금융기관을 통한 녹색금융은 크게 은행과 금융투자업자를 통해 이루어지고 있다.[7] 국민은행, 신한은행, 우리은행, 하나은행 등 시중은행과 부산은행, 대구은행 등 지방은행을 포함한 민간은행이 녹색기업 육성과 녹색경영 활성화를 목적으로 녹색예금 및 적금을 수신하고 있는데, 고객은 녹색캠페인, 승용차 요일제 등의 참여, 종이서류 또는 통장발행 생략을 통한 온실가스 절감에 기여시 금리우대(최대 1.1% 차감), 각종 수수료 면제, 자전거 보험 무상가입 등의 혜택을 얻는 금융상품을 제공하고 있다.

반면, 녹색일반대출은 녹색성장산업, 녹색인증기술/사업 · 기업, 태양광발전시설자금, 에너지이용합리화자금, 신재생에너지 보급 융자자금 등 친환경제품 제

---

7 녹색카드 또는 녹색보험의 경우 궁극적으로 저탄소 활동에 기여하고 있으나, 실질적으로 녹색기업, 녹색산업에 자금을 공급하는 역할을 담당하고 있지 못하다. 녹색카드의 경우 친환경 소재로 만든 카드 사용, 친환경 활동에 대한 마일리지 적립, 또는 이용실적에 따라 조성된 기금의 기부를 통해 녹색단체 운영을 지원하는 형태의 상품이 제공되고 있다. 녹색보험은 고객(피보험자)은 자전거보험, 승용차요일제 특약, 이메일을 통한 보험관련 서류 수령 등을 통해 녹색생활의 실천을 유도하며, 기존 보험 대비 자전거사고보장(사망시 최대 1억 5천만원), 보험료 할인 또는 환급 확대(최대 8.7%) 등의 혜택을 제공하는 상품이 주를 이루고 있다.

표 5-9 은행권 녹색기업 여신 잔액

(단위: 조원, %)

구분	2009년 12월 말	2010년 12월 말	2011년 12월 말
국책은행(산은, 기은, 수은)	3.1	6.4	10.4
민간은행	2.4	3.5	4.4
민간은행 비중	43.6%	35.4%	29.7%

자료: 녹색성장위원회(2012)

조기업 등에 대해 대출한도나 대출금리 등을 우대하는 형태로 제공된다.

전체 은행권 녹색기업여신은 2011년 말 기준 국책은행과 민간은행을 합쳐 총 14조 8천억원 규모로, 이 중 민간은행이 차지하는 비중은 29.7%(4조 4천억원)에 불과한 수준이다. 특히, 2011년 3/4분기 민간은행 녹색대출 중 대기업 지원비율은 57%로 2010년 말 대비 16%p 증가한 것으로 보고되고 있다. 즉, 민간은행을 통한 자금 지원 비중은 지속적으로 감소하는 추세로 은행을 통한 녹색기업 여신이 활성화되어 있지 못하며 녹색대출 역시 대기업 중심으로 이루어지고 있다.

정책대출은 산업은행, 에너지관리공단, 정책금융공사 등 정책기관이 중심이 되어 녹색성장산업(신성장동력 사업) 대출, 녹색인증기술, 사업 기업 대출, 신재생에너지 보급 융자자금을 대출하고 있다. 2011년 1사분기 기준 1조 5천억원 수준으로 금리 우대(최대 0.5%) 형태로 대출이 이루어지고 있다.

정책보증은 신용보증기금, 기술보증기금, 한국수출입은행 등 정책금융기관들이 녹색기술, 녹색제품, 녹색기업에 대한 특정 채무의 의무 이행을 보장하고 있는데, 특히 담보능력이 부족한 중소기업이 금융기관으로부터 자금을 지원받는 역할

표 5-10 정책금융기관을 통한 연도별 대출 실적

(단위: 억원)

2009년	2010년	2011년
32,352	60,075	80,000

주 : 지원실적은 당해 연도 중 공급규모이며, 잔액은 아님
자료: 녹색성장위원회(2012)

표 5-11 정책금융기관을 통한 연도별 보증·보험 실적

(단위: 억원)

기관명		2009년	2010년	2011년 1분기
보증	신용보증기금	26,240	36,118	10,432
	기술보증기금	16,621	18,201	5,662
보험	무역보험공사	7,441	41,416	14,420
합계		50,302	95,735	30,514

주 : 지원실적은 당해 연도 중 공급규모이며, 잔액은 아님
자료: 녹색성장위원회(2012)

을 하고 있다.

신용보증기금, 기술보증기금 등의 기관은 녹색성장산업을 핵심 분야로 선정하여 보증료 감면(최대 0.5%), 보증한도 확대(30억→70억) 및 보증비율 확대(85% 이

표 5-12 주요 정책자금별 특징 및 지원 현황

정책자금	주무 부처	투자대상 및 특징	조성액 (억원)	투자액 (억원)	집행률 (금액 기준, %)
신성장동력 펀드	지식 경제부	신성장분야 기업 대규모 투자 및 글로벌 진출 지원	10,011	3,26	32.6
모태펀드 내 신성장 동력자펀드	중소 기업청	창업자·중소기업 및 벤처기업 지원	7,897	3,014	38.2
신성장동력 산업육성펀드	정책 금융공사	신성장동력 산업 육성, 중견기업 정책자금 공급	31,746	10,533	33.1
녹색산업 투자회사	정책 금융공사	녹색인증사업, 녹색전문기업에 대한 투자	1,000	299	29.0
신성장동력 Green Future 펀드	산업 은행	신성장동력 산업 육성 및 녹색기업 투자	1,001	100	10.0
합계			51,655	14,272	33.3

주 : 2012년 2월 말 기준
자료: 녹색성장위원회(2012)

내→90% 부분보증) 등의 혜택을 제공하고 있으며, 2011년 1분기 기준 녹색보증과 녹색보험을 통해 약 3조원을 지원하고 있는 실정이다.

녹색정책펀드는 정부가 민간투자자와 함께 출자하여 결성한 녹색사업에 투자하는 펀드로 2011년 3월 기준 총 4조 6천억원의 정책펀드가 조성되어 있으며, 2012년 2월 기준 신재생에너지 상생보증펀드 지원확대, 녹색인증기업 확대, 재정지원 확대 등으로 정책펀드 규모는 총 5조 1,655억원 규모로 조성되었다. 그러나 투자집행률은 10∼38.2% 수준이으로 일부 펀드의 경우 집행률이 낮다는 문제점을 지니고 있다.

채권시장을 통한 민간자본 유입을 위해 P-CBO 발행하는 형태로 자본조달이 이루어지고 있다. 2011년 P-CBO 발행규모는 신보의 경우 9,178억원, 기보의 경우 2,991억원으로, 2011년 P-CBO발행액 중 녹색기업채권 편입비중은 각각 신보 27.0%, 기보 29.1%로 낮은 비중을 차지하고 있다.

금융투자업에서는 주로 투자전문기관이 녹색기술과 제품을 보유한 녹색기업, 온실가스 배출저감 활동을 하는 기업 등에 투자하고자 하는 고객 자금을 유치하여 주식이나 채권 등에 투자하고 이를 통해 수익을 실적에 따라 배당하는 간접투자방식으로 자금이 공급되고 있다. 그러나 그 투자 규모는 2011년 5월 말 기준 공모형 국내 투자 녹색펀드는 총 114종으로 순자산액은 3,636억원으로 전체 국내 투자형 공모펀드 시장 대비 0.3%에 불과한 수준이다.

특히, 탄소배출권과 관련하여 자본시장법 시행 이후 최초로 탄소배출권을 기초자산으로 한 탄소배출권 파생결합증권이 출시되었으나, 탄소배출권 관련 상품

표 5-13 공모형 국내 투자펀드 현황

	펀드 수(개)	순자산액(억원)
국내공모펀드	1,829	1,276,292
녹색펀드	114	3,636
녹색펀드 비중	6.2%	0.3%

주 : 1) 집합투자분류코드 중 녹색성장만 구분되는 코드가 없어, 펀드명 중 '녹색', '그린', '재생' 등 연관성 있는 단어들이 포함된 펀드만으로 산출
2) 2011년 5월 말 기준
자료: 펀드닥터프로 DB 추출

표 5-14 국내 탄소배출권 펀드(예)

구분	내용
펀드명칭	한국사모 탄소 특별자산 1호 투자회사(이하 펀드)
펀드유형	사모형/폐쇄형/추가형/특별자산펀드/투자회사형
모집규모	1,500억원 수준(Capital Call)
펀드 설정일	2007. 8. 14
펀드 만기	15년. 단, 약관에서 정하는 바에 따라 단축 또는 연장 가능
펀드 운용	• "교토의정서 제12조"에 의한 국내·외 CDM 사업 및 온실가스 감축사업과 관련한 "국내·외 회사에 대한 계약상의 출자지분 또는 권리" 및 "국내·외에서의 합작회사 등에 대한 출자지분 증권 등" • "교토의정서 제12조"에 의한 국내·외 CDM 사업 및 온실가스 감축사업과 관련한 "SPC의 주식과 대출 채권" • 기타 국내·외 채권 및 예금
Capital Call 기간	3년
중도 환매	원칙적으로 펀드 만기시까지 환매 제한
상환 방법	매 6개월 단위로 이익금 및 원금 상환/프로젝트 청산시 이익금 원금 상환

구분	내용
펀드명칭	한국사모 탄소배출권 특별자산 1호 투자회사(이하 펀드)
펀드유형	사모형/폐쇄형/추가형/특별자산펀드/투자회사형
모집규모	500억원 수준(Capital Call)
펀드 설정일	2007. 9. 28
펀드 만기	7년. 모집규모에 해당하는 CERs 확보시 조기 청산
펀드 운용	• 국내·외 탄소배출권 • 기타 국내·외 채권 및 예금
Capital Call 기간	5년(실제 기간은 2년 정도로 예상됨)
중도 환매	원칙적으로 펀드 만기시까지 환매 제한
상환 방법	• 매 6개월 단위로 CERs 매매분 이익금 및 원금 상환 • 펀드 청산시 잔여 CERs 매매분 이익금 및 원금 상환

은 배출권거래소 미개설 등을 이유로 제한된 상품만이 출시되고 있는 실정이다. 한국투자신탁운용은 국내 최초로 2007년 하반기 사모 탄소펀드와 사모 탄소배출권펀드를 모집하였다. 탄소펀드는 국내·외 CDM 사업 및 온실가스감축사업과 관련 부문에 투자하며, 약정액은 760억원이며 설정액은 146억원 규모였다. 탄소배출권펀드는 국내외 탄소배출권 관련 부문에 투자하는데, 약정액은 290억원인 것으로 보고되고 있다. 그러나 동 탄소펀드는 탄소배출권 선물가격은 2008년 20유로대에서 거래되다 리먼브라더스 사태로 이듬해 절반수준인 10유로대로 급락했고 지난해 하반기 미국과 유럽의 재정위기가 연이어 터지면서 최근엔 6~7유로 수준으로 폭락하고 경기침체에 따른 산업생산 감소로 탄소배출량이 줄면서 탄소배출권의 실수요가 감소하는 상황에 직면하면서 2012년 4월 말 기준 수익률이 저조한 것으로 보고되고 있다.

범위를 넓혀 공·사모를 모두 포함한 국내외투자 펀드를 대상으로 할 경우

표 5-15 녹색관련 펀드 신규 설정 추이

연도	설정펀드 수	설정액(억원)	순자산(억원)
1998	1	3.22	3.26
1999	5	43.60	48.28
2000~2004	—	—	—
2005	1	205.59	232.82
2006	22	674.33	777.73
2007	46	3,859.60	3,379.17
2008	36	1,094.35	1,224.07
2009	94	2,969.13	3,154.13
2010	20	220.54	230.54
2011.5	8	1,912.82	1,942.15

주 : 1) 집합투자분류코드 중 녹색성장만 구분되는 코드가 없어, 펀드명 중 '녹색', '그린', '재생' 등 연관성 있는 단어들이 포함된 펀드만으로 산출
2) 2011년 5월 말 기준
자료: 펀드닥터프로 DB 추출

2011년 5월 말 기준 전체 녹색관련 펀드는 총 233종으로 2007년 이후 신규 설정
펀드가 증가하여 누적설정액은 1조 983억원 수준에 이르고 있다.

보다 광범위한 차원에서 국내 SRI펀드 규모를 보면 KOSIF(2010)는 2009년 12
월 말 기준으로 한국의 SRI규모는 총 3조 5,821억원이며 이 중 공모펀드는 1조
1,960억원, 사모펀드는 1조 56억원, 국민연금과 사학연금, 공무원연금 등 연기금
은 1조 3,300억원으로 집계하고 있다. 공모 SRI펀드는 2005년에 비하여 펀드 수,
투자전략, 투자지역 측면에서 다양화되고 펀드 규모도 2005년에 비하여 10배가
량 증가하였으나, 일반 공모펀드 대비 SRI펀드 비중은 1% 수준에 머무르고 있다.
또한 SRI펀드당 설정액은 190억원으로 일반 공모펀드의 펀드당 설정액 1,140억원
에 비해 현저히 낮은 금액이며, 상위 10개의 SRI 공모펀드가 전체 SRI의 74% 이
상을 차지하고 있어 양극화 현상을 보이고 있다.

표 5-16 국내 SRI펀드 규모 추이

구분			2005	2006	2007	2008	2009	2010	2011
SRI 공모 펀드 규모 (백만원)	투자 전략	ESG	24,806	182,501	279,474	318,272	258,561	–	–
		거버넌스		12,119	150,465	165,075	153,993	–	–
		환경			1,038,075	824,907	783,518	–	–
	투자 지역	국내	24,806	169,085	431,936	471,088	498,932	–	–
		해외		25,555	1,054,078	837,166	697,140	–	–
	펀드 유형	주식형	24,806	169,084	1,419,796	1,256,870	1,135,711	–	–
		혼합채권		1	32,426	27,593	41,632	–	–
		기타		25,535	33,792	23,791	18,792	–	–
전체			24,806	194,620	1,486,014	1,308,254	1,196,135	1,048,155	2,991,704
SRI펀드 수(개)			1	11	45	44	63	39	47
일반주식형 공모펀드 대비 SRI 공모펀드 비중(%)			–	–	1.39%	1.00%	1.00%	0.31%	0.87%

주: 2005~2009년 자료는 KOSIF(2010)를 참조한 설정액 규모인 반면, 2010~2011년 자료는 금융투자
협회 전자공시서비스(http://dis.kofia.or.kr/index/index.html)에 상품의 성격에 따른 분류에 의한
사회책임투자펀드의 설정잔액 기준임

금융투자협회 전자공시서비스에 따르면 SRI펀드의 설정잔액은 2010년 1조 481억원에서 2011년 2조 9,991억원으로 1년 사이에 약 2.8배가 증가하였으며, 전체 공모펀드 대비 비중 역시 0.31%에서 0.87%로 증가하였다. 이는 일본 대지진과 원전폭발 등으로 인해 신재생에너지와 녹색성장 등에 일반의 관심이 높아지면서 일반 투자자가 환경 등을 고려한 투자펀드인 SRI펀드에 대하여 관심을 갖고 투자하기 시작한 것으로 판단할 수 있다. 그러나 사모펀드의 규모는 2009년 4월말 기준 6,686억원에 비하여 3,900억원 증가한 수치를 보이고 있으며, 국민연금을 비롯해 사학연금, 공무원연금이 1조 3,300억원으로, SRI 전체규모의 37.13%의 비중을 차지하고 있다. 국민연금은 2004년 SRI의 대표적 유형 중 하나인 '기업지배구조개선'형 펀드를 도입하여 2개 운용사에 총 2,000억원을 운용하였으며, 2006년 국내주식 위탁운용의 새로운 유형으로 SRI형 투자를 도입, 총 900억원을 투자 집행하였다. 국민연금의 SRI 투자는 지속적으로 증가하여, 2011년 7월 말 기준 약 3조원의 SRI펀드를 운용하고 있다. 2013년 말 현재 국민연금의 SRI펀드 운용규모는 거의 6조원에 이르는 것으로 추산된다. 또한 사학연금와 공무원연금의 경우 2009년부터 각각 200억원과 100억원을 SRI 방식으로 위탁하기 시작했다.

한국거래소에서는 KRX SRI(사회책임투자지수), KRX SRI Eco(환경책임투자지

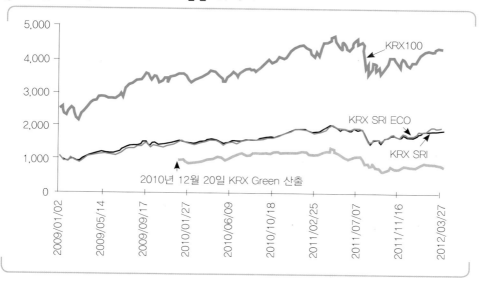

그림 5-2 국내 KRX100과 SRI 관련 지수 추이

수), KRX Green(녹색산업지수)를 각각 산출·발표하고 있다. KRX SRI는 국내기업의 사회책임투자 및 지속가능경영 인식 제고를 위하여 산출된 주가지수로 유가증권시장 및 코스닥시장의 사회책임투자 우수기업 70종목을 편입하며, 2009년 1월 2일을 1,000p로 하여 2009년 9월 14일부터 산출·발표하고 있다. KRX SRI Eco는 SRI평가 3요소(환경, 사회, 지배구조) 중 환경부문 평가결과로 선정된 환경경영 우수기업 30종목을 대상으로 2009년 1월 2일을 1,000p로 하여 2010년 10월 1일부터 산출·발표하였다. 또한 KRX Green은 정부의 녹색인증 취득기업 등 녹색산업 관련 사업을 영위하는 20종목으로 구성된 주가지수로 2010년 12월 20일부터 산출·발표하고 있으며, 이를 바탕으로 2011년 1월 27일 국내 최초로 녹색 ETF 2종목이 유가증권시장에 상장되어 거래되고 있다.

우리나라는 현재 개도국으로 분류되어 유일하게 CDM사업을 통해서 탄소배출권거래에 참여할 수 있다. CDM사업으로는 산업에너지효율사업, 신재생에너지사업, 바이오디젤 및 전기차 등 수송사업, 스마트그리드 등 전력생산효율화사업, 조림사업 등이 있으며, 우리나라는 중국, 인도, 브라질에 이어 세계 4위의 CDM사업국가이다. 국내 CDM 사업은 2011년 말 66개 사업이 UN에 등록되었으며, 41개 사업이 타당성 확인 상태이다. 등록된 CDM 사업의 배출권 구매자는 영국과 일본에 집중되어 있다. 실제 배출권 발행사업은 〈표 5-17〉에 나타나 있다.

표 5-17 국내 배출권 발행사업

CDM 사업 개요	사업참여자	최초 배출권 발행일	배출권 총발행량	CER 발행 성공률
울산화학, HCFC-22 공장 HFC-23 분리 후 열분해	후성, UPC, IFJ Korea	06.01.25	15,841,537	98%
로디아 폴리아미드, 아디핀산 공장 배기가스 N_2O 열분해	Rhodia Energy Korea, 에너지관리공단	06.11.24	77,798,545	131%
휴켐스, 질산공장 배기가스 N_2O 촉매분해	CARBON CDM KOREA Ltd.	07.08.10	8,398,252	136%
강원풍력, 98MW 풍력발전	강원풍력, 에코아이, 한국중부발전	08.04.30	834,503	93%
영덕풍력, 39.6MW 풍력발전	영덕풍력, 유니슨, 에코아이	08.06.13	295,245	74%

수자원공사, 소수력 발전	수자원공사	08.07.30	29,267	74%
한화, 질산공장 배기가스 N₂O 촉매분해	한화, Mitsubishi Korea Ltd.	08.09.26	1,202,006	85%
동부하이텍, 질산공장 N₂O 버너 내부 촉매분해	동부하이텍, UPC	09.10.09	528,632	61%
대구시, 방천리 매립지 증질가스 공급(지역난방공사)	대구시, 에코아이 (지역난방공사, 대구 에너지 환경, 한화)	09.11.02	833,623	65%
수도권매립지관리공사, 수도권 매립가스 발전 50MW	수도권매립지관리 공사	10.05.25	3,667,562	65%
수력원자력, 3MW 태양광 +고리 0.75MW 풍력(번들링)	수력원자력	10.12.22	2,294	128%
수자원공사, 소수력II소수력 발전	수자원공사	11.01.14	15,368	58%
중부발전, 양양 풍력 3MW +소수력 1.4MW(번들링)	중부발전	11.01.26	13,959	137%
지역난방공사, 태양광 발전	지역난방공사	11.01.31	1,897	93%
영양풍력, 61.5MW 풍력 발전	영양풍력	11.02.24	394,837	107%
서부발전, 삼랑진 태양광 발전	서부발전	11.05.12	2,237	102%
LG디스플레이, LCD공장 배기가스 SF6 열분해	LG디스플레이, LG상사	11.01.22	1,220,096	55%
남부발전, 제주 한경 15MW 풍력발전	남부발전, 에코아이	11.09.30	71,353	82%
포스코 E&C, 태기산 80MW 풍력 발전	포스코 E&C	11.11.01	162,393	81%
한화, 목포 매립가스 2MW 발전	한화	11.11.14	91,414	171%
김천, 태양광 발전 1	김천 에너빅스	12.01.06	12,169	64%
김천, 태양광 발전 2	삼성 에버랜드	12.01.06	12,563	64%
카프로, 카프로락탐 N₂O 저감	카프로	13.02.26	361,288	54%

주 : 총 37개이며, 최초 배출권 발행순임.
자료: 한국환경산업기술원 발표자료, 국내외 CDM 추진사례 및 탄소금융, 2013. 12. 23.

2 국내 기후금융의 문제점

기후변화를 대처해야 될 필요성은 커져가고 있으나, 여전히 이러한 분야에 실제적으로 자금을 투입하는 금융권의 반응은 싸늘하다. 그 이유는 기후변화 프로젝트들의 대부분이 리스크가 높고 장기프로젝트이기 때문에 금융권이 이러한 분야에 투자하기가 쉽지 않기 때문이다.

또한 기후금융의 중요성에 대한 인식이 부족하다. 향후 전 세계적으로 기후변화 대응을 위하여 대규모의 투자가 이루어질 것이다. WEF(2013)에 따르면, 매년 기후변화 완화 분야에만 5조 7천억달러가 필요한 것으로 추산하고 있다. 이러한 대규모의 자금 중 상당부분은 개발 도상국의 기후변화 프로젝트에 사용될 것이다. 우리나라 금융기관도 이러한 분야에 참여하여 금융의 새로운 분야를 개척해 나가야 될 것이다.

기존 탄소금융이나 녹색금융의 문제점은 다음과 같다.

첫째, 녹색금융이나 탄소금융에 대한 구체적인 기준이 정립되어 있지 않다. 녹색금융은 녹색성장을 위한 정부의 핵심 사업으로 선정되어 있지만 그 결과가 양호하지 않다. 또한 이러한 기준 미비로 인하여 실제 민간금융기관의 참여가 저조하다. 2011년 말 기준 전체 녹색대출의 30% 가량만이 민간은행에 의한 대출이며, 민간은행의 녹색대출 중 대기업 지원 비율 역시 절반 이상을 차지하고 있다. 또한 녹색산업을 지원하는 정책펀드의 투자 집행률도 저조한 실정이다. 녹색산업을 포함한 신성장동력 산업부문의 경우 회수기간이 길고 불확실성이 높다는 산업적 특성을 가질 뿐만 아니라 녹색기업과 녹색금융에 대한 기준이 미비하여 민간금융기관이 이를 새로운 사업 영역으로 인식하기 어렵다. 이러한 기준이 미비하여 정부가 일관된 지원 정책을 제공하기 어렵다.

둘째, 탄소금융 또는 녹색금융에 관하여 수익성에 기반한 영업행위 기준이 미비하다. 일부 금융기관의 경우 녹색금융의 예대마진을 축소하고 있다. 이러한 금융은 장기존속하기 어려울 것이다. 기존의 전통적 금융업무보다 더 높은 수익성이 있어야 금융기관이 적극적으로 참여할 수 있는데, 오히려 녹색예금은 더 높은 금리를 주고 녹색대출의 대출금리는 낮추는 구조를 띠고 있다.

셋째, 녹색인증제도와 녹색세제지원제도가 연계되어 프로그램이 작동되기 어려운 실정이다. 현재 제도적으로 녹색인증제도에 의하여 녹색프로젝트와 녹색기업을 인증하고 있으며, 녹색 비과세 상품의 경우 금융기관이 60% 이상 녹색대출을 하지 못하는 경우 금융기관이 세금을 부담해야 하는 구조이다. 특히, 녹색인증제도를 통해 녹색인증을 받은 전문기업이 2013년 12월 말 기준 172개사에 불과하여 투자 대상이 협소한 상태이다.

「에너지이용합리화법」에 근거한 에너지절약전문기업(Energy Service Company: ESCO)이나 「신에너지 및 재생에너지 개발·이용·보급 촉진법」에 의거한 신재생에너지전문기업의 경우 녹색금융의 지원대상에 포함될 수 있으나, 현행 제도상 녹색기업으로 분류되어 있지 않아 동 기업에 투자하더라도 세제지원 등의 혜택을 볼 수 없는 구조이며 녹색인증제와 연계된 녹색예금·채권 상품의 출시가 어렵다.

이로 인하여 자금을 필요로 하는 부문에 자금 유입과 공급 간 선순환 구조가 제대로 확립될 수 없게 된다. 녹색금융상품의 운용구조는 녹색인증제도와 세제지원을 통하여 녹색산업을 위한 장기투자 자금을 저리로 조달하고 국민들의 녹색금융 참여를 유도하는 메커니즘인데, 운영상 문제점으로 은행은 단순 여신 금융상품을 제공할 수밖에 없다.[8] 즉, 탄소저감을 지원하기 위해 정부가 설계한 지원 제도가 본연의 기능을 수행하지 못하고 있다.

또한 2015년부터 시행될 배출권거래제와 관련하여 기업의 탄소감축에 대한 비용 부담과 경쟁력 약화 등을 반영하여 무상할당 비율을 1차 100%, 2차 97%로 하고, 3차 계획기간 이후는 90% 이하의 범위에서 할당계획에서 결정하도록 하고 있으며, 100% 무상할당 업종을 세부적으로 정하고 있다. 해외 사례에서 보듯이 무상할당 비율이 높을수록 온실가스 감축효과는 현저하게 떨어지며, 탄소배출권거래제도가 제대로 작동하지 못할 가능성이 존재한다. 또한 제도 도입 초기의 시장 안정화를 위해 1차 및 2차 계획기간 동안 할당대상업체와 공공성을 확보한 공적 금융기관에 한정하여 시장에 참여할 수 있으며, 배출권거래소의 운영 주체가 선정되어 있지 않다.

---

8 대부분의 은행에서는 고객의 에너지 절약 서약서 작성, 탄소포인트제 가입, 자전거 이용, 환경단체 가입 회원 등에 한하여 우대금리 0.1~0.4%를 제공하는 형태의 여신 금융상품을 제공한다.

넷째, 탄소금융의 활성화를 위한 전반적 인프라가 미흡하다는 문제가 있다. 환경관련 DB 및 녹색기업에 대한 정보, 분석 및 평가 체계가 종합적으로 구축되어 있지 못하므로 투자 기회가 제한되고 있다. 특히, 녹색산업의 경우 불확실성이 높고 녹색기술의 사업화 가능성이나 경제성을 평가하는 능력도 제한적이며 관련 인프라가 정비되어 있지 않으므로 일반 금융기관이 자금을 유입해주는 실질적 역할을 수행하지 못하고 있다. 탄소배출 할당시 회계제도적 측면에서 기업이 회계 처리를 어떤 방식으로 하고, 상장회사의 경우 관련 공시를 어떻게 해야 하는가와 같은 회계 제도 및 투자자 보호를 위한 인프라 구축이 미흡하다. 또한 환경 관련 종합적 정보, 녹색기업에 대한 분석 및 평가체계, 환경부문과 금융부문을 연계할 수 있는 전문인력 등이 부족하고 인프라 구축 미비로 녹색금융과 탄소시장 활성화에 제약이 존재한다.

제6장

기후금융의 발전 방안

Climate Finance

기후변화와 금융산업의 역할

자연재해로 인한 경제적 손실은 십년마다 두 배로 증가하고 온실가스 배출량이 당장 제로로 줄어들더라도 지금까지 누적된 환경오염으로 향후 100년간은 지구온난화가 지속될 것으로 예측되고 있다. 이에 따라 온실가스 배출 규제 움직임과 배출권 거래는 활발해질 것이다. 이러한 움직임은 회사경영, 투자 정책, 대출 정책에 상당한 변화를 야기하는 위험요인이자 기회요인이 될 것으로 보이나, 구체적으로 어떤 모습으로 다가올지는 불확실하다. 이러한 불확실성의 배경에는 금융산업 참가자들이 소극적으로 대처한 데도 원인이 있지만, 기후변화에 대한 전반적인 사회적 인식의 부족에도 기인한다.

온실가스 배출권 거래 시장과 같은 정부주도의 시장시스템이 효과적으로 기능하기 위해서는 금융회사들이 중요한 역할을 해야 한다. 온실가스 관련 금융회사의 역할은 다음과 같다. 온실가스 거래시장에 대한 모니터링 체계 구축, 법적 또는 자발적 참여를 통해 기후변화가 사회·환경적으로 주요 이슈임을 부각, 배출권 거래를 위한 조직의 인프라 확충, 날씨 파생상품과 같은 온실가스 감축 및 위험 헤징을 위한 금융상품 및 서비스의 개발, 기후변화에 대한 위험요인을 신인의무에 반영 여부 검토, 개별 금융회사의 포트폴리오 구성시 기후변화의 위험 고려 및 에너지 효율을 추구하는 기업의 포트폴리오 포함 등이 있다.

금융산업은 기후변화와 관련된 거대한 어젠다에서 하나의 수단이지 어젠다 자체의 이니셔티브(initiative)를 가질 수는 없다. 하지만 금융의 역할이 없으면 기후변화관련 프로젝트를 추진하기 어렵다. 금융기관들은 관련 상품의 거래를 촉진하는 등 기후변화 관련 시장 발전으로 재무적 이익이 발생하는 분야에 관심을 가질 것이다. 정부의 핵심정책이라고 해서 금융기관이 수익성을 고려하지 않고 참여하기는 어려울 것이다. 특히 보험회사에게 계량화가 불가능한 위험까지 커버하라고 할 수는 없을 것이다. 예를 들어, 생물 다양성이 기후변화의 주요 이슈이지만, 그에 따른 손실을 보험으로 헤지(hedge)하는 것은 물리적으로 불가능할 것이다.

금융회사의 경우 기후변화 이슈들이 가치를 새롭게 창출할 수 있고, 수익 창출이 실현 가능해야 한다. 최근 이러한 금융환경의 조성이 이루어지고 있는 것으로 보인다. 예를 들어, 배출권거래제도가 도입되고 기후파생상품과 같은 새로운 금융 상품이 도입되면, 금융기관은 새로운 수익창출 수단으로 삼을 수 있을 것이다.

기후변화에 대한 금융회사의 인식수준을 4개의 범주로 나누어 볼 수 있다. 금융 비즈니스 관점에서 중요성을 인식하지 못하는 단계, 관심은 있으나 영업전략 수립까지는 못 가는 단계, 관련 신상품 개발 및 판매 전략을 수립하는 단계, 시장을 선점하는 단계로 나누어 볼 수 있다. 대부분의 한국의 금융기관들은 중요성을 인식하지 못하거나 약간의 관심이 있는 수준으로 보인다.

하지만, 외국의 금융회사들 특히 보험회사들은 기후변화 관련 전략을 수립하고 있다. 향후 기후 관련 파생상품의 영역은 전망이 밝다. 왜냐하면 전통적인 보험만으로는 자연재해의 다양한 위험을 커버하지 못하므로, catastrophe bond와 같은 위험전가상품이나 기후 관련 파생상품을 제공하는 회사들의 출현이 문제 해결을 가능하게 할 것이기 때문이다.

금융기관의 입장에서 가장 큰 문제는 기후변화에 따르는 위험을 측정하고 평가할 수 있는 일반적인 방법론이 없다는 것이다. 기후변화 위험을 측정하고 평가하는 표준화된 방법론의 개발이 필요하다.

향후 기후변화 관련 프로젝트는 프로젝트 파이낸스 형태로 자금이 모집되어 공급될 가능성이 많다. 하지만, 재무적 이익만을 목적으로 하는 재무적 투자자를 모집하기 위하여 전략적 투자자가 어떤 유인을 제공할 수 있는지에 대한 구조를 설계하는 것이 중요할 것이다. 기후변화 프로젝트에 내재하는 장기투자 위험성과 정치적 불확실성 등을 극복하기 위하여 국제기구들과 어떻게 협업할지가 주요한 논의사항이 될 것이다.

기후변화 이슈는 기업 가치에 영향을 주는 여러 가지 요인들 중 하나이다. 예를 들어, 원유가격, 테러위험, 기업지배구조 등의 이슈들도 기업 가치에 영향을 줄 것이다. 기존의 전통적 금융전문가들은 기후변화가 새로운 재무위험요소로 인식되기 보다는 NGO의 환경운동 정도로 생각하는 경향이 있다. 기후변화 이슈가 기업의 가치와 관련이 없다고 인식하는 경향도 있다. 기업의 환경에 관한 인식을 포함하는 사회적 책임활동을 과거에는 중요하게 생각하지 않았지만, 최근의 유럽의 연금 규정들은 이러한 기업의 사회적 책임활동이 기업의 재무성과와 밀접한 관련이 있는 것으로 투자자들에게 인식시키고 있다.

기후변화는 석면이나 유전자 변형식품과는 달리 무형의 현상이며, Y2K처럼 시작일을 정의할 수 없다는 한계가 있다. 기후변화는 모든 금융서비스에 공통적으로 나타날 수 있다는 특성 때문에 공동 책임의식이 강하며, 그래서 특정 금융주체가 주도권을 잡기는 쉽지 않을 것이다.

기후변화와 재무위험 간의 연관성에 대한 믿음 부족, 불확실한 탄소 가격 등은 금융 종사자들이 기후관련 사업에 큰 의미를 부여하는 것을 어렵게 한다. 금융회사들은 탄소배출권을 포함한 기후관련 사업들이 수익성을 발생시킨다는 확신이 서야 관심을 가질 것이다.

이를 위하여 전 세계적으로 통용 가능한 배출권거래시스템이 필요하다. 유럽뿐만 아니라 미국과 중국이 참여하는 배출권거래시장이 필요하다. 향후 유럽, 미국, 아시아의 배출권 거래시장이 블록화될 가능성이 있다. 아시아에서는 최대 배출국인 중국은 이미 지방정부차원에서 배출권거래를 시작하고 미국과의 연계를 논의하고 있다. 한국은 2015년부터 배출권 거래가 이루어질 것인데, 아시아 지역의 모범적인 배출권 거래시장을 만들어야 할 것이다.

기후변화, 탄소 규제, 가치창출 간의 명확한 관계를 규명하기 위한 계량 분석이 필요하다. 온실가스 배출규정과 기업 이익과의 관계를 규명할 모델의 개발이 필요하다. 단기적으로는 기업의 부담이 될지도 모르나 장기적으로는 기업의 이익 개선에 도움이 된다는 명확한 계량 분석은 기업으로 하여금 탄소 배출에 대한 비용 지불이 단순한 비용이 아니라 장기적 관점에서 투자로 인식시킬 수 있다.

탄소리스크 분석 또는 증권 가격 결정, 자산 배분, M&A, 기타 투자 의사 결정에 있어서 탄소 가치에 대한 고려는 탄소의 가치가 상승할 경우 발생할 수 있는 이슈들이다. 이러한 시장상황이 발생한 경우 개별 상황에 적용할 수 있는 모델 구축이 필요하다. 기업의 기후변화 전략 및 온실가스 배출 관리에 대한 데이터 부족은 기관투자자 확보에 장애가 되며, 또한 회사의 잠재적 위험을 분석하는 데도 어려움이 될 것이다.

벤처 투자자들은 청정 기술 지원에 대한 보다 강력하고 뚜렷한 시그널을 원한다. 세제 혜택, 최소 가격제, 그린 인증 거래와 같은 상업적 요소들에 관심이 있다. 규제 체계가 정비되어 환경 기술 투자에서 이익을 발생시키고 온실가스 거래

메커니즘이 효율화된다면, 금융회사들의 활동이 증가하게 될 것이고 이들로부터 질적으로 향상된 상품과 서비스가 제공될 것이다.

온실가스 거래시장은 경제학에서의 효율적 시장 조건을 만족시키지 않을 수도 있다. 관료주의적인 배출권거래시스템은 온실가스 배출권 창출 및 거래 시스템, 기후 관련 파생상품시장에서 보다 폭넓은 금융기관의 참여를 저해할 것이다. 또한 규모의 경제도 고려되어야 된다. CDM 프로젝트나 청정에너지 관련 프로젝트들이 소규모가 되면 경상비 및 거래비용 지출을 고려하면 매력이 없어질 수 있다.

향후 기후변화 이슈에 대한 금융의 적극적 참여를 위하여 다음의 사항이 필요할 것이다. 금융시장 참여자들에 대하여 수익 모델로서 기후변화의 중요성에 대한 교육이 필요하다. 무엇보다 정부의 역할이 중요하다. 산업과의 협의 체계, 배출권 거래 시장의 활성화, 청정 기술 개발에 대한 인센티브 제공이 필요하다. 금융시장에서 온실가스 이슈에 대한 정보 공개 및 투명성 증진 또한 필요하다. 기후변화 관련 위험을 투자자에게 정확히 공개하고, 상장기업에게는 온실가스 관련 자산 및 부채 내역을 공개하는 체계를 마련해야 한다.

금융기관은 온실가스 시장 및 관련 상품과 서비스 개발에 적극 동참할 필요가 있다. 왜냐하면 동 분야가 향후 Blue Ocean으로 설계되지 못하면, 지구촌의 장기 존속에 적신호가 켜지기 때문이다. GCF의 출범으로 최빈국과 개발도상국가에 대한 기후변화의 사업기회는 증가할 것이다. 특히 보험산업에 있어, 기후변화 위험을 고려하여 상품과 서비스를 설계하고 온실가스 시장 벌전에 기여할 수 있도록 보험상품을 개발해야 한다. 자산운용회사의 경우에는 주식의 가치 평가와 자산 배분에 있어 기후변화 위험 요소를 적용하도록 해야 하고, 청정 기술 개발 관련 분야로 투자를 확대해야 한다. 배출권 거래 시장을 통한 배출권 확보, 배출권 분리, 탄소가격 인덱스 개발, 배출권 청산 기능 확립 등을 통해 배출권 거래 시장을 발전시켜 나가야 한다.

또 기업의 재무제표에 탄소배출권을 명기할 수 있는 표준화된 회계기법을 개발하고, 온실가스 관련 자산 및 부채가 신용 등급에 미치는 체계를 확립해야 한다.

2 기후금융 영업행위 기준 설정

기후금융과 관련된 부문의 영업 행위 기준의 기본원칙은 녹색성장에 기여하는 방향으로 설정되어야 할 것이고, 상위법이라 할 수 있는 녹색성장기본법의 목표와 원칙을 준수해야 할 것이다. 녹색성장기본법에서 중시하고 있는 지속가능한 성장을 위해서는, 탄소금융의 지원활동 과정에서 정부의 지원이 필수적이다. 초기단계의 녹색산업이 안정적인 성장단계로 진입할 수 있도록 금융·재정지원 및 민간자금의 유입 촉진방안을 마련해야 하는데, 가장 중요한 것은 기존 금융활동과 비교시 참가 금융기관들이 참여유인을 지속적으로 갖도록 다양한 금융정책과 세제 정책을 설계하는 것이다.

은행의 경우 탄소예금을 높은 금리로 수취하면, 탄소대출을 낮은 금리로 지원하기 힘들다. 정부의 역할은 탄소관련자금 제공자에게 세제혜택을 제공하여, 금융기관이 적절한 수익을 내면서, 탄소금융지원을 하도록 하는 것이다. 예금자, 금융기관, 지원대상 모두 일반금융에 비하여 불리하지 않게 영업행위 기준이 설계되어야 한다. 예금자는 낮은 금리를 예금기관으로부터 받더라도 세제혜택을 통하여 순이자수익은 일반금융이상이어야 한다. 금융기관의 측면에서는 탄소예금과 탄소대출사이의 마진이 일반금융 이상이어야 한다. 지원대상의 측면에서는, 일반금융지원을 받는 것보다 이자율 등의 측면에서 유리한 조건으로 자금을 지원받을 수 있어야 한다. 이러한 구조를 설계하기 위해서는 정부의 지원 정책이 필요하다.

특히, 향후 GCF와 관련된 기후금융에 대한 구체적 기준을 설정하여 정부의 지원 정책을 마련할 필요가 있다. 기후금융은 장기간 지원이 불가피한 측면이 있다. 이러한 장기투자 리스크를 보완하기 위해 중간회수 시장의 구축이 필요하다.

향후 기후금융 관련 영업행위 기준 설정시 고려되어야 할 요소는 다음과 같다.

① 높은 수준의 재무성과를 달성하였는가?
② 성공적으로 고객을 유치하였는가?
③ 지속가능한 것인가?

④ 모든 이해관계자의 기후변화 인식을 개선하는가?

⑤ 방송 매체나 환경NGO로부터 긍정적인 관심을 받는가?

⑥ 기타 기후변화 상품 및 서비스 고안을 추구하는가?

⑦ 브랜드 이미지나 기업이미지를 향상 시키는가?

3 관련 제도 개선

가. 배출권거래제도

탄소배출권거래제도를 둘러싸고 2020년부터 전 세계 190여 개 국가들이 모두 참여하는 단일의 글로벌 기후변화체제가 도입될 예정이며, 우리나라도 2015년부터 배출권거래제도가 본격적으로 시행될 것이다. 탄소배출권거래제도가 국내에 성공적으로 정착되고, 전세계적 흐름에 선제적으로 대응하기 위해서는 각 경제주체가 이러한 변화를 어떻게 준비하느냐의 문제뿐만 아니라 기업의 성장에도 도움이 되도록 설계되어야 할 것이다. 즉, 가장 중요한 것은 탄소배출권거래제도 내에서 할당과 거래가 효율적이고 투명하게 이루어지고, 기업의 성장에도 도움이 되도록 해야 한다.

이를 위해서 무엇보다 배출권 할당이 공정하고 합리적으로 이루어져야 한다. EU의 경우 배출권의 초과할당이 온실가스 감축 효과를 현저히 떨어뜨릴 뿐만 아니라 거래 메커니즘이 작동되기 어려운 근본적 원인을 제공한 사례가 있으며, RGGI에서는 유상 할당을 통한 세수 확보가 지역 사회의 경제 성장 및 고용 창출 등의 바람직한 효과를 발생시킨 바 있다.

개선방향을 다음과 같이 제시한다.

첫째, 유상할당을 강화하여, 동 재원을 활용하는 정책을 취할 필요가 있다. 2015년부터 도입될 국내 배출권거래제도의 경우 배출권거래법 제12조에서 할당 대상업체에게 계획기간의 총 배출권과 이행연도별 배출권을 할당하고, 무상으로 할당하는 배출권의 비율은 국내 산업의 국제경쟁력에 미치는 영향 등을 고려하여 대통령령으로 정하도록 위임하고 있다.[1] 이에 따라 시행령 제13조에서는 무상할 당 비율을 1차 100%, 2차 97%로 하고, 3차 계획기간 이후는 90% 이하의 범위에 서 할당계획에서 결정하도록 하고 있으며, 시행령 제14조에서는 100% 무상할당 기준을 정하여 ① 무역집약도가 10% 이상이고 생산비용발생도가 5% 이상인 업 종이거나 ② 무역집약도가 30% 이상인 업종 또는 ③ 생산비용발생도가 30% 이상 인 업종에 속하는 할당대상업체에게 배출권을 100% 무상할당을 할 수 있도록 규 정하고 있다.[2]

이러한 무상할당 비율과 기준이 온실가스 저감의 실효성과 개별 기업의 성 장 및 경제발전에 도움이 될 수 있도록 설계되기 위해서는, 유상할당을 강화해야 된다.

RGGI의 경우, 유상 할당을 통한 재원을 활용하여, 경제성장 및 고용 창출에 기여한 사례를 참고할 필요가 있다.

둘째, 배출권거래제도의 실질적 운영 주체 선정이 가능한 빨리 이루어져 할 것이다. 배출권거래법 제22조에서는 배출권의 공정한 가격 형성과 안정적 거래를 위하여 배출권거래소를 지정하거나 설치할 수 있으며, 거래소에서 부정거래행위 등에 관하여 자본시장법 관련 규정을 준용하도록 규정하고 있다. 또한 시행령 제 26조에서 주무관청은 배출권거래업무 수행에 필요한 인력·기술·시설·장비 등 일정 자격을 갖춘 기관의 신청을 받아 녹색성장위원회 심의를 거쳐 배출권거래소 로 지정할 수 있도록만 규정하고, 실질적 운영 주체를 정하고 있지 않고 있다.

배출권거래소를 새로이 설립하거나 기존 거래소를 지정하여야 하는데, 거래소 의 운영 주체의 능력은 향후 탄소배출권 시장의 발전에 중요한 요소가 되며, 현 재 배출권거래법 제27조에서 규정하고 있는 배출권거래시장의 개설·운영에 관 한 업무, 매매에 관한 업무, 배출권의 거래에 따른 매매확인, 채무인수, 차감, 결

---

1 부칙 제2조에서는 무상할당비율에 관한 특칙을 적용하여, 무상할당의 비율을 정하는 경우 1차~2차 계획기간은 95% 이상 무상으로 하도록 규정하고 있다.

2 무역집약도와 생산비용발생도는 다음의 산정방식으로 계산된다. ① 무역집약도 = (해당 업종의 기준 기간의 연평균 수출액 + 해당 업종의 기준기간의 연평균 수입액) / (해당 업종의 기준기간의 연평균 매출액 + 해당 업종의 기준기간의 연평균 수입액), ② 생산비용발생도 = (해당 업종의 기준기간의 연평균 온실가스 배출량 × 기준기간의 배출권 가격) / 해당 업종의 기준기간의 연평균 부가가치 생 산액.

제할 배출권·결제품목·결제금액의 확정, 결제이행보증, 결제불이행에 따른 처리 및 결제지시에 관한 업무, 배출권 매매 품목의 가격이나 거래량이 비정상적으로 변동하는 거래 등 이상거래의 심리 및 회원의 감리에 관한 업무, 배출권의 경매 업무, 배출권의 매매와 관련된 분쟁의 자율조정에 관한 업무 등을 수행할 수 있는 능력이 필수적이다.

배출권거래소의 운영 주체는 개별 기관의 이해관계나 정치적 고려를 떠나 모두가 공감할 수 있는 합리적·객관적 기준에 따라 공정하게 선정되어야 한다. 거래의 원활화를 위한 유동성, 시장의 불공정한 거래를 막기 위한 건전성, 결제의 안정화를 위한 시스템적 안정성, 참여자에 대한 편의성, 향후 Asia ETS로 발돋움하기 위한 국제 연계성 등의 기준이 고려되어야 할 것이다. 또한 새로 설립하기보다는 기존 거래소의 플랫폼을 이용하는 것이 비용효율적일 것이다. 더불어 복수의 거래소 설립도 가능하나, 유동성과 비용 효율적 측면에서 단수거래소를 지정하는 것이 바람직할 것이다. 기존 거래소 가운데에서도 몇 가지 요소를 비교하여 종합적으로 비교 우위에 있는 거래소를 선정하는 것이 필요하다.

국내 파생상품 거래소는 파생상품을 설계하여 상장 거래 할 수 있다. 캘리포니아 탄소배출권 거래시장이 개설되기 전 관련 파생상품이 먼저 거래된 사례가 있으므로, 우리나라도 이를 참고할 필요가 있다. 최근 기존의 증권거래소를 배출권 거래기관으로 지정하는 결정을 한 것은 합리적인 결정이라고 판단된다.

셋째, 탄소배출권 거래 참여자의 확대가 필요하다. 현재 탄소배출권 거래계정의 등록은 할당대상업체로 지정된 업체(자발적 참여업체) 이외의 참여가 제한되어 있다. 시행령 부칙 제2조에서는 할당대상업체로 지정된 업체를 제외하고 배출권 거래계정의 등록을 신청할 수 있는 자를 한국산업은행, 중소기업은행, 한국수출입은행, 한국정책금융공사로 한정하여 1차 및 2차 계획기간 동안 시장안정화를 위하여 공공성을 확보한 공적 금융기관에 대해서만 시장 참여를 허용하고 있다. 그러나, 거래의 활성화 차원에서 민간 금융기관이 참여하여 관련 상품을 개발하거나, 유동성을 공급해주는 역할을 담당해야 할 것이다. 따라서 민간금융기관의 참여를 가능한 빨리 허용할 필요가 있다. 또 다른 방안으로는 거래소에서 탄소배출 파생상품거래를 가능한 빨리 실시하여, 민간금융회사의 참여를 유도할 수 있을 것이다.

넷째, 참여기업 지원을 위한 구체적 방안을 마련해야 할 것이다. 배출권거래법 제35조에서는 배출권거래제 도입으로 인한 기업의 경쟁력 감소를 방지하고 배출권거래를 활성화하기 위해 온실가스 감축 관련 기술 개발 및 보급사업 등에 금융상·세제상 지원 또는 보조금 지급을 할 수 있도록 규정하고 있다. 또한, 시행령 제44조는 ① 온실가스 감축 관련 기술·제품·시설·장비의 개발 및 보급 사업, ② 온실가스 배출량에 대한 측정 및 체계적 관리시스템의 구축 사업, ③ 온실가스 저장기술 개발 및 저장설비 설치 사업, ④ 온실가스 감축모형 개발 및 배출량 통계 고도화 사업, ⑤ 부문별 온실가스 배출·흡수 계수의 검증·평가 기술개발 사업, ⑥ 온실가스 감축을 위한 신재생에너지 기술개발 및 보급 사업, ⑦ 온실가스 감축을 위한 에너지 절약, 효율 향상 등의 촉진 및 설비투자 사업으로 대상 사업을 규정하고 있다. 이러한 기업에 대하여 한시적 법인세 경감 혜택을 제공하거나 세수 부족분은 일부 탄소배출권을 경매하거나 정부 보유 탄소배출권을 매각하여 보충하는 방식 등을 검토하여 다양한 이해관계자의 충격을 완화할 필요가 있을 것이다. 특히, 에너지 시책과 관련한 법제와 지원 정책을 배출권제도의 지원 정책과 통합적으로 운용하는 것이 요구된다.

더불어 시행령 제45조에서 배출권 보고 및 검증에 관한 조사·연구, 외부사업 온실가스 감축량 인증에 관한 조사·연구의 업무를 수행하도록 규정한 배출권거래 전문기관을 활용하여, 배출권거래제 시행으로 인한 산업별·기업별 파급 효과에 대한 분석을 실시하여 배출권거래제 참여기업이 이에 대비할 수 있는 방안을 제시하도록 할 필요가 있다. 즉, 배출권거래제에 참여하는 기업에게 탄소배출권 감축을 위한 투자가 단순한 비용이 아니라 향후 기업 성장을 위한 투자라는 배출 감축 성장 모델을 제시해줄 필요가 있다.

장기적으로 배출감축을 위한 투자규모(금액)를 감축규모(배출량)와 연동하여 투자규모 자체를 감축규모로 인정해주는 한국형 배출권거래제도를 설계하는 방법도 검토할 필요가 있다. 그렇게 되면 탄소저감 분야에 대한 기업의 투자 유인이 커질 수 있을 것이다. 투자를 하고 실제 감축이 일어나지 않는 부분에 관해서는 미래의 감축을 예상하여 미래의 감축분을 당겨 쓸 수 있도록 하거나 탄소은행을 만들어 탄소은행에서 대신 부족분만큼 구매해주고, 유상할당을 재원으로 탄소은행에 대한 보전을 해 주는 것도 하나의 방법이 될 수 있을 것이다.

표 6-1 배출권거래제도 개선 방향

현행제도	내용	개선방향	논거 및 해외 사례

법 제12조 및 시행령 제13조, 제14조	• 할당에 관한 내용
	  – 무상할당 비율 및 100% 무상할당 기준
		• 무상할당 비율 및 100% 무상할당 기준의 변경
		  – 유상할당 강화
			• 유상할당으로 발생하는 수입의 활용
			• 배출권거래제도의 실효성 확보
			• RGGI 사례 참조

법 제22조 및 시행령 제26조	• 배출권 거래소 지정·설치	• 합리적·객관적 기준에 따른 선정	• 시장의 유동성, 건전성, 안정성, 편의성 및 국제 연계성 고려 • 해외 배출권거래소 참조 • 파생상품 사전거래 검토
시행령 부칙 제2조	• 참여자의 제한 – 한국산업은행, 중소기업은행, 한국수출입은행, 한국정책금융공사에 한하여 1차 및 2차 계획기간 참여 가능	• 민간금융기관의 참여 허용 • 탄소파생상품 거래의 조기 도입	• 거래의 원활화와 유동성 및 가격 발견 기능 제공 • 해외 배출권거래소 참조

법 제35조 및 시행령 제44조	• 기업의 경쟁력 감소 방지 및 온실가스 감축 관련 기술 및 산업에 대한 금융상·세제상 지원	• 구체적 지원 방안 마련
		  – 한시적 법인세 경감 등의 방안
		  – 에너지 시책 관련 지원 정책의 통합적 운용
			• 탄소감축과 경제성장 동시 추구

나. 기존 녹색금융지원 제도의 개선

기존 녹색인증제도와 세제지원제도의 개선을 통하여 기후금융분야에 대한 민간 금융으로부터의 자금 유입을 촉진시킬 필요가 있다. 즉, 녹색인증의 대상과 세제지원을 확대할 필요가 있다. 참여 금융기관의 탄소금융으로부터의 마진(margin)이 다른 사업 영역보다 나아야 금융기관이 적극적으로 참여할 유인이 발생한다. 네덜란드의 녹색대출체계에서는 일반 대출의 경우 은행 마진이 1%인 데 비하여, 녹색대출의 경우 2.2%로 높아 은행의 참여 유인이 높다.

🔖 그림 6-1 녹색인증제도와 녹색세제제도 연관도

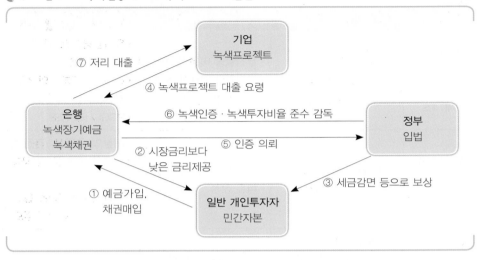

현행 녹색전문기업 요건 중 녹색인증기술을 활용한 매출액 비중이 30% 이상으로 규정되어 있으므로 동 요건을 완화하여 자금 공급 대상을 확대할 필요가 있다. 또한 현행 '에너지이용합리화법'과 동법 시행령 및 시행규칙에 의거하여 에너지절약전문기업(ESCO)에 대한 자금지원을 위한 각종 금융제도를 시행하고 있다. ESCO는 에너지 사용자가 에너지절약을 위하여 기존의 에너지 사용시설을 교체·보완하고자 하나 기술적·경제적 부담으로 사업을 시행하지 못할 경우 기술, 자금 등을 제공하고 투자시설에서 발생하는 에너지절감액으로 투자비를 회수하는 사업을 영위하는 기업으로 정의된다.

ESCO 투자사업을 통해 에너지사용자는 투자비 부담 없이 에너지절약형 시설로 개체가 가능하고 ESCO는 투자수익성을 보고 투자위험을 부담하는 벤처형사업으로 탄소금융 대상에 포함된다고 할 수 있다. 또한 일정수준 이상의 신재생에너지 전문기업을 육성함으로써 보급의 효율성과 경제성 및 전문성을 높이는 차원에서 '신에너지 및 재생에너지 개발·이용·보급 촉진법' 및 관련 법령에서는 신·재생에너지설비의 설치를 전문으로 하는 기업을 '신·재생에너지전문기업'으로 신고하는 제도를 운영하고 있다. 녹색전문기업 이외 ESCO 기업 또는 신·재생에너지전문기업 등의 탄소저감 관련 사업을 수행하는 기업을 투자대상으로 확대하는 방안도 고려할 필요가 있다.

또, 해외 기후 관련 프로젝트에 참여하는 기업도 녹색기업으로 인정해주는 방안을 검토할 필요가 있다.

다. 회계 및 신용평가제도 개선

탄소배출권을 취득하는 기업은 이를 자산으로 계상하여야 하며, 배출권 납입의무가 있는 기업의 경우 이를 부채로 계상하여야 하는데, 이러한 회계 처리에 있어서 배출권에 대한 취득 목적에 따른 자산 인식, 자산의 손상, 부채 계상 여부 결정, 수익 비용 계상 등의 문제가 발생하게 된다.

예를 들어, 탄소배출권 취득시, 사용 목적과 무상·유상 취득 여부에 따라 재고자산, 투자자산 또는 무형자산으로 계상될 수 있다. 자산성 여부에 따라 자산으로 분류할 경우 상대계정의 회계처리에 대해 무상으로 할당받은 배출권은 무형자산으로 인식할 것인가, 또는 금융자산으로 인식할 것인가의 문제가 발생하며, 이 과정에서 금융자산으로 분류시 평가방식에 대한 문제가 제기된다. 또한 무상할당 배출권의 상대계정 처리 과정에서 측정 시점의 문제, 재측정시 발생하는 평가손익의 처리 문제가 발생할 수 있다. 더불어 탄소배출시 ① 매 보고기간 말에 실제 배출량을 보상하기 위하여 사용되는 소유 배출권에 해당하는 부분은 선입선출법 또는 평균법을 사용하여 장부금액으로 측정하거나, ② 소유한 배출권을 초과하여 발생한 실제배출량을 보상하기 위한 배출권은 매 보고기간 말에 시장가치로 측정하는 등의 세부적 회계 기준이 제시되어 있지 않다. 또한 배출권제도와 관련해 발생하는 과세상의 문제가 법인·소득·부가세의 측면에서 각각 발생한다.

따라서 배출권과 관련되어 탄소배출권의 법적 성질에 따라 적용 방식이 상이하므로 명확한 법적 정의와 함께 기존 세법 조문의 적용 또는 신설·수정 등이 필요할 것이다. 더불어 회계 기준 적용에 따라 탄소배출이 기업의 수익에 영향을 미치므로 기업의 신용도 산정시 탄소배출량을 평가요소로 고려해야 할 것이다.

라. 탄소정보 공개제도 개선

영국 미국 등 금융 선진국에서는 거래소 상장 규정에 비재무적 정보 공시를 제도화하는 등 ESG요소에 대한 정보공개가 더욱 활발히 이뤄지고 있다.[3] 이에 따라 국내에서도 비재무적인 정보 공개를 통해 기업의 지속가능성을 판단할 수 있는 공신력 있는 자료의 필요성이 증가하고, 상장사의 ESG 관련 정보 공시를 제도화하는 방안이 논의되고 있다. 현재 국내에서는 ESG 관련 내용은 '지속가능(경영)보고서'를 통해 기업이 자율적으로 공개하도록 하고 있으며, ESG 공시 환경 관련 항목에는 기업이 대기와 수질, 토양 등 공간에 배출하는 오염물질량과 연간 에너지소비량, 온실가스 배출량이 포함되어 있다.

개별 기업의 탄소배출량과 배출권 관련 정보를 포함한 ESG 요소는 시장의 강력한 요구가 있을 경우에 정보공개가 활성화될 수 있으며, 현재의 자발적 공시 체계에서 관련 정보를 의무화할 경우 양적·질적으로 높은 수준의 정보 공개가 가능할 것이다. 따라서 기업의 탄소정보는 자발적 정보공개 유도에서 정보공개 의무화로 이행하는 단계적 접근 방식이 필요하다. 종국적으로 상장 및 기업공시요건에 탄소 관련 정보가 반영되어야 할 것이다.

또한 탄소 정보에 접근하고자 하는 투자자들에게 관련 정보가 체계적으로 제공될 수 있는 정보 체계를 구축할 필요가 있다. 환경부 등 정부의 각종 환경 관련 인허가, 환경규제 준수 정보, 녹색기업 지정시의 정보 등 각종 환경정보 및 개별 기업의 탄소 정보 등이 공신력이 있는 기관으로부터 집약적으로 제공될 경우 탄소금융의 투자 가능성을 더욱 높일 수 있을 것이다. 또한 이러한 정보가 여신, 투자분석 지원을 위해 제공될 경우 원활한 투자 집행이 가능할 것이다. 다만, 이러한 세부적 정보 제공에 대해서는 기업의 사전 동의가 필요할 것이다.

---

3 국제통합보고위원회(IIRC)에서는 전통적 재무공시와 비재무적 정보를 일원화시켜 공시하는 표준을 준비 중이며, 2012년 10월 4일 지속가능회계기준위원회(Sustainability Accounting Standards Board)가 미국에서 비영리기구로서 공식 출범하여 비재무적 요소의 재무적인 성과를 측정하여 재무제표에 반영시키는 방안을 고려중이다.

4 기후전문금융기관(Korean Climate Investment Corporation) 설립

영국은 우리나라 산업통상자원부에 해당하는 BIS 부서(Department for Business Innovation and Skills)에서 30억파운드 규모의 GIB를 설립하고, 호주는 5년간 10억호주달러 규모를 지원하는 CEFC 설립을 추진하여 청정에너지 개발 산업에 대한 투자와 녹색금융 활성화를 위한 금융기관으로 활용할 예정이다.

호주 CEFC는 2013년 7월부터 2017년까지 매년 20억 호주달러를 출연하여 청정에너지 부문의 투자를 촉진시키기 위해 설립된 기관이다. 2013년 CEFC는 39개 프로젝트에 5억 3,600만호주달러를 투자하고, 민간부문으로부터의 자금 조달을 통해 총 22억 달러의 투자가 이루어진 것으로 보고하고 있다. CEFC 투자 포트폴리오는 재생에너지 56%, 에너지 효율 30%, 저탄소 기술 14%로 구성되며 CEFC 투자 1호주 달러당 민간부문에서 2.9호주 달러가 매칭되어 이로써 연간 388만톤의 이산화탄소 저감효과가 발생할 것으로 추산하고 있다.[4]

국내의 경우 민간 금융기관이 불확실성이 높고 장기투자를 요하는 기후변화분야에 자발적으로 자금을 공급하는 데 애로사항이 있으며, 저탄소 기술에 대한 분석 체계 미흡, 환경과 금융을 연계하는 전문인력의 부족 등으로 이러한 분야에 원활한 자금을 지원하는 데는 한계가 있으므로, 기후금융에 대한 종합적 one-stop 서비스를 제공하고 인력과 시설을 갖춘 기후전문금융기관을 설립하는 방안을 고려할 필요가 있다.

기후전문금융기관의 투자 대상의 리스크−리턴 프로파일을 고려시 원금 보장이 필요한 예금에 기반하는 은행의 성격보다는 금융투자회사형태로 설계되는 것이 보다 타당할 것이다. 동기관의 자본 조달 방안을 예시하면 다음과 같다. 초기 자본 조달을 위하여 정책금융기관과 정부가 우선 출자하고, 기존 민간 금융기관, 에너지 관련 회사들이 추후 참여한다. 추가적으로 사업에 필요한 자금은 자본시장에서 투자 펀드를 구성하여 조달하되, 참여하는 투자자들에 대하여 세제 혜택 등을 통해 투자에 대한 리스크 경감 방안을 마련해줄 필요가 있다.

---

4 www.cleanenergyfinancecorp.com.au 및 CEFC, Annual Report for 2012~2013.

📑 **표 6-2 기후전문금융기관 설립 방안**

구분	내용
필요성	• 기존 금융기관의 저탄소 분야 금융지원 한계 존재
성격	• 은행으로 설립시 은행법의 적용을 받아 예금자보호의 문제가 있어, 금융투자 회사형태로 설계
출자	• 정부 우선 출자 • 기존 금융기관 및 에너지 관련 회사 등의 추후 참여
역할	• 녹색성장에 기여하는 금융지원 • GCF와의 협조체계 구축 • 기존의 정부 녹색펀드의 통합관리 • BAT(Best Available Technology)의 개발 및 지원 • 배출권거래제도 참여
해외사례	• 영국의 GIB(영국정부 30억파운드 출연) • 호주의 CEFC(호주정부 10억호주달러 출연)
설립추진	• 민관합동 설립추진위원회 구성 • 설립 T/F 구성

　　기후전문금융기관의 기본적 역할은 기후변화 완화 및 적응에 기여하는 금융을 지원하는 데 있으므로, BAT(Best Available Technology)의 개발 및 지원, 저탄소 기술의 상용화, 녹색기술을 지닌 중소기업 지원, 대규모 청정에너지 프로젝트 등에 대한 금융 지원을 주요 목적으로 하되, 투자의 효율성 차원에서 기존의 녹색펀드 및 탄소펀드에 대한 통합적 관리 기능을 수행할 필요가 있다.

　　또한 탄소배출권거래제도에 대한 참여 기관으로 역할하며, 거래의 안정성과 효율성에 기여하도록 하고, 장기적으로 배출권 유상할당에 의한 세수 등을 정부와 연합하여 통합적으로 관리하고 신속한 의사 결정을 통하여 필요한 부분에 즉각적으로 투자가 집행될 수 있는 내부 시스템을 구축하고, 정부기관과의 연계 방안을 마련하는 방안도 고려되어야 할 것이다.

　　그리고 기후변화 분야에서 개도국을 지원하는 GCF와의 협조체계를 구축하여 개도국의 온실가스 감축과 기후변화 적응 및 경제성장에 기여하며 투자 기회를 확보할 수 있어야 할 것이다. 이를 실행하기 위한 민관합동 설립추진위원회나 설립 TF를 구성할 필요가 있다.

향후 기후전문금융기관은 중요한 역할을 하게 될 것이다. 탄소배출권 거래시장에서 유동성 공급자 및 시장 안정화 역할을 할 수 있고, 또한 GCF와 협력하여 인천 송도에 녹색기술단지를 개발하여 개발된 기술을 개발도상국에 제공하는 역할을 할 수 있다.

5 기후금융상품 개발

기후금융상품 개발에 참여하는 은행, 금융투자회사, 보험사는 개별 금융기관 특성에 맞는 상품을 통하여 상품을 개발하며,[5] 이에 기반하여 녹색산업 관련 리스크 및 은행, 보험, 금융투자의 특성을 복합적으로 고려한 새로운 금융상품을 개발하는 전략을 세워야 할 것이다. 기후금융과 관련하여 탄소배출권 펀드, 탄소관련지수 및 ETF, 배출권선물, 보증보험 등의 신상품과 에너지 효율화 및 대체에너지 개발 기업 지원 금융상품 등 사회적 필요성이 증대되는 사업 기회가 있으며, 이러한 상품에 대한 다양한 수요자가 존재하기 때문이다.

특히, 날씨 변동이 산업 전반에 미치는 영향이 증가되고 있으며, 날씨위험이 기업과 공공부문에 미치는 영향이 큰데도 불구하고 위험을 관리할 수 있는 효과적인 수단이 부족한 상태이다. 날씨파생상품은 기온, 강수량, 적설량, 서리, 태풍 등의 날씨 현상과 관련된 자료를 수치화하여 이를 바탕으로 거래자 간 일정 시점에 금전을 수수할 것으로 약속하는 계약으로 자본시장법에 따라 도입이 가능한 상품이므로 우리나라의 경우 역시 온도를 기초변수로 하는 날씨 선물이나 기초변수인 날씨지수를 사전에 정한 가격으로 옵션만기일 또는 그 이전에 사거나 팔 수 있는 권리인 날씨 옵션이 활용될 수 있어야 할 것이다.

이를 위해서 상품의 운영주체, 법 규정, 회계 및 세제 기준 등에 대한 관련 부

---

5 예를 들어 은행은 여신시 환경기술 및 환경위험 요소를 고려하며, 금융투자회사는 녹색기업에 투자하는 펀드를 출시하며, 보험회사는 녹색위험의 인수하는 형태로 기존 금융상품에 녹색요소가 연계된 상품을 개발할 수 있을 것이다.

🔖 그림 6-2 저탄소 사업 추진기업 모태펀드의 운영 구조

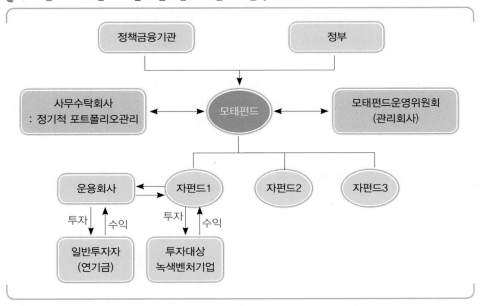

처와 전문가들의 충분한 협의가 필요하며, 날씨 파생상품의 기초변수 정의와 지수 개발을 위해 기상청과 기상 산업 관련된 민간 기업들의 협력이 필요하다.

또한 녹색기업을 투자대상으로 하는 재정지원 방식의 녹색기업 지원 모태펀드(Fund of Funds)의 조성을 고려할 필요가 있다. 모태펀드는 전체 출자자금을 하나의 펀드(母펀드)로 결성하고, 母펀드를 통해 펀드운용사가 결성하는 투자조합(子)펀드에 출자하는 펀드로 사업 초기 시설투자 및 서비스개발 등에 소요되는 재원 마련 과정에서 정부의 지원을 받을 수 있는 구조이다. 정부 및 정책금융기관이 초기자금(seed money)을 제공하여 모태펀드를 설정하고, 투자조합 등 자펀드를 이후 구성하여 녹색기업에 투자하게 된다. 녹색펀드 구성시 자금의 일부를 연기금이 투자할 수 있도록 허용하거나 일반투자자도 자펀드에 참여하면 투자자의 범위가 확대될 수 있을 것이다. 필요시 일반투자자나 연기금에게 수익을 우선적으로 배분하는 것도 고려해야 한다. 이러한 구조는 GCF와의 협력에도 이용될 수 있다.

고수익 – 고위험의 특징을 지닌 동 분야에 대하여 자본시장을 활용하는 방안이 고려되어야 하는데, 이를 위하여 적격투자자 사모집합투자기구를 이용해서 모험

자본에 바탕을 둔 헤지펀드를 이용할 수도 있을 것이다.

6 국제협력 강화

우선 인천 송도에서 사무국을 유치한 GCF와의 협력 강화 방안을 모색할 필요가 있다. GCF는 공적부문과 민간부문, 다자간 또는 양자 간 재원을 통해 2020년까지 연간 1000억불을 조성하는 것을 목표로 개도국 온실가스 감축과 기후변화적응을 지원해 저탄소발전을 달성하는 데 사용될 것이다. 2010년 OECD 가입 선진국이 개도국에 지원하는 공적개발원조(Official Development Assistance) 총액이 연간 약 1,300억불 규모임을 고려시 향후 GCF의 역할 증대가 예상된다.

그러나, GCF를 조성할 선진국과 이를 활용할 개도국 간에 조성규모, 재원, 활용분야, 활용조건, 기금운영방식에 대한 이해 관계가 대립되고 있다. 선진국은 민간투자 역할과 활용 투명성을 강조하는 반면, 개도국은 공공재원의 당위성과 특혜 지원을 강조하고 있으므로 사무국 소재국으로서 우리나라는 이러한 이해대립을 적절히 조정하는 방안을 강구하고, 개발도상국의 기후변화 적응과 감축시 경제성장에 기여할 수 있는 방향으로 지원할 수 있어야 할 것이다.

이 과정에서 국내 민간 금융기관과 GCF와의 협력 강화를 모색하여 국내 민간 금융기관과 금융 산업 발전 역시 도모해야 할 것이다. 향후 GCF에 설립될 PSF와의 프로젝트 개발 단계별 협력가능분야와 PSF의 지원 가능 분야를 제시하면 〈표 6-3〉과 같다.

더불어, 현재 배출권거래체제는 유럽의 EU ETS, 미주 지역의 RGGI 및 WCI, 호주 및 뉴질랜드의 배출권거래 협력 체제로 구분할 수 있다. 향후 아시아 지역의 배출권거래시스템이 필요하다. 우리나라는 아시아 최초로 탄소배출권거래제도를 도입할 예정으로 이러한 경험을 바탕으로 주요 아시아 개도국의 관련 정책 개발, 법·제도 정비, 거래 메커니즘 설계, 거래시스템 구축, 거래소 설립을 지원할 수 있을 것이다. 이 과정에서 우리나라의 탄소배출권 거래소와 주요 개도국 탄소배출권 거래소를 연계한 범아시아 탄소배출권 거래소 설립을 추진하여 지역블록 체

표 6-3 PSF의 연계 부문

구분	부문	지원 분야
프로젝트 개발 단계별 협력 가능 분야	개발과정	• 벤처캐피탈, PE 등 위험자본이 적합 • 초기개발비 지원 필요 • 초기프로젝트 개발지원 투자펀드(Developer 지분투자 등) • F/S지원을 위한 매칭펀드조성 • CDM사업의 경우 배출권구매조건부 투자(PSF에서 투자후 배출권 확보)
	금융과정	• 프로젝트 파이낸싱 • 금융보증보험 서비스 확대 • 개도국 정부의 신재생에너지 인센티브개발 및 자금 지원 • 개도국 전력구매기관(전력공사–정부)의 신재생전력구매관련 신용 보증 • CDM 담보부 대출을 위한 기금 조성
	건설과정	• 국내건설사+개도국 현지건설사 컨소시엄(기술이전포함)시 수출금융지원 • 민간부문의기술 이전시 교육훈련비용 지원 등
	운영과정	• 개발된 프로젝트 운영을 위한 사회적 인프라 구축 지원 • 예를 들어, 바이오매스 연료 공급을 위한 지원: 지역개발(도로정비, 연료보관시설설치 등), 일자리창출, 신재생에너지 확보 등을 위한 지역개발사업 지원
PSF 지원 가능 분야	매칭펀드 등을 통한 사업투자	• PSF와 정부 및 민간금융기관간의 매칭펀드 등을 통해 벤처캐피탈, PE 및 금리가 좋은 대출, 프로젝트 파이낸싱, 리파이낸싱, 수출금융 등 각종 자금 공급 • 민간금융기관과 PSF간 사업 예비타당성평가 지원을 위한 매칭펀드 조성
	기반 시설 구축	• 수익사업에 도움이 되는 SOCs 무상원조(예: 바이오매스발전의 경우 원활한 연료 공급을 위해 도로, 집하장, 지역사회 교육, 일자리창출 등 지원)
	보증 및 지원	• 개도국 온실가스 감축, 저감사업 투자 사업에 대해 투자, 대출하는 금융기관들에 대한 지급 보증, 대출이자 지원 등 • 특정 사업을 위해 개도국 정부나 국가기관(전력구매회사 등) 등의 신용 보강 • 신재생에너지의 경우 개도국의 발전차액지원제도(feed–in–tariff) 등에 자금 지원
	탄소배출권 투자	• 개도국의 온실가스 저감실적에 대해 PSF의 단독 구매, 배출권 담보부 대출 및 투자등 금융적 인센티브 제공(2012년 이후 유럽에서는 최빈국 탄소배출권만 거래 허용)

계를 구축하거나 해외 배출권거래소와의 연계를 통하여 선점 효과를 거두는 전략을 장기적으로 마련해야 할 것이다. 또한 단순히 배출권거래뿐만 아니라 투자 및 자금중개 등 관련 금융서비스 등을 제공하여 아시아지역 탄소금융의 허브를 위한 기반을 구축해야 할 것이다.

7 기후금융 전문인력 및 기후관련 서비스기관 육성 지원

기후산업과 금융산업을 연계할 수 있는 전문인력의 양성이 무엇보다 필요하다. 녹색산업 및 녹색기술 분석과 가치평가, 녹색여신 및 사회 리스크 분석과 관리, 탄소배출권거래와 CDM사업 그리고 탄소펀드 등과 관련한 탄소금융, 탄소금융상품 개발 등의 업무를 수행하는 전문인력을 양성하기 위하여 금융기관 연수과정 및 금융 MBA에 녹색금융 전문 과정을 보완하여 기존 금융인력 대상으로 녹색기술·산업에 대한 교육 강화를 통해 탄소금융분야의 전문인력을 양성하고, 탄소금융 공익광고 실시 및 북미 지역의 "SRI in the Rockies"와 같은 기후금융 컨퍼런스를 개최하여 탄소금융에 대한 소비자의 인식을 제고하는 등 탄소금융 관련 인적 인프라를 구축해야 할 것이다.

또한 탄소관련 프로젝트의 개발, 탄소자산관리, 탄소배출권 브로커리지, 탄소관련 지수개발, 거래플랫폼 서비스, 기업탄소경영평가 등을 위한 전문회사의 설립지원 및 육성을 위한 금융권의 노력 및 정책적 지원이 필요하다.

부록 GCF 출범 대통령 기념사

존경하는 김용 세계은행 총재님,
크리스티아나 피게레스 유엔기후변화협약 사무총장님,
그리고 내외 귀빈 여러분,

녹색기후기금 사무국 출범을 축하하기 위해
먼 길을 와 주신 여러분께 감사의 말씀을 드립니다.

뜻깊은 녹색기후기금 사무국 출범을 진심으로 축하하면서,
그동안 출범식 준비를 위해 노력해 온
헬라 쉬호로흐 사무총장님과 사무국 직원 여러분의 노고에도
감사를 드립니다.

이곳 인천 송도는 그동안 변화와 발전을 거듭해 오면서,
이제 국제적인 도시이자 환경친화적인 도시로
녹색기후기금이 훌륭히 뿌리내릴 터전으로 모습을 갖춰가고 있습니다.

대한민국은 국제기구와 직원 여러분들이 고향에 온 것처럼
편안하게 일하고 생활할 수 있는 환경을 조성하도록
최선을 다할 것입니다.

내외 귀빈 여러분,

최근 발표된 IPCC 보고서에 따르면
온실가스가 지금의 추세로 계속 배출될 경우,
금세기 말에는 지구 온도가 평균 3.7도씨 상승하고
해수면은 최대 63㎝가 상승할 것으로 예상이 됩니다.

이로 인해 군소도서국이나 저개발국가들은 물론이고,
뉴욕, 상해, 부산 등 항구도시들도
침수 피해를 겪게 될 것이라고 예상하고 있습니다.
지난 달에 태풍 하이옌의 영향으로
필리핀에서 수많은 사상자와 재산피해가 발생한 것도
결코 기후변화와 무관하지 않다고 생각합니다.

기후변화는 아동, 여성 등 취약계층에도 큰 영향을 주고 있습니다.
WHO에 따르면, 기후변화로 인한 전 세계 질병부담의 88%는
5세 미만 어린이에게서 나타난다고 합니다.

이처럼 기후변화는
환경과 인간의 삶 전반에 막대한 영향을 미치고,
어느 한 나라나 국제기구의 노력만으로는
해결할 수 없는 인류 공통의 과제입니다.

또한 기후변화의 영향은 그에 대응할 수 있는 재원이 부족한
개도국에서 더욱 심각하게 나타나기 때문에
개도국들이 기후변화 대응 노력에 동참하기 위해서는
선진국들의 재정지원이 절실히 필요합니다.

녹색기후기금은
이러한 도전에 대응하기 위한 인류의 노력과
개도국에 대한 특별한 지원이 필요하다는

국제사회의 공감대를 바탕으로 탄생했습니다.

그런 면에서 오늘 녹색기후기금 사무국 출범은
기후변화 대응을 위한 국제사회 공조의 역사에
중대한 전환점이 될 것입니다.

앞으로 녹색기후기금이
기후변화 대응의 핵심기구로 성장해 나가기를 기대하고 있습니다.

내외귀빈 여러분,
한국은 과거 경제성장이 절박하던 시기에도
환경보존과 지속가능한 발전을 위해 많은 노력을 기울였습니다.
1970년대에는 산림기본계획을 수립해서 녹화사업을 추진하여
민둥산이 대부분이었던 나라의 국토 60% 이상이 나무로 뒤덮이게 되었습니다.

새 정부도 기후변화 대응을 국정과제의 하나로 선정하고
관련 정책을 지속적으로 추진하고 있습니다.

국제사회와 약속한 대로
온실가스 감축목표를 2020년 배출전망치(BAU) 대비 30%로 설정하고,
부문별로 감축실적을 점검하는 등
목표 이행을 위해 노력하고 있습니다.

또한 개도국의 기후변화 대응 노력을 적극 지원하고,
특히 녹색기후기금의 성공적 정착과 발전을
적극 뒷받침해 나갈 것입니다.

개도국들의 실정에 맞게 적은 예산으로도 효과적으로 사용할 수 있는
적정기술이 제공되도록 지원하고,

GCF유치 시에 약속한 대로 개도국의 기후변화 대응 능력배양을 위해
지원할 것입니다.

그리고 소극적인 기후변화 피해방지를 뛰어넘어
기후변화를 새로운 성장동력 창출의 기회로 적극 활용하는
혁신적 경제발전 모델을 제시해 나갈 것입니다.

기후변화라는 새로운 도전은, 적극적으로 생각하면
새로운 가치와 새로운 시장, 그리고 새로운 일자리를 창출할 수 있는
기회이기도 합니다.

저는 기후변화를 과학기술을 통해서
더 효율적이고, 친환경적으로 극복할 수 있다고 믿고 있습니다.

지금 한국은 경제주체들의 창의적 아이디어를 바탕으로
과학기술과 IT를 접목하고 산업간 융합을 촉진해서
새로운 시장과 일자리를 만드는 '창조경제'를 추진하고 있습니다.

앞으로 기후변화 대응을 창조경제 핵심 분야의 하나로 설정해
에너지 관리시스템(EMS), 신재생에너지, 탄소 포집·저장(CCS) 등
기후변화 대응을 위한 기술개발 투자를 확대하고
관련 산업 발전과 시장 창출을 가속화해 갈 것입니다.

한국은 기후변화 분야의 창조경제 구현 경험을 국제사회와 공유하면서
성장과 환경이 선순환하는 체제를
지구촌에 확산시키는 데 이바지할 것입니다.

존경하는 내외 귀빈 여러분,

기후변화는 '내일의 문제'가 아니라
지금 지구촌 모두가 당장 행동에 나서야 하는 '오늘의 문제'입니다.

더 이상 늦기 전에 모든 나라와 국제기구,
정부와 기업, 시민사회가 행동에 나서야 합니다.

녹색기후기금이 지구촌의 행복을 위한 행동의 중심에 서기를
기대하며,
이 자리에 계신 모든 분들이 선도적 역할을 해 주시길 바랍니다.

한국도 녹색기후기금과 국제사회의 기후변화 대응 노력에
적극 동참해 나갈 것입니다. 감사합니다.

Climate Finance

〈국내문헌〉

고재경·김희선, 2011, 『기후변화 완화와 적응정책 통합방안 연구』, 경기개발연구원 기본연구 2011-01.

국무총리실, 신성장동력 금융강화방안, 신성장동력 강화전략 보고대회(제83차 국민경제대책회의) 보도자료, 2011(4.14).

국무총리실, 2015년부터 온실가스 배출권거래제 도입, 보도자료, 2011(4.13).

금융연구원, 2005, 구미 주요국의 중소기업 정책금융제도: 미국편, 국제금융이슈, 주간금융브리프, 14권 17호.

기상청, 2012, 『한반도 미래기후변화 전망보고서』.

기획재정부, 녹색기후기금 이사회, 한국을 유치국으로 선정, 보도자료(2012.10.20).

기획재정부, 현오석 부총리, 이스라엘 요즈마그룹 회장 면담 — 벤처·창업 활성화를 위한 협력방안 논의, 보도참고자료(2013.6.28).

기획재정부, 제6차 녹색기후기금(GCF) 이사회 결과 — 한국과 독일 주도로 GCF 능력배양 사업개시의 기반 마련, 보도자료(2014.2.24).

김기종, 2007, 기업의 지속가능경영을 위한 금융의 역할, 한국산업은행『산은조사월보』 2007년 6월(제619호), 97-131.

김성우, 2012, 민간자본 참여 활성화를 위한 녹색기후기금의 차별화된 운영 방안, 대외경제정책연구원, GCF의 성공적인 출범·운영을 위한 포럼.

김용건, 2001, 『온실가스 배출저감 목표설정 및 배출권 거래제도 활용방안』, 한국환경정책평가연구원 수탁과제.

김종덕·김정곤, 2012, EU 탄소배출권(ETS)의 외국항공사 적용에 따른 국제분쟁: 판결과 시사점, 대외경제정책연구원『KIEP 지역경제포커스』 2012년 2월 17일 Vol.6 No.3.

김지훈·노희진·류재현·송홍선·안승광·장정모·정수영, 2011, 『중국의 녹색성장과 녹색금융·재정정책』, 녹색금융연구회 Working Report 11-01.

노희진, 2009, 『펀드경영론』, 박영사.

노희진, 2010a, 『녹색금융론』, 박영사.

노희진, 2010b, 『녹색금융의 발전방향과 추진전략』, 자본시장연구원 조사보고서 10-01.

노희진, 2011, 『헤지펀드의 이론과 실제』, 박영사.

노희진·김규림, 2012, 『탄소금융의 국제동향 분석과 발전방안에 대한 연구』, 자본시장연구원 연구보고서 12-04.

노희진·김규림, 2013, 『녹색기후기금(GCF)의 특성과 향후 정책방안』, 자본시장연구원 조사보고서 13-03.

노희진·빈기범·신인석·정의종, 2010, 『사모펀드 규제체계 선진화 방안』, 자본시장연구원 학술연구용역 보고서.

녹색성장위원회, 여야, 초당적 협력으로 '배출권거래제법' 제정, 보도자료, 2012(5.2).

녹색성장위원회, 녹색금융·재정지원 이행점검 결과 및 향후대책, 제17차 녹색성장위원회 및 제8차 이행점검결과 보고대회자료, 2012(5. 2).

녹색성장위원회, 녹색투자 촉진을 위한 자금유입 원활화 방안, 보도자료, 2009(7.6).

대한상공회의소, 2009, 『녹색금융 성공을 위한 조건』, 대한상의보고서.

도건우·이지훈·신창목, 2009, 『녹색뉴딜사업의 재조명』, 삼성경제연구소 CEO Information 제691호.

박환일, 2011, 글로벌 날씨 파생상품 시장과 국내 자본시장 도입 필요성, KRX한국거래소 『KRX Market』 2011년 9월호, 7-37.

신용보증기금, 2012, 『세계의 신용보증제도』.

유진아, 2009, 미국 및 네덜란드 연기금의 녹색금융 참여 사례와 시사점, 보험연구원 『KiRi Weekly』 (2009.10.12).

이선화, 2009, EU ETS를 통해서 본 배출권 초기할당의 이슈와 쟁점, 한국경제연구원 『KERI Zoom-In』 09-02.

이재규·김현우·박종한, 2010, 『맑고 푸른나라 설계』, 머니플러스.

임은정, 2009, 미국의 배출권거래제 시행현황, 대한상공회의소 지속가능경영원 뉴스레터 198호 09-09-18.

정순섭, 2009, 환경친화적 녹색금융을 위한 법적 과제, 『환경법연구』 제31권 제2호, 87-113.

정지원·박수경·임소영, 2011, 『우리나라 ODA 정책방향과 전략 모색: 녹색기후기금의 모니터링 및 평가체제 분석』, 대외경제정책연구원 ODA 정책연구 11-04.

정지원·박수경, 2010, 『개도국의 기후변화 대응을 위한 국제사회의 지원: 논의동향 및 쟁점분석』, 대외경제정책연구원 연구자료 10-07.

정희수, 2011, 탄소배출권거래제 도입에 따른 녹색금융의 재조명, 『월간 금융』, 2011년 7월호, 58-64.

청와대, 녹색성장, 더 큰 대한민국 — 대통령직속 녹색성장위원회 2011년 업무보고, 보도자료 2011(1.26).

청와대, 인천 송도 유치 성공한 '녹색기후기금'이란, 정책브리핑(2012.10.20).

특별취재팀, 7회 파생상품 컨퍼런스 탄소배출권 거래위한 인프라 구축 등 나서야, 파이낸셜뉴스, 2009(8.27).

한국개발연구원, 2006, 『주요 선진국의 중소기업 금융 현황 및 시사점』, 재경부 용역보고서.

한국거래소, 녹색산업지수(KRX Green) 발표, 보도자료, 2010(12.15).

한국환경정책평가연구원, 2011, 『우리나라 기후변화의 경제학적 분석』, 한국환경정책평가연구원 수탁보고서.

한국환경정책평가연구원, 2012, 『우리나라 기후변화의 경제학적 분석』.

황인혁·노현·임성현, 정책금융기관도 녹색투자 나설 때, 매일경제, 2009(7.24).

〈외국문헌〉

ABI, 2009, Assessing the Risks of Climate Change: Financial Implications.

Australian Government the Treasury, 2012, Clean Energy Finance Corporation Expert Review.

Bloomberg New Energy Finance, 2013, Global Trends in Renewable Energy Investment 2013.

DB Climate Change Advisors, 2012, Global Climate Change Policy Tracker.

GEF, 2011, Evaluation of the GEF Special Climate Change Fund (SCCF) Approach Paper.

GEF, 2011, Status report on the least developed countries fund and special climate change fund.

GEF, 2013, Progress Report for the Least Developed Countries Fund and Special Climate Change Fund.

Gilbertson, T., 2011, Fraud and scams in Europe's Emissions Trading System, Chain Reaction Magazine, Issue #111, March 2011, Friends of the Earth Australia.

IEA, 2009, CO2 Emissions from Fuel Combustion 2009.

IPCC, 2001, Climate Change 2001: The Scientific Basis, Contribution of Working Group I to the Third Assessment Report of the Intergovernmental Panel on Climate Change [Houghton, J.T.,Y. Ding, D.J. Griggs, M. Noguer, P.J. van der Linden, X. Dai, K. Maskell, and C.A. Johnson (eds.)], Cambridge University Press.

IPCC, 2011, IPCC Special Report on Renewable Energy Sources and Climate Change Mitigation.

IPCC, 2013, Climate Change 2013: The Physical Science Basis.

Klein, R.J.T., Huq, S., Denton, F., Downing, T.E., Richels, R.G., Robinson, J.B., Toth, F.L., 2007, Inter-relationships between adaptation and mitigation, Climate Change 2007: Impacts, Adaptation and Vulnerability, Contribution of Working Group II to the Fourth Assessment Report of the Intergovernmental Panel on Climate Change, M.L. Parry, O.F. Canziani, J.P. Palutikof, P.J. van der Linden and C.E. Hanson, eds., Cambridge University Press, Cambridge, 745-777.

Langford, A. R., 2011, Social impact bonds in Canada: from theory to implementation, Siman Fraser University.

OECD, 2009, The Economics of Climate Change Mitigation: Policies and Options for Global Action Beyond 2012.

OECD, 2012, Financing Climate Change Action.

OECD, 2013, Aid Statistics, Recipient Aid at a glance.

Open Europe, 2007, Europe's dirty secret: Why the EU Emissions Trading Scheme isn't working.

Paul, J. H., Susan, F.T., Andrea, M.O., Pavel, G.D., 2011, The Economic Impacts of the Regional Greenhouse Gas Initiative on Ten Northeast and Mid-Atlantic States: Review of the Use of RGGI Auction Proceeds from the First Three-Year Compliance Period, Analytical Group.

Point Carbon, 2012, Carbon 2012.

PRI, 2009, PRI Annual Report.

PRI, 2010, PRI Annual Report.

PRI, 2011, PRI Annual Report.

PRI, 2012, PRI Annual Report.

Stern, N., 2006, The Economics of Climate Change: Stern Review on the Economics of Climate Change, Cambridge University Press.

The City UK, 2011, Carbon Market 2011.

The City UK, 2012, Carbon Market 2012.

UN, 2010, Report of the Secretary-General's High-level Advisory Group on Climate Change Financing.

UNFCCC, 2011, Report of the Conference of the Parties on its sixteenth session, held in Cancun from 29 November to 10 December 2010.

UNFCCC, 2012, Report of the Conference of the Parties on its seventeenth session, held in Durban from 28 November to 11 December 2011.

UNEP, 2012, UNEP's Energy Finance Programme: Scaling Up Clean Technology Investment.

UNEP FI, 2007, Green Financial Products and Services.

UNEP FI, 2010, Universal Ownership: Why environmental externalities matter to institutional investors.

UNEP FI, 2011, Annual Report of the PRI Initiative 2011.

United Nations Environment Programme and Bloomberg New Energy Finance, 2011, Global Trends in Renewable Energy Investment 2011.

WEF, 2013, Green Investment Report 2013.

World Bank, 2010a, The Economics of Adaptation to Climate Change: Synthesis Report.

World Bank, 2010b, Development and Climate Change.

World Bank, 2010c, Monitoring Climate Finance and ODA, Issue Brief #1.

World Bank, 2010d, Summary of Negotiations fifth replenishment of the GEF Trust Fund.

World Bank, 2006, The State and Trends of the Carbon Market 2006.

World Bank, 2011, The State and Trends of the Carbon Market 2011.

World Bank, 2012, The State and Trends of the Carbon Market 2012.

World Bank Group, 2013a, Least Developed Countries Fund (LDCF): Financial Report.

World Bank Group, 2013b, Special Climate Change Fund (SCCF): Financial Report

WRI, 2012, Summary of Developed Country 'Fast-Start' Climate Finance Pledges.

〈웹사이트〉

Adaptation Fund	www.adaptation-fund.org
Air Resources Board	www.arb.ca.gov
Climate Investment Funds	www.climateinvestmentfunds.org
GCF	gcfund.net
CDP	www.cdproject.net
GEF	www.thegef.org
GRI www.globalreporting.org	
RGGI	www.rggi.org
UN Global Compact	www.unglobalcompact.org
UN PRI	www.unpri.org
UNDP	www.undp.org
UNEP/FI	www.unepfi.org
UNFCCC	www.unfccc.int
US Climate Action Network	www.usclimatenetwork.org
World Bank	www.worldbank.org
녹색금융종합포털	www.green-finance.or.kr
녹색성장위원회	www.greengrowth.go.kr
녹색인증제	www.greencertif.or.kr
에너지관리공단	co2.kemco.or.kr
환경부	www.me.go.kr

〈국문색인〉

〈영문색인〉

AfDB 161
Asia ETS 255

BAT 262
BAU 14
BIS 136, 261
Bluenext 58

California Carbon Allowances 104
Calvert Fund 20
catastrophe bond 249
CCS 97
CCX 54
CDD 84
CDM 8, 29, 71, 240
CEFC 261
CER 27, 56
CERCLA 18
CFI 56
Chinext 118
CIF 161
CME 82
consumption base 13
COP 12
CSR 19
CSRC 119
CTF 161

ECER 113
ECX 56
EFE 108
ERU 27, 71
ESCO 258
ESG요소 19
ETS 36
EUA 56
EU Directive 36
EU ETS 53

FIP 163

GCF 12, 265
GCF 거버넌스 169
GCF 사무국 12
GCF 설계위원회 173
GEF Trust Fund 149
GEM 118
GFP 104
GIB 131
Green Fund Scheme 230
Green IPO 119

HDD 84

IDB 161
IGB 214
IPCC 2, 10, 84
ISA 132

JI 71

KRX Green 240
KRX SR 239
KRX SRI Eco 239

LDCF 155
LED 조명 15

MDB 161
MEP 119
MICE 210
MRV 141

NAP 62, 135
NDA 182
negative screening 20
NGO 249

저자
약력

Climate Finance

노희진

Univ. of Georgia, 경영학 박사
서울대학교 대학원 경영학 석사
성균관대학교 무역학과 졸업

현: 자본시장연구원 선임연구위원
　　금융위원회 자체규제심사위원회 민간위원, 자금세탁방지정책 자문위원
　　재무관리학회 부회장, 사회적기업학회 부회장, 경영사학회 상임이사
　　미래에셋 사외이사
　　금융투자협회 전문인력 관리위원, 투자자 교육 자문위원
　　증권예탁 결제원 자문위원
　　기업지배구조센터 기업사회책임위원회 위원
　　국민연기금투자정책전문위원
　　공무원 연금 공단 자금운용 자문위원
　　사학연금공단 자금운용 자문위원
　　체육진흥공단 자금운용 위원장
　　방송통신발전기금 운용위원

전: 대통령직속 녹색성장위원회 위원
　　기획재정부 G20 전문위원, 헤지펀드 도입 T/F 팀장, 정부소유 주식매각산정위원
　　국토해양부 국민주택기금 여유자금운용위원
　　World Bank Consultant
　　중국사회과학원 방문학자
　　에너지 정책포럼 총괄 위원장
　　대우증권 사외이사 겸 감사위원장
　　LG생활건강 사외이사겸 감사위원장
　　신용보증기금 비상임이사
　　증권선물 거래소 KRP 운영위원
　　군인복지기금 투자실무위원
　　방사성폐기물관리기금 자산운용위원
　　한국 증권학회 이사, 한국금융학회 이사
　　고려대 경영대학원, 카이스트 금융대학원 대우교수
　　성대 겸임교수, 동국대, 숭실대, 한성대, 서강대국제대학원, 서울종합과기대 강사
　　자산운용 전문인력 및 재무위험관리사 자격시험 출제위원
　　산업은행 국제투자부 조사역, 산업증권 국제업무실장, 뉴욕사무소장
　　아시아 헤지펀드에 가장 영향력을 가진 인물 25인에 선정(홍콩 금융전문지 Asian Investor)

수상경력: 2006.11　자본시장 발전 공로상(증권협회장)
　　　　　 2007.12　자본시장 발전 표창(재정경제부 부총리)
　　　　　 2009.11　자본시장 발전 특별공로상(아주경제신문)
　　　　　 2011.12　녹색금융발전표창(환경부장관)
　　　　　 2013.02　국민포장

• 저서

헤지펀드의 이론과 실제, 박영사
녹색금융론, 박영사
펀드경영론, 박영사
부자투자론, 신정(공저)
한국경제의 인프라와 산업별 경쟁력, 나남출판사(공저)
국내기업의 인수, 조세통람사(공저)

• 논문 및 보고서

금융투자업 발전을 위한 신사업 분야에 관한 탐색적 고찰, 금융투자 159호 2014.2
한국형 사회영향채권(SIB)의 도입방안, Capital Market Perspective 2014 Vol.6, No.1
사회적기업의 육성방안, 「경영사학」 제28집 제2호, 2013.6
한국형 헤지펀드의 향후 규율체계 개선 방향, Capital Market Perspective, 2011 Vol.3, No.4
녹색성장을 위한 금융자본시장 역할과 정책과제, 한국경제학회, 한국경제포럼 제4권 제2호/2011년 여름
국내 금융시스템과 금융규제의 향후 방향과 자본시장의 효율성 제고, 거래소 KRX Market, 2011.1
자본시장의 역할 강화가 필요한 분야에 관한 탐색적 고찰, 금감원 조사연구 Review, 2010.12
사회적기업 육성을 위한 자본시장의 활용방안, KRX Market, 2010.3.5
글로벌 금융위기 이후 헤지펀드의 글로벌 규제논의와 국내도입 및 발전방안, Capital Market Perspective, 2009.11
녹색성장을 위한 자본시장의 역할, 금융투자협회, Bulls Review 2009, 2009.9
기업의 사회적 책임과 사회책임투자, 기업지배구조 Review, 2009.6
해외 ETF 현황 및 국내 발전 방안, 증권선물, 2008.9
헤지펀드 주주행동주의의 영향, 기업지배구조리뷰 vol.39, 2008.7/8
자통법 도입에 따른 자율규제 개선 방안, 증권 여름호, 2008
기업의 사회적 책임과 사회책임투자, 상장협연구 2008년 춘계호
헤지펀드의 국내도입방안, Business/Finance/Law(서울대 금융법센터), 2008년 3월호
Linkages Between Cross-Listed Korean Stock Returns(공저), E-Globalization and the Pacific Age, Proceedings of
    Pan-Pacific Conference XIX, May 29-31, Bangkok, Thailand 2002
금융시스템 분석과 향후 나아갈 방향, 증권예탁, 제42호 2002-2분기
금융환경변화와 증권산업의 Investment Banking화, 한국증권업협회, 증권, 2000.9
기업결합의 영향에 관한 연구, 한국증권학회, 한국증권학회 발표논문집, 1999.2
기업매수전략과 적대적 매수에 대한 방어 전략, 한국산업은행, 경영지도연구, 1993.9
Efficiencies From Horizontral Mergers: A Cost Approach(공저), Pacific BasinCapital Markets Research: Volume II,
    University of Rhode Island(1991)

지속가능성과 형평성 제고, 2013, 자본시장연구원 워킹리포트(공저)
녹색기후기금(GCF)의 특성과 향후 정책방안, 2013, 자본시장연구원 조사보고서(공저)
임팩트 투자(Impact Investment)의 성과와 과제, 2013, 자본시장연구원 워킹리포트(공저)
탄소금융의 국제동향 분석과 발전에 대한 연구, 2012, 자본시장연구원 연구보고서(공저)
탄소펀드의 미래투자 전략, 2012, 자본시장연구원 워킹리포트(공저)
중국의 녹색성장과 녹색금융, 2011, 재정정책, 자본시장연구원 워킹리포트(공저)
에너지 환경 헤지펀드, 2010, 자본시장연구원 워킹리포트(공저)
녹색금융의 발전방향과 추진전략, 2010, 자본시장연구원 조사보고서
기후변화와 탄소금융, 2010, 자본시장연구원 워킹리포트(공저)
해외탄소배출권시장 동향 및 국내 육성 방향, 2009, 자본시장연구원 워킹리포트(공저)
헤지펀드의 국내 허용 방안, 2008, 한국증권연구원 연구보고서(공저)
외 다수

기후금융론

초판인쇄	2014년 4월 1일
초판발행	2014년 4월 10일
지은이	노희진
펴낸이	안종만
편 집	김선민·문선미
표지디자인	최은정
기획/마케팅	조성호
제 작	우인도·고철민

펴낸곳　　　(주) **박영사**
　　　　　　서울특별시 종로구 평동 13-31번지
　　　　　　등록 1959.3.11. 제300-1959-1호(倫)

전 화	02)733-6771
f a x	02)736-4818
e-mail	pys@pybook.co.kr
homepage	www.pybook.co.kr
ISBN	979-11-303-0084-9　　93320

정 가 25,000원